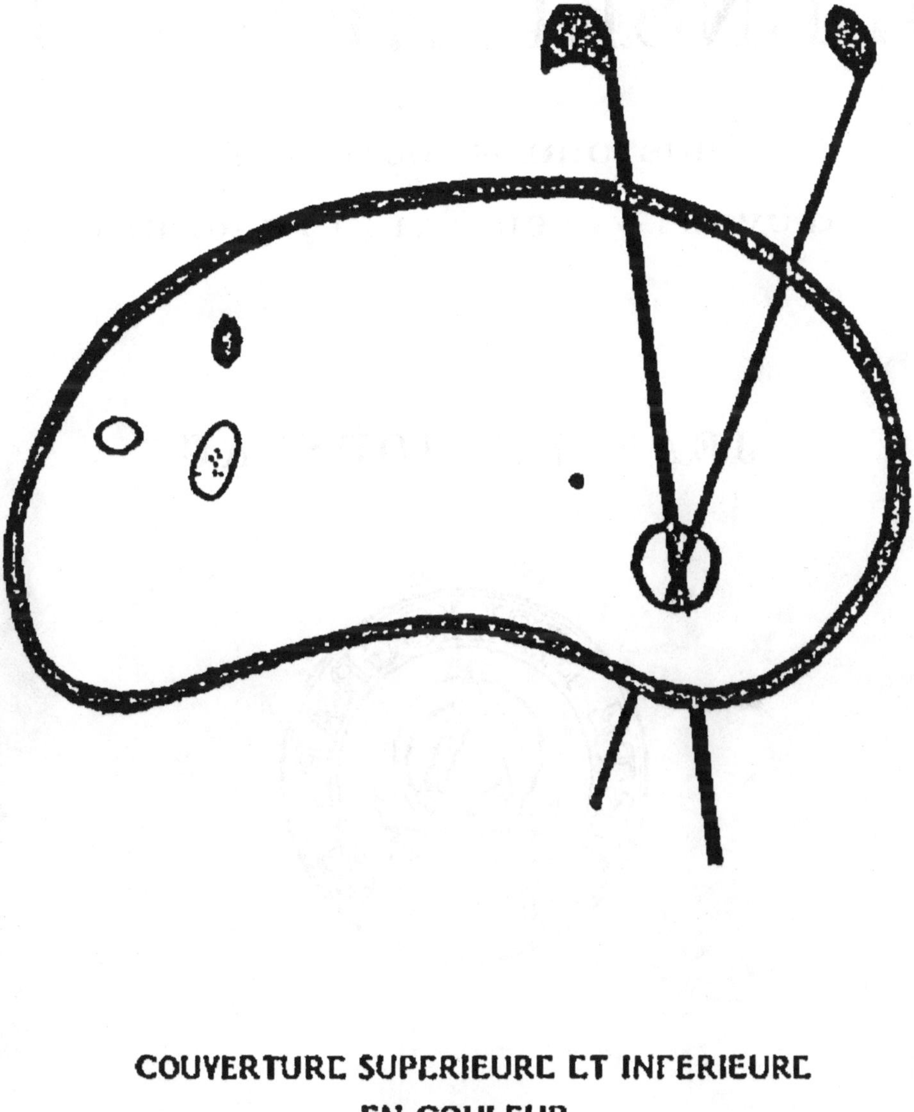

COUVERTURE SUPERIEURE ET INFERIEURE
EN COULEUR

# LA LIGUE
## DE
# L'ENSEIGNEMENT

HISTOIRE — DOCTRINES

ŒUVRES — RÉSULTATS ET PROJETS

PAR

## JEAN DE MOUSSAC

PARIS

LIBRAIRIE DE LA SOCIÉTÉ BIBLIOGRAPHIQUE

35, RUE DE GRENELLE, 35.

1880

911

# LA LIGUE
## DE
# L'ENSEIGNEMENT

POITIERS — TYPOGRAPHIE OUDIN FRÈRES.

# LA LIGUE
## DE
# L'ENSEIGNEMENT

HISTOIRE — DOCTRINES

ŒUVRES — RÉSULTATS ET PROJETS

PAR

JEAN DE MOUSSAC

DEUXIÈME ÉDITION

PARIS

LIBRAIRIE DE LA SOCIÉTÉ BIBLIOGRAPHIQUE

35, RUE DE GRENELLE, 35.

1880

# LETTRE

DE SON ÉMINENCE MONSEIGNEUR LE CARDINAL PIE
ÉVÊQUE DE POITIERS.

Poitiers, le 2 février 1850,
*Fête de la Purification de la très sainte Vierge.*

Monsieur,

L'ignorance d'une part, la légèreté de l'autre, donnent chaque jour de nouvelles armes aux ouvriers de ténèbres. Beaucoup d'âmes candides se laissent prendre par les mots ou les apparences honnêtes dont on veut couvrir les entreprises les plus redoutables pour l'Eglise et la Société. D'autres sentent le mal sans avoir une énergie assez persévérante pour le combattre efficacement.

Votre livre sur la *Ligue de l'Enseignement* offre à ces deux catégories de gens, si nombreuses hélas! les éléments d'une résistance qui puisse s'opposer sérieusement à l'envahissement du règne du mal. Fruit d'un travail suivi et d'une recherche approfondie des documents les plus authentiques, il met en pleine lumière le centre des luttes acharnées qui s'accusent chaque jour davantage.

Et si, dans un livre uniquement doctrinal, vous avez trouvé sous votre plume les noms de plusieurs hommes connus, personne ne saurait vous en faire de reproches ; car ces hommes se sont fait un honneur de voir leurs noms inscrits en tête des publications officielles émanées d'ennemis de l'Église, et l'exercice qu'ils font de leur puissance n'est que la conséquence des engagements pris par eux dans ces Sociétés.

Je ne puis donc, Monsieur, que vous féliciter d'avoir su trouver, dans une vie toute remplie par les bonnes œuvres, le temps de composer ce livre, et je suis heureux de vous renouveler à cette occasion l'assurance de mon affectueux dévouement.

L.-É. cardinal PIE, *évêque de Poitiers.*

# INTRODUCTION

« La Révolution, poursuivant son idéal d'Etat sans Dieu, c'est-à-dire contre Dieu, a inscrit sur ses tables de proscription l'humble éducateur du peuple...; c'est l'heure où l'indifférence et l'inaction seraient pour tout homme de cœur une honte et une trahison [1]. »

En effet, la persécution redouble contre l'école chrétienne et contre les congrégations religieuses, principaux soutiens de l'école chrétienne.

Mais la campagne pour l'enseignement athée ne date pas d'hier. On se souvient, sans remonter plus haut, de la bienveillance avec laquelle un ministre trop fameux de l'instruction publique accueillit, sous le second Empire, les vœux en faveur de l'école laïque, c'est-à-dire sans Dieu. Une activité dévorante fut déployée alors dans les hautes sphères de l'Université pour réaliser ce funeste et antipatriotique projet. Sans la vigilance de nos Évêques, il eût dès lors réussi.

C'est l'*antichristianisme* et non pas le *jésuitisme* « *qui monte lorsque la France baisse* ». Qu'on se rappelle les orgies d'impiété commises à Paris, pendant

1. Lettre de Mgr le comte de Chambord à M. le comte de Mun.

le siège, par certains citoyens et certaines citoyennes, dont on n'a pas oublié les exploits contre les christs des écoles publiques. Qu'on se rappelle les hauts faits des radicaux lyonnais et autres contre de pauvres Religieux. Les angoisses patriotiques, causées par les terribles catastrophes qui s'amoncelaient alors sur la France, n'occupaient pas tellement les esprits des étranges agents de la République renaissante, qu'ils ne trouvassent du temps pour décrocher quelques crucifix, expulser quelques Frères et quelques Religieuses, piller quelques Jésuites, et aussi, de temps en temps, assassiner quelques officiers.

Avec la Commune, ce fut pis encore. Tuer les prêtres et les Religieux, c'était le moyen le plus sûr de les empêcher de rentrer dans leurs écoles et de reconquérir leurs droits. Pour appliquer largement ce moyen énergique « d'extirper le cléricalisme », le temps seul manqua aux bandits, que nos maîtres d'aujourd'hui considèrent comme des frères plus malheureux que coupables.

La chute de la Commune refoula, pour un temps, les espérances des partisans de l'enseignement athée. La France avait trop vu les œuvres d'une population sans foi, pour écouter et suivre les ennemis de l'Eglise et du prêtre, au lendemain des massacres et des incendies qui venaient d'épouvanter le monde civilisé.

Cependant, les hommes dont nous parlons ne perdaient pas courage ; ils préparaient déjà leurs plans pour le jour où la Révolution, dont la fortune semblait décroître à mesure que la France se relevait, redeviendrait maîtresse de notre pauvre patrie, grâce à la complicité volontaire des uns, aux déplorables manœuvres des autres, de ces hommes toujours prêts à se déclarer seuls habiles, seuls clairvoyants, et à commettre les plus impardonnables fautes. Ce jour n'a malheureusement pas tardé à paraître.

Une association surtout, importée en France peu d'années avant la chute de l'Empire, travaillait sans bruit, mais avec une grande activité, à propager les idées d'enseignement en dehors de toute religion, non pas, comme elle l'a affirmé cent fois, par pur amour pour la diffusion de l'instruction populaire, mais en réalité pour faire passer sous le joug de la Révolution les jeunes générations arrachées à la tendresse maternelle de l'Église. Après la tourmente elle s'est réorganisée, augmentant à la fois l'intensité et l'étendue de son action. Sous le masque menteur, mais habilement choisi, d'une guerre sans trêve à l'ignorance, la *Ligue de l'Enseignement* a cherché dès son origine à séduire l'*infinitus numerus* des hommes qui jugent sur les seules apparences. Pour les enrôler elle empruntait les dehors de la modération ; elle se vantait de conserver une absolue impartialité en religion et en politique, double mensonge, et double impossibilité. Depuis nos désastres, elle n'a cessé de grandir, parfois surveillée, même réprimée dans quelques-unes de ses manifestations, trop souvent favorisée et soutenue par les puissants du jour. Lorsque nos gouvernants tentèrent d'arracher la patrie aux étreintes de la Révolution, la marche de la Ligue a subi quelque ralentissement, peu sensible par malheur. Mais dès que les flots mouvants du suffrage universel eurent reporté au pouvoir ce parti dans lequel les habiles dînent et chassent avec les princes, pendant que les autres, plus logiques, les assassinent, le mouvement a recommencé plus rapide et plus vaste.

Le but de la Ligue est directement contraire aux lois encore existantes qui donnent à l'instruction religieuse la première place dans l'enseignement scolaire. Cependant cette association, maçonnique dans son origine et dans son esprit, a reçu presque toujours l'accueil le plus empressé de la part d'une administration, trop souvent ombrageuse et défiante à l'égard des œuvres catholiques.

Aujourd'hui elle est au pinacle. Les faveurs qu'on lui avait enlevées dans quelques villes après le 16 Mai lui ont été rendues avec usure. Ses adhérents remplissent le ministère, elle en compte un grand nombre dans le Sénat et dans la Chambre. Les projets de loi qui se multiplient *sur* ou plutôt *contre* l'instruction, émanent tous de ses adeptes et ne sont que l'expression de ses doctrines et de ses pratiques. Déjà, traitant d'égal à égal avec les Conseils généraux et municipaux, elle leur avait adressé des circulaires, posé des interrogations et en avait reçu des réponses, comme une véritable commission d'enquête. Elle avait fait échange de bons procédés avec les ministères de la guerre et de l'instruction publique, donnant au premier des publications militaires et en recevant des lettres flatteuses, obtenant du second de nombreux volumes pour ses bibliothèques et lui en offrant à son tour.

En un mot, ses hommes triomphent, ses doctrines dirigent le gouvernement ; c'est elle qui a préparé et qui soutient la campagne contre les droits les plus sacrés de la famille et de la conscience chrétienne.

C'est donc l'heure d'écrire son histoire, de faire connaître ses véritables principes, de raconter ses actes, d'exposer ses projets.

Malgré les condamnations dont elle a été l'objet de la part de l'Épiscopat et de la Papauté, malgré sa nouvelle attitude bruyante, provocatrice, elle n'est pas encore assez connue ni assez redoutée des catholiques.

Parmi les catholiques qui étaient entrés dans ses rangs, croyant à la sincérité de ses déclarations, à la loyauté et à la pureté de son amour pour l'instruction populaire, aucun, je veux le croire, n'est plus dupe aujourd'hui. Peut-être cependant en reste-t-il encore : les honnêtes gens ont la confiance si tenace ! Puisse la présente étude leur ouvrir les yeux !

Si le but de la Ligue, la déchristianisation de l'école, ne peut être envisagé qu'avec indignation, le dévouement, l'ardeur, la persévérance que ses adeptes mettent au service de leur détestable cause, nous donneront souvent d'utiles leçons : leçons plus opportunes que jamais, à l'heure où la persécution est commencée contre l'enseignement chrétien ; à l'heure où, passant des paroles aux actes, la Révolution, non contente de multiplier les contes bleus d'enfants rôtis, battus, martyrisés par les Sœurs et par les Frères, met brutalement à la porte ces « humbles éducateurs du peuple », au mépris de tout droit, de toute justice et de toute légalité.

Il s'agit bien réellement de l'âme de la France et de l'avenir de nos enfants. Le temps est loin où l'on pouvait dédaigner « ces apôtres de la tolérance et de « la liberté, qui demandent tout simplement qu'on éta- « blisse une incompatibilité radicale entre les fonc- « tions du sacerdoce et celle de l'enseignement. » Ces étranges « apôtres » sont aujourd'hui « tout simplement » nos maîtres, maîtres absolus, qui ne souffrent ni discussion ni contrôle, et se moquent de la justice et des lois lorsqu'elles les gênent.

Mais elles sont plus utiles que jamais à méditer et à retenir, ces paroles du grand défenseur de la liberté d'enseignement : « Les catholiques en France ont depuis trop longtemps l'habitude de compter sur tout, excepté sur eux-mêmes. Encore aujourd'hui beaucoup d'entre eux comptent sur je ne sais quel avenir chimérique et négligent le présent, dont il leur sera demandé un compte si sévère. Et, cependant, aucune puissance, aucune royauté, aucune révolution ne pourra jamais pour eux ce qu'ils peuvent déjà tout seuls. »

« *Aide-toi, le ciel t'aidera,* cette vieille maxime n'a jamais été plus vraie que pour eux. Ils n'ont rien à espérer ni de la bienveillance du pouvoir, ni de la bonne foi de leurs adversaires [1]. »

La bienveillance du pouvoir !... Si nous pouvions seulement en espérer la justice. — La bonne foi de nos adversaires !... On la voit à l'œuvre, mentant, calomniant sans pudeur.

Certes, à d'indignes attaques les catholiques ont déjà opposé une vaillante résistance. De vieux lutteurs fatigués ont même blâmé l'audace des braves qui ont levé les premiers le drapeau de la Contre-Révolution. Mais rien n'est fait tant qu'il reste quelque chose à faire. L'instant décisif approche ; le courage des défenseurs doit croître avec la rage des assaillants.

Par leur instabilité même nos adversaires sont condamnés à dépasser toute mesure : « Car, remarquons-le encore, par une de ces contradictions aussi étranges que révoltantes, plus la durée des pouvoirs publics de nos jours est éphémère, plus ils sont dépouillés de tout ascendant moral sur les peuples, et plus ils aspirent à s'ériger en pontifes et en docteurs. C'est le moment où ils renoncent pour eux-mêmes à la profession d'une croyance quelconque, qu'ils choisissent pour réglementer et administrer chez les peuples le domaine de la conscience et de la foi, sur lequel leurs prédéces-

---

1. MONTALEMBERT, *Du Devoir des catholiques dans la question de la liberté d'enseignement*, 1843, pp. 25, 60, 62.

seurs n'avaient jamais osé s'aventurer qu'au nom et pour le compte d'une religion positive. Leur origine, leurs évolutions, leur constitution et leurs conditions mêmes d'existence leur interdisent jusqu'à ces fictions qui, autrefois, entouraient l'autorité d'un prestige salutaire ; et les voilà qui se posent en interprètes et en modérateurs de l'éternelle vérité, pour pénétrer jusque dans le sanctuaire de la famille et pour prétendre que les générations futures doivent être *moulées à leur effigie*...... »

« Naguère, la politique, la jurisprudence, la science, toutes les branches de l'art reconnaissaient la suprématie de l'Église et faisaient dériver d'elle leur fécondité et leur sanction. Toutes ces nobles vassales de l'Église ont été successivement arrachées à sa tutélaire influence. Déjà l'aumône, cette création exclusive du catholicisme, *cette invention de la vanité sacerdotale*, comme disait Barrère [1], est entravée et poursuivie jusque dans ses asiles les plus sacrés et les plus purs, dans les hôpitaux qu'administrent les Sœurs de charité [2], par cette bureaucratie insatiable qui ne connaît d'autre idéal que l'uniformité, et qui voudrait substituer partout la bienfaisance officielle, surveillée par un comptable, à la charité pratiquée par des chrétiens. »

« Voici maintenant le tour de l'éducation, du libre exercice de la puissance paternelle que l'on vient dérober à l'Église et confisquer au profit de l'État.... Les catholiques peuvent-ils laisser avec indifférence se consommer l'œuvre fatale de cette sécularisation

---

1. *Exposé des motifs de la loi sur les secours publics*, mars 1793 et juin 1790.
2. Nous avons beaucoup perfectionné tout cela depuis 1843 et nous le perfectionnons tous les jours. Ne semble-t-il pas que ces paroles datent d'hier, bien que deux trônes et une République aient disparu depuis qu'elles ont été tracées?

universelle ? Peuvent-ils se résigner froidement à voir détacher ainsi, pièce à pièce, de la vérité religieuse, tous les éléments de la société qui avait été sauvée et rachetée par l'Incarnation du Fils de Dieu [1]. »

Non, certes, ils ne le peuvent pas. Aussi désireux de concourir pour notre faible part à la défense de cette grande cause, nous venons « raconter ce que nous avons vu, révéler les mouvements d'un ennemi dont la perfidie n'a d'égale que sa haine et sa rage, d'un ennemi qui prend tous les déguisements et tous les masques pour accomplir ce qu'il a juré, c'est-à-dire pour ruiner la société chrétienne et ne pas laisser pierre sur pierre de la cité de Dieu [2]. »

---

[1] MONTALEMBERT, *Du Devoir des catholiques dans la question de la liberté d'enseignement*, 1843, pp. 32 à 34.
[2] A. DE SAINT-ALBIN, *les Libres Penseuses et la Ligue de l'enseignement*, p. 4.

# PREMIÈRE PARTIE

## HISTOIRE DE LA LIGUE

### I

#### ORIGINE DE LA LIGUE.

Nous venons de mentionner l'ouvrage curieux et tristement instructif de M. de Saint-Albin, qui, dès 1868, signalait la Ligue naissante en France à la vigilance de l'Épiscopat. Nous lui emprunterons son récit de l'origine de la Ligue, d'après les témoignages mêmes des intéressés. Cette méthode sera aussi la nôtre : *les publications officielles de la Ligue nous fourniront presque tous les éléments de notre travail.*

La Ligue de l'Enseignement est d'origine Belge.

Elle a essayé de se rattacher à une *Société Hollandaise du Bien public*, fondée en 1784 par un pasteur memnonite de Monnikendam, Jean Nieuwenhysen : même dans le camp radical on aime à ne pas dater d'hier, et à avoir, ou du moins à se forger des ancêtres.

Sans doute l'esprit est le même, puisque, dès le début, l'association hollandaise « s'attacha à combattre chez les enfants, comme chez les adultes, les préjugés de la superstition ¹ », expression qui, dans la bouche d'un Ligueur, signifie toujours toute croyance dépassant un déisme vague et peu gênant. Les Hollandais protestants d'autrefois ont eux aussi montré, au Japon, par exemple, à quel point ils poussaient le mépris de ce que le langage révolutionnaire a nommé la superstition.

La Société hollandaise ressemble beaucoup, quant à son organisme, aux Ligues récentes. Elle se divise en *Départements*, reliés entre eux par *un Comité central*, siégeant à Amsterdam et n'ayant que des attributions administratives ². C'est ainsi que les choses se passent en France ; seulement les *Départements* se nomment *Groupes* ou *Cercles*. Le *Comité de Paris* prend souvent l'initiative ; il a accepté depuis peu d'années *le nom* de *Cercle central*.

« Une fois l'an, les députés des sections se réunissent dans la capitale, et c'est là, dans ces assemblées générales et à la majorité des voix, qu'est, pour ainsi dire, arrêté le programme de l'année suivante ³. »

Jusqu'à présent la Ligue française n'a pas tenu d'assises générales, rassemblant à Paris des délégués de tous ses Cercles. Mais, patience ! nous ne tarderons peut-être pas à voir ce triste spectacle, de Français accourus de tous les points du territoire, pour aviser aux meilleurs moyens de chasser Dieu de l'école et de l'âme de nos enfants.

Malgré ces ressemblances entre la *Société*, presque séculaire, du *Bien public* et la *Ligue de l'Ensei-*

---

1. Quatrième *Bulletin du mouvement d'enseignement par l'initiative privée*, 15 février 1869, p. 12.
2. *Id., ibid.*, p 13. Il est bon de noter que ces lignes étaient écrites sous l'Empire. Aujourd'hui la Ligue est moins humble.
3. *Id. Ibid.*

*gnement*, ressemblances qui obligent à reconnaître entre elles une parenté étroite, ce n'est pas de l'œuvre du pasteur hollandais que procède l'institution française. Sa véritable mère est *la Ligue belge*, et son père est Jean Macé, l'auteur de plusieurs de ces *bons mauvais livres* que Joseph de Maistre déclarait « si dangereux » : Jean Macé, l'un des plus fanatiques admirateurs du « cœur plein de feu [1] » de Voltaire ; Jean Macé, dont le *Monde maçonnique* disait [2] : « Les principes que nous professons sont en parfait accord avec ceux qui ont inspiré le projet du F∴ Jean Macé. »

La première manisfestation de la pensée qui plus tard enfanta la Ligue belge est des plus instructives. Elle est entourée de circonstances très propres à faire connaître la nature, l'esprit et la valeur de cette association. A l'arbre, on connaît d'avance les fruits, avec autant de certitude qu'aux fruits on connaît l'arbre ; et d'une source empoisonnée rien de salutaire ne peut sortir. Or, c'est bien réellement d'une source empoisonnée qu'est sortie la Ligue belge.

« Dans la séance du dix-septième jour du septième mois 5842 (septembre 1842), la Respectable Loge le *Travail*, de Bruxelles, adoptait *à l'unanimité*, après l'avoir débattue dans plusieurs séances, la proposition suivante, telle que nous la transcrivons ici [3] :

---

1. Toast porté par le F∴ Jean Macé au banquet qui a suivi l'inauguration d'un nouveau temple maçonnique, à Strasbourg *Monde maç∴*, numéro de mai 1867. Cité par M. de Saint-Albin, pp. 30-31.
2. *Monde maç∴*, février 1867. Cité par S. G. Mgr l'évêque de Metz, dans son Mandement pour le Carême de 1868, p. 8.
3. *La Religion naturelle*, revue dominicale des intérêts et des progrès de l'église catholique française, numéro 12, février 1843. pp. 232 et 233. Cité par M. de Saint-Albin, p. 21.—Notons au passage la sympathie de l'église éphémère de l'abbé Châtel pour la Franc-Maçonnerie.

« Admettre à l'initiation maçonnique, sans rétribution de réception et sans cotisation mensuelle, tout profane, *instituteur primaire* belge ou domicilié en Belgique, qui réunira toutes les autres qualités requises ; à charge et condition par lui :

« 1° De donner l'instruction primaire gratuite à quatre enfants, fils de maçons ou autres, *qui lui seront indiqués et confiés par la Loge ;*

« 2° De donner de même, et en outre, l'instruction primaire *à tout enfant présenté por la Loge*, au même prix que les instituteurs primaires salariés recevront du gouvernement ou de la commune, aux termes de la loi, par enfant indigent placé à leur école ;

« 3° D'être soumis à la *surveillance* d'un ou de plusieurs commissaires *délégués par la Loge*, quant à l'instruction, au genre et au mode d'enseignement donné par l'instituteur aux enfants qui leur seront confiés, en vertu des deux articles précédents. »

Et, afin que ni les FF∴, ni les profanes, ne pussent se méprendre sur le but et la portée de cette résolution, son auteur l'avait fait précéder du petit discours que voici. Il jette un singulier jour sur une tentative de propagande déjà fort claire par elle-même.

« Mes Frères, avait-il dit, une loi récente met, en Belgique, l'instruction primaire sous l'influence directe du clergé catholique, nous dirons même entre ses mains.

« Pénétré des dangers futurs d'un pareil état de choses, et convaincu qu'il est de l'essence de la Maçonnerie de résister à tout empiètement de caste et à toute tentative d'oppression, quelque masque qu'elle prenne, surtout de celle *(sic)* qui tend à dominer l'avenir par l'instruction primaire de la jeunesse peu fortunée et à propager une éducation exclusive, je dépose, etc. »

Le lecteur peut juger si M. de Saint-Albin a eu raison d'ajouter : « Cette proposition contenait déjà, comme le noyau contient l'arbre, toute la Ligue de l'Enseignement, moins le nom [1]. »

Combattre l'enseignement catholique et propager l'enseignement sans Dieu, grouper les instituteurs autour d'une association puissante, ennemie irréconciliable de l'Église et cent fois condamnée par elle ; soutenir et surveiller, à la fois, ces mêmes instituteurs et les mettre ainsi sous la dépendance de la secte, n'est ce pas, en effet, toute la Ligue de l'Enseignement ? Nous l'affirmons à notre tour, et notre monographie le prouvera surabondamment.

Ainsi, dès la première manifestation de l'esprit de la Ligue, nous nous trouvons en face d'une pensée hostile au catholicisme, exprimée dans une Loge. Vouloir arracher les âmes des enfants aux soins et à la vigilance du clergé catholique, c'était, certes, un dessein où la haine ne se dissimulait pas. Mais il y a mieux encore.

Quelques mois après, les mêmes sentiments suscitent dans les mêmes intelligences, par un développement des plus significatifs, l'idée satanique d'écarter le prêtre du lit de mort et du cercueil comme de l'école.

« L'intolérance de certains prêtres *ultra-catholiques* ne faisant que s'accroître, tant envers les Francs-Maçons, refusant d'abjurer à la mort ce titre glorieux ( ! ! ! ) [c'est un F∴ de la Respectable L∴ qui parle], qu'envers certains profanes, à qui ils n'ont souvent d'autre reproche à adresser que celui de se refuser à leurs déloyales exigences, et comme, dans ces diverses occurrences, la sépulture et les derniers

---

1. SAINT-ALBIN, p. 20.

devoirs sont maintes fois refusés à ceux de l'une et de l'autre catégorie qui, à en croire nos béats, meurent dans l'impénitence finale, j'estime qu'il est de notre devoir de prendre l'initiative et de nous associer aux profanes *bien pensants* (!?) qui se présentent en foule, dans le but d'ouvrir une souscription pour l'acquisition d'un champ de repos *extra muros*, où seront enterrées, *avec pompe*, les victimes de l'intolérance sacerdotale[1] ».

Le *Solidarisme* et la *Ligue de l'Enseignement* ont donc une seule et même origine. Fils de la même mère, frères presque jumeaux, ils peuvent différer d'allures ; mais ces divergences ne sont qu'extérieures : le même esprit les anime, leur but est identique, leurs procédés seuls sont dissemblables. L'un emploie, principalement en France, et surtout *a employé* l'hypocrisie doucereuse ; l'autre se sert plus volontiers du scandale, de la violence même ; mais, pour tous les deux, l'Église est l'obstacle et le catholicisme l'ennemi.

Si bien préparé que fût le terrain, la semence recueillie par la « Respectable Loge » de Bruxelles fut longue à germer ; elle y mit vingt ans et plus.

En effet, si les principes du Solidarisme et de la Ligue sont aussi anciens que la Franc-Maçonnerie, leur *nom* et leur *forme actuels* ne datent que de 1862 pour le premier, et du 16 février 1865 pour la seconde.

Nous retrouverons la *Ligue belge* et nous raconterons sommairement ses développements. Mais auparavant nous allons assister à la transplantation de ce triste produit sur le sol français.

1. SAINT-ALBIN, pp. 19 et 20 *Revue Dominicale. ibid.*

## II

ÉTABLISSEMENT DE LA LIGUE EN FRANCE.

Loin d'imiter la lenteur belge, la vivacité française s'empara bientôt de l'idée mise au jour par nos voisins, et elle l'exploita avec ardeur.

Dès le 15 octobre 1866, était lancé « l'appel définitif en faveur de l'établissement d'une Ligue de l'Enseignement, à l'imitation de celle qui existe, depuis douze ans, en Belgique[1] ».

Le premier *Bulletin* de la Ligue française porte la date du 15 décembre 1866. Il est rédigé par le F∴ Jean Macé, auquel le *Monde maçonnique* a pu rendre cet hommage : « L'idée première de la Ligue appartient, au F∴ Jean Macé ; c'est lui qui l'a conçue, exposée le premier ; qui a réuni les premiers adhérents, lancé les premiers appels, fait à ses risques et périls les premiers frais. S'il nous fallait un dictateur, il réunirait certainement l'unanimité des suffrages[2]. »

Mais une association émanée des sociétés secrètes ne peut pas être gouvernée par un dictateur. On connaît le respect de la secte pour la liberté de ses adeptes. Ce n'est pas elle sans doute qui leur impose, sous les peines les plus terribles, le serment

---

1. Premier *Bulletin de la Ligue de l'enseignement*, 15 décembre 1866. Cité par M. de Saint-Albin, p. 22.
2. Qu'il nous soit permis, après M. de Saint-Albin, d'attirer l'attention du lecteur sur les ouvrages du F∴ Jean Macé et sur les publications qu'il dirige, telles que le *Magasin d'éducation et de*

solennel d'un inviolable secret sur tout ce qui se passe dans ses ténébreuses assemblées, d'une obéissance passive et absolue à tous les ordres, quels qu'ils soient, donnés en son nom !

Le *perindè ac cadaver*, dont ils ont tant et si odieusement abusé contre les Jésuites, est, qui ne le sait ? un mot vide de sens pour les Maçons. Promettre et jurer, au nom de Dieu, d'obéir sans restriction à des supérieurs qu'on connaît, qu'on estime et qu'on aime ; se soumettre de tout son cœur, et de toute son âme, à des règles publiques, sanctionnées et bénies par l'Église, que suivent un grand nombre d'hommes éminents par la science, l'éloquence ou la vertu ; voilà le crime, le crime irrémissible : « *Rien que la mort n'est capable d'expier ce forfait.* »

« *On nous l'a fait bien voir* », naguère encore, et à défaut de la mort physique, qui, demain peut-être, augmentera le nombre de nos martyrs, la mort légale par la confiscation, la proscription et l'exil, ne cesse, hélas ! de frapper sur plusieurs points du globe ceux qui, selon un témoin peu suspect, « exécutent gratuitement et volontairement les moins attrayantes et les plus rebutantes des besognes sociales[1]. »

Quoi qu'il en soit, le F∴ Jean Macé, dictateur ou non, a été le législateur et est resté l'un des propagateurs les plus zélés et l'un des littérateurs les plus féconds de la Ligue fondée par lui, en même temps que Maçon zélé et admirateur immodéré de Voltaire.

*récréation* et la *Bibliothèque illustrée* et *non illustrée d'éducation et de récréation*, édités chez Hetzel : collections aux réclames desquelles toute la presse catholique, trompée comme l'Académie par le ton inoffensif du F∴ Jean Macé, a plusieurs fois ouvert et continue à ouvrir ses colonnes

1. TAINE, *la Révolution*, t I, p 215. Est-il besoin d'ajouter que nous laissons à M. Taine toute la responsabilité de son appréciation sur le rôle du prêtre et du Religieux ?

Il a beau dire, avec cette modestie qui caractérise tout révolutionnaire, et dans un langage qui n'a rien d'attique : « Je ne pouvais, en proposant la Ligue à mes concitoyens, leur dire d'avance ce qu'elle serait, n'ayant pas à le décider ; et c'est pour cela que j'avais jugé inutile de leur dire ce que je voudrais qu'elle *soit* (sic), ne voulant rien mettre qui me fût personnel dans un appel fait à tous. » Et encore : « Cette Ligue une fois constituée, une fois organisée, que fera-t-elle ? Elle fera ce qu'elle voudra [1]. » Il n'en envoie pas moins, le 1er novembre 1867, à tous les *Groupes*, déjà formés ou en voie de formation, un projet de statuts indiquant précisément ce qu'il voudrait qu'elle fît et qu'elle fût [2].

La déclaration fondamentale, inscrite en tête de ce projet de statuts, est celle-ci : « *La Ligue ne servira les intérêts particuliers d'aucune opinion religieuse ou politique.* » Cette déclaration, adoptée par tous les groupes, était jadis l'arche sainte. Le F∴ Jean Macé la défendait avec zèle contre les atteintes d'amis trop ardents ou trop loyaux. Ce temps n'est plus. Les nouveaux triomphes de la Révolution en France ont rendu inutile l'hypocrisie des Ligueurs. Nous le constaterons quand nous apprécierons les *doctrines* de la Ligue.

---

[1]. Lettre à M Bader (3 décembre 1866), en réponse à de « nombreuses demandes d'explications sur le but et l'organisation possible » de la Ligue Dans le premier *Bulletin*, pp. 19 et 21.
[2] *La Coopération*, 17 novembre 1867. Saint-Albin, 24.

## III

### ORGANISATION DE LA LIGUE

Le *Monde maçonnique* avait ainsi décrit l'organisation future de la Ligue : « Dans chaque ville, dans chaque commune, un groupe se formera, complètement indépendant des groupes des autres villes, des autres communes. Dans la même ville, plusieurs groupes pourront fonctionner côte à côte, divergents par leurs tendances, leurs préférences littéraires, scientifiques, économiques, philosophiques ; disposant chacun, sous leur contrôle exclusif, des sommes recueillies autour d'eux et par eux ; choisissant leurs professeurs, leurs élèves, les livres destinés aux uns et aux autres ; contribuant, s'ils le veulent, aux frais de la Ligue, publications et propagande ; mais n'ayant d'autres rapports avec les autres groupes et les autres adhérents qu'une communauté d'origine et une action commune, favorables à la propagation de l'instruction et au développement des intelligences [1]. »

Six mois après, l'article 5 du projet de statuts ratifiait, en ces termes, la promesse de la Franc-Maçonnerie : « Les membres de la Ligue se grouperont comme ils l'entendront en sociétés indépendantes, réglant elles-mêmes leur mode d'administration, la nature et l'étendue de leur action [2]. »

« Si la Franc-Maçonnerie et les statuts disent

---

1. Numéro de mai 1867 Saint-Albin, 25
2. SAINT-ALBIN, 25.

vrai, observe avec raison l'auteur auquel nous empruntons ce récit, la Ligue n'est qu'un faisceau rompu d'avance. Comment donc a-t-elle pu trouver, dès le premier jour, tant d'adhérents? Comment a-t-elle pu en trouver un seul? Qui donc voudrait, croyant ou incroyant, conservateur ou révolutionnaire, adhérer au vague programme de *la propagation de l'instruction*, si le caractère de l'instruction qui sera propagée par la Ligue n'était pas défini d'avance? Quel révolutionnaire voudra répandre l'enseignement de la lecture, pour ne parler ni de la morale, ni de l'histoire, ni de tout ce qui nous divise, si les élèves, enfants ou adultes, ne doivent lire que le *Catéchisme* ou la *Vie des Saints*? Quel catholique ne croirait pécher contre la foi, contre la justice, et surtout contre la charité, en enseignant la lecture à un ignorant, pour qu'il puisse lire le *Dictionnaire philosophique* ou les *Romans* de Voltaire, ou son poème immonde? Dire : Je veux seulement propager l'instruction, mais je proteste contre la supposition de toute autre pensée, c'est donner à tous le droit de croire à une *pensée de derrière*, comme parle Pascal[1]. »

Cette pensée existe : on ne le dissimule plus aujourd'hui. Les frères et amis ne s'y sont pas trompés un instant. Dès la première heure le concours actif, empressé de la presse maçonnique et révolutionnaire fut

---

1. SAINT-ALBIN, 26. — « Il faut avoir une pensée de derrière et juger de tout par là, en parlant cependant comme le peuple. » (PASCAL, *Pensées*, art. 14, § 90, 2e édit.) Et M. de Saint-Albin ajoute : « Les conjurés de la conjuration contre la société chrétienne n'ont point une *pensée de derrière* pour juger de tout par là, mais pour empêcher que les honnêtes gens puissent juger, par leur langage, des sentiments, du but et de l'action de la conjuration. Les conjurés affectent de parler comme les honnêtes gens, pour que cette conformité de langage protège leur *pensée de derrière* contre la pénétration des *profanes*. »

acquis à l'œuvre du F∴ Macé et l'aida à recruter de nombreux adhérents.

L'entreprise était lancée. Elle avança lentement au début. Le *Bulletin*, qui nous a fourni l'histoire des premiers pas de la Ligue, eut à peine deux numéros en dix-huit mois. Alors il se transforma et parut, avec un peu plus de régularité, sous un titre légèrement modifié : LIGUE DE L'ENSEIGNEMENT — *Bulletin du mouvement de l'enseignement par l'initiative privée*. Cinq numéros furent publiés à des intervalles plus ou moins éloignés, entre le 15 mai 1868 et le 15 février 1870. Depuis la guerre il a cessé d'exister ; mais il est question de le ressusciter et de le faire paraître régulièrement tous les mois.

Avec ou sans organe officiel, la Ligue n'en travaille pas moins.

Un an après le premier appel du F∴ Jean Macé, six Cercles ou Groupes étaient constitués [1].

La seconde année (1868), vingt et un Cercles se fondent. « L'Alsace, la Lorraine et la Normandie peuvent en revendiquer la plus grande part. C'est aussi de cette année que datent les deux Cercles de Marseille, qui tiennent jusqu'à présent, dit le F∴ Macé, le premier rang dans la Ligue, par le nombre de membres inscrits et le chiffre des cotisations [2]. »

---

1. *Bulletin* numéro 5, première partie ; *Statistique de la Ligue*, pp. 15 à 18. Les six premiers Cercles sont ceux de Chevilly (Loiret), fondé en décembre 1866 ; de Metz, 21 juin 1867 ; d'Ars-sur-Moselle et de Saverne, « deux villages de la Moselle, entraînés par l'exemple de Metz », de Reims et enfin de Remilly (Moselle), oublié par le F∴ Macé dans son énumération.
2. *Id., ibid.* — Ces vingt et un Cercles sont : en Alsace, les Cercles Colmarien et Mulhousien ; en Lorraine, ceux de Solgne (Moselle), d'Epinal, de Saint-Dié, de Raon-l'Etape (Vosges) et de Nancy ; en Normandie, les Groupes Rouennais, Dieppois, Havrais, Pont-Audemérien. Les autres fondations sont

En 1869, la Ligue s'est accrue de vingt-neuf Cercles [1] ; total : cinquante-six, et non soixante, comme le prétend son fondateur qui semble avoir souvent besoin de revoir ses calculs. En outre, trois Cercles sont en formation [2].

Cinquante-six Cercles, fondés en trois ans, et « réunissant entre eux tous un budget connu de 78,455 fr. 05 c.,' souscrit par dix-sept mille huit

---

celles de Baugé (Maine-et-Loire), d'Orléans, de Nérac et de Sos (Lot-et-Garonne), de Lure (Haute-Saône), de Pontoise, d'Alger, avec le Cercle de la rue Villehardouin, à Paris, et les deux Cercles de Marseille qui comptent quatre mille cent membres et 12,000 fr de recettes. On ne peut, au sujet de ces derniers, se défendre de remarquer que si les promesses de la Ligue devaient se réaliser quelque part, Marseille « tiendrait le premier rang ». Or, un des principaux arguments dont les Ligueurs se servent contre l'enseignement religieux, est celui-ci ; « Les croyances divisent ; la *neutralité* ( ! ! ! ) de l'école unira, dès le bas âge, tous les enfants de la patrie. » Ce sophisme leur paraît si ingénieux qu'ils le répètent à satiété. On conviendra que leurs amis de Marseille n'ont pas donné, au conseil municipal et ailleurs, le spectacle d'une touchante harmonie et d'une tendre fraternité. Hélas ! hélas ! on n'est jamais trahi que par les siens.

1. *Id., ibid* — Les vingt-neuf Cercles, nés en 1869, sont : dans la région de l'Est, ceux de la Vallée-Sainte-Marie, de Senones (Vosges), de Tournus (Saône-et-Loire), de Châlons-sur-Marne, de Joinville (Haute-Marne), dans la région du Nord : de Rouvion en Thiérache (Aisne) et de Calais et Saint-Pierre ; dans le Centre : les Cercles Parisien, vrai Comité central, et Clermontois (Clermont-Ferrand), avec la Société d'enseignement coopératif, à Paris ; dans l'Ouest : les Cercles Condéen (Condé-sur-Noireau [Calvados]), Châtelleraudais, Niortais et Poitevin ; dans le Midi : les Cercles Nimois, Anduzien (Anduze [Gard]), de Cournonsec (Hérault) et la Ligue bordelaise. L'Algérie fournit ceux de Guelma, Souk-Ahras et La Calle, tous trois « constitués en une seule séance » (3 janvier 1869), par le Cercle algérien, puis ceux de Setif, Philippeville, Batna, Constantine et Mascara.

2. *Bulletin* numéro 5, p. 76. — Ce sont ceux de Beauvoisin (Gard), de Bédarrieux (Hérault) et de la Rochelle. La liste que nous venons de donner fournit une nouvelle preuve, bonne à noter et à retenir, de cette vérité que le mal, comme le bien, peut se faire dans les petites localités aussi facilement que dans les grandes villes. Puissent tous les catholiques le reconnaître enfin et agir en conséquence !

cent cinquante-six membres, c'est peu, réparti sur la carte de France, observe le F∴ Macé ; c'est beaucoup, si l'on se reporte aux origines, plus que modestes, de la Ligue, si l'on tient compte des incertitudes forcées de son début, des incrédulités qui ont accueilli sa prétention de n'être d'aucun parti, « *des inimitiés puissantes* qu'elle a rencontrées [1] ». Et il ajoute ces réflexions, leur profit : faire dont les soldats de l'armée catholique peuvent

« Je ne puis m'empêcher de rapporter ici, encore une fois, la réponse que je faisais dans les premiers jours aux questions, impossibles alors à résoudre, qui m'étaient posées de tous côtés [2].

« Quand des setlers américains s'en vont droit devant eux, à la recherche d'un établissement dans le Far-West, savent-ils toujours où et comment ils le feront? Ce qu'ils savent, c'est qu'il y a de la terre à défricher là-bas. Allez voir dix ans après à l'endroit où ils se sont arrêtés. Vous y trouverez une ville, dont il est bien certain qu'ils n'avaient pas le plan dans leurs poches, lorsqu'ils sont partis. Elle est faite pourtant.

« Ainsi fera notre Ligue, si nous sommes des hommes.

« Il paraît qu'il s'est trouvé des hommes dans le pays ; car notre Ligue entre seulement dans sa quatrième année, et, si l'on ne peut pas dire encore qu'elle est faite, elle se fait évidemment. . . . . . .

---

1. *Bulletin* numéro 5, p. 17. — Ces *inimitiés puissantes* ne peuvent être que les condamnations de l'épiscopat, car l'Empire souriait à la Ligue Si l'épiscopat est *puissant*, l'Eglise catholique n'est donc pas à l'agonie.

2 Le V∴ F∴ aime à reproduire ce qu'il a produit. C'est la troisième fois que cette réponse, qu'il semble si fier d'avoir trouvée, reparaît dans les *Bulletins*. Et ce n'est pas le seul exemple de son amour exagéré pour la répétition.

Ce qui était le plus difficile, ce qu'on prétendait impossible, est fait. La Ligue n'est plus une utopie. Elle a conquis son droit de cité dans le pays. Elle ne demande plus qu'à grandir pour devenir, comme la Société fondée en Hollande par le pasteur de Monnikendam, *une force nationale sortie d'un bienfait national* [1]. »

Nous connaissons des Œuvres fondées par ces cléricaux, tantôt si formidables, tantôt si méprisables, au dire de leurs ennemis, selon les besoins de la cause, qui, en moins de temps, ont obtenu des résultats plus importants que la Ligue du F∴ Macé.

Nos adversaires les connaissent aussi bien que nous ; aucun de nos amis ne devrait plus ignorer, non-seulement leur nom, que tous ont entendu, mais leurs travaux et leurs succès ; aucun surtout ne devrait leur marchander son concours et son dévouement. Il serait temps d'en finir avec cette tactique déplorablement peu héroïque, qui consiste à exalter les moyens et la puissance de l'ennemi, afin d'être en droit de conclure à l'impossibilité de la lutte et de n'avoir à sacrifier aucun des moments consacrés aux affaires, aux plaisirs et au cher repos

*Noluit credere ut bene ageret.* Tant que la masse des catholiques ne sera pas convaincue pratiquement de la *nécessité* et de la *puissance* de l'action, on pourra gémir sur le malheur des temps ; mais ce ne sont pas les gémissements qui gagnent les victoires.

Le jour où nous saurons imiter l'activité, la persévérance, l'ardeur que la présente étude nous fait constater une fois de plus dans le camp ennemi, ce jour-là, avec la grâce de Dieu, le triomphe sera proche.

S'agit-il d'argent? nous donnons beaucoup plus, et

---

1 Cinquième *Bulletin*, pp. 17, 18, 19.

surtout beaucoup plus volontiers que les impies [1]. S'agit-il d'activité, de persévérance ? c'est trop souvent le contraire. Or, l'activité, la persévérance suppléent à tout et rien ne les remplace. Dieu me garde d'oublier tant de chrétiens admirables qui se dépensent avec une abnégation supérieure à tout éloge. Mais combien sont-ils ? et combien sont leurs frères qui ne les imitent pas ?... Certes, l'éloquence, la science, la vertu, l'amour désintéressé du peuple et la connaissance approfondie de ses besoins sont, moins que jamais, l'apanage de la Révolution. La médiocrité de presque tous ses défenseurs n'a d'égale que l'étendue de leurs succès. Mais l'acharnement de leur haine surpasse l'activité de notre amour. Il est donc naturel qu'ils réussissent, là même ou parfois nous échouons.

## IV

### DÉVELOPPEMENTS DE LA LIGUE.

Si nous nous sommes quelque peu arrêté sur les premières années de la Ligue, c'est que 1870 marque, pour ainsi dire, la fin de la première période de son existence.

Considérée avec bienveillance par le gouvernement impérial et par le carbonarisme qui assiégeait alors le

---

[1]. On sait que dans la Franc-Maçonnerie, dans l'Internationale, en un mot dans toutes les sociétés secrètes, les cotisations sont *imposées*, et le non-paiement puni par des sanctions sévères.

trône, la Ligue devait participer aux flatteries plus ou moins cachées du socialiste couronné envers une association révolutionnaire d'un autre aspect, l'*Internationale.*

Elle ne pouvait cependant obtenir, dès lors, la situation officielle qu'elle possède aujourd'hui. Sans doute, elle caressait les tristes utopies que le ministre, M. Duruy, et son maître, poursuivaient malgré le témoignage des faits et les déclarations quasi unanimes d'hommes assurément peu suspects de répulsion pour des projets venus de si haut [1]. Sans doute, le second Empire n'ignorait pas que les républicains du *Siècle,* de l'*Opinion nationale* et d'ailleurs, se laissaient aussi facilement apprivoiser que leurs *incorruptibles* pères de 1793, en qui le premier Empire avait trouvé ses plus humbles courtisans. Mais il savait aussi que la fidélité des républicains ralliés à la fortune du conquérant n'avait pas toujours eu le bonheur et l'honneur de survivre à la chute du distributeur des places et des titres. D'ailleurs, les tendances politiques des démocrates de la Ligue, leur indépendance, modérée cependant, arrêtaient les manifestations vraiment efficaces de la sympathie du F.˙. impérial, trop initié dans sa jeunesse aux secrets des *Loges,* pour être dupe des inoffensives déclarations destinées aux *profanes.*

Après 1870, la scène change.

La tourmente de *l'année terrible* paraît avoir arrêté, pour un temps, les progrès de la secte. Pendant ces longs et lugubres mois, le public pensait à tout autre

---

1. Voir, dans le remarquable travail de M. Fayet, *les Nouveaux Apôtres de l'ignorance,* chez J. Le Clerc, 1877, le résultat, purement négatif, de l'enquête sur la gratuité de l'enseignement primaire, et l'insuccès de tous les efforts tentés pour l'établir dès 1863, 1864, 1865, 1867, 1868 et 1869, pp. 14, 15, 16.

chose qu'à lire, à écouter des conférences ou à fonder des écoles. La guerre savante, doucereuse, hypocrite contre l'Église n'était pas possible au milieu du bouleversement général. On ne pouvait alors se permettre contre l'enseignement chrétien que ces violences sans phrases, dont nous parlions en commençant.

Aussi la paix trouva-t-elle les institutions de la Ligue en partie désorganisées. Mais on se remit bientôt à l'œuvre. Le Cercle parisien, dont la « constitution définitive »[1], en 1869, avait « créé un point d'appui universel aux efforts individuels dans les campagnes éloignées de Cercles en activité », devint tout à fait un *Comité central*. Il accentua et multiplia ses initiatives, nous l'avons dit. A la fin du *règne* de M. Thiers, les progrès s'accéléraient, lorsque le 24 Mai apporta un obstacle, léger il est vrai, trop léger, aux développements de l'association. L'habile manœuvre exécutée au mois de janvier 1875 par le parti, aussi dépourvu de principes que de *nom*, lui rendit la faveur gouvernementale. Elle monta au pouvoir en 1876, avec le ministère Jules Simon ; elle en tomba avec lui, et le 16 Mai, « ce régime où elle eut le jeu moins beau que sous l'Empire »[2], est pour elle l'objet d'une exécration violente, dont ses publications témoignent[3]. Cette exécration est bien un peu exagérée, car les répressions partielles essayées contre la Ligue par les préfets du 16 Mai, à cause de ses travaux *politiques*, ne furent ni rigoureuses, ni efficaces, pas plus que tout ce qu'on fit à cette époque.

---

1. *Bulletin* numero 5, février 1870, p. 19.
2. Rapport de Jean Macé, président du Cercle parisien, à l'assemblée générale de 1877 Compte rendu pour l'année 1877, p 23.
3. Voir, notamment, le *Compte rendu des travaux du Cercle parisien pour l'année* 1877, in-12 de 272 pages.

Depuis le 14 décembre 1877, la Ligue devient de plus en plus une puissance publique.

Tous les projets de loi *contre l'instruction primaire*, ne sont que la réalisation de son idéal et la traduction de ses plans en textes. Tous les *nouveaux apôtres de l'ignorance* figurent sur les listes de la Ligue : ils en sont dignes.

Ils y ont rencontré bon nombre de leurs collègues du Sénat et de la Chambre, avec les *mères* de la future *Église laïque*.

En effet, un Comité de dames a été formé, en 1877, par le Cercle parisien, sous la présidence de madame Carnot, assistée de mesdames Clamageran, Dorian, Anaïs Guéroult et Hippeau, vice-présidentes [2].

Ce Comité, organisé à l'occasion de la « souscription nationale » ouverte par la Ligue « dans le but « de fournir un matériel d'enseignement primaire « aux écoles rurales de France, d'Algérie et des « colonies », ne bornera pas sans doute ses services à cette seule entreprise. Des Cercles de province ont déjà fait appel aux *Ligueuses*, et il est à croire qu'aucun ne voudra se priver d'un appui si précieux. A l'exemple de Voltaire, pour lequel elle professe le culte qu'elle refuse à Notre-Seigneur Jésus-Christ, et comme lui « semblable à cet insecte, le fléau des jardins, qui n'adresse ses morsures qu'à la racine des plantes les

---

1. *Compte rendu des travaux du Cercle parisien pour l'année* 1878, p 34 Parmi les noms les plus connus des dames membres du Comité, citons ceux de mesdames Brisson, Dentu, Goudchaux, Hérold, veuve Kestner, Jules Kœchlin, veuve Michelet, veuve Quinet, Lockroy, Tirard Thulié, etc., etc.

On sait que M. Hippeau, vice-président du Cercle parisien de la Ligue, fut envoyé en Amérique par le ministère de l'instruction publique, afin d'étudier le système scolaire des Etats-Unis Nous aurons à constater quelles étranges appréciations le Ligueur a dictées au fonctionnaire.

plus précieuses », la Ligue, avec son *aiguillon*, « ne cesse de piquer les deux racines de la société, les femmes et les jeunes gens [1] ». Elle pense comme le *Siècle* que « pour vaincre *l'ennemi* il n'y a qu'un moyen, un seul, former des libres penseuses [2] ».

En même temps que le Comité de dames, un Comité d'honneur se formait à Paris. A sa tête brille Victor Hugo. Le poète *immense* a daigné prêter son nom à l'œuvre du F∴ Macé ; mais il n'a pas daigné encore délier en sa faveur les cordons d'une bourse qui passe, à tort ou à raison, pour être fort conservatrice : toutes nos recherches n'ont pas pu nous faire découvrir ce nom rayonnant dans aucune des listes de souscription. Si l'indifférence religieuse et politique de la Ligue avait quelque sincérité, le choix de M. Victor Hugo serait fort approprié au rôle qu'on lui donne, puisque toutes les croyances comme toutes les apostasies, toutes les fidélités comme toutes les trahisons peuvent réclamer une des périodes de la longue carrière *ondoyante et diverse* du vieux *maître*.

Autour de lui se groupe le dessus du panier radical, la haute aristocratie du parti égalitaire, ministres, députés, sénateurs. Les citoyens le Royer, Lepère, Tirard, ministres, et le célèbre Cyprien Girerd, leur collègue ; les députés Brelay, Henri Brisson, vice-président de la chambre, l'*honorable* Leblond, Laisant,

---

1. Joseph DE MAISTRE, *Soirées de Saint-Pétersbourg*, t. I, Quatrième entretien, p 241.
2. *Le Siècle*, numéro du 20 novembre 1868. On voit que M. Gambetta n'a pas même le mérite d'avoir inventé l'odieuse formule que l'on connaît Il y a dix ans qu'elle traîne dans le *Siècle*. Elle remonte même beaucoup plus haut. « Nous autres socialistes, nous n'avons qu'un seul ennemi, et cet ennemi, c'est le catholicisme », disait en 1849 M. Jean Macé (*Suis-je Français ?* par le R P Longhaye, S. J., p. 110). Et d'âge en âge on remonte jusqu'au prétoire de Pilate, sans cesser d'entendre répéter le *Tolle, crucifige eum*, qui fut inventé là par les amis de Barabbas

Marmottan, Ménier ; les sénateurs Emmanuel Arago, Carnot, Challemel-Lacour, Claude, Corbon, Crémieux, Grand Maître du SuprêmeConseil du rite Maçonnique écossais, Fourcand, Littré, Magnin, Peyrat, Schœlcher, Testelin, Thurel, Valentin, général Guillemault, Hérold, préfet de la Seine ; deux membres de l'Institut, deux médecins (il en faut dans toute entreprise antichrétienne), un propriétaire et l'astronome Flammarion [1].

Ainsi, plus heureuse que ne le sera jamais la France républicaine, la Ligue possède de puissantes alliances. Il n'est donc pas étonnant que les Sociétés fondées sous ce titre général : « *Ligue de l'Enseignement* », et les bibliothèques par association, créées ou dirigées par elles, n'aient cessé d'augmenter en nombre. Elles atteignaient presque trois cent cinquante en 1874 [2] ; « *elles dépassent aujourd'hui quatre cents, et le chiffre de leurs membres est d'environ trente-cinq mille* [3] », dit un prospectus déjà incomplet. Depuis la fin de 1877, en effet, l'Œuvre maçonnique du F∴ Macé a pris un accroissement plus rapide que jamais ; car depuis lors ses doctrines et ses amis marchent de triomphe en triomphe, grâce aux moyens *moraux* que l'on connaît, grâce aussi à la probité politique immaculée et à la haute impartialité dont ils ne cessent d'accumuler les preuves.

Munie de tous les organes utiles ; avec son « Comité central d'initiative et de propagande » à Paris, aidé par le Comité de dames et patronné par le Comité d'honneur ; avec ses groupes locaux et ses associés

---

1. *Compte rendu des travaux du Cercle parisien*, 1878, p 83.
2. *Compte rendu des travaux du Cercle parisien*, 1874, pp. 78 à 116.
3. *Résumé des opérations du Cercle parisien.*

nationaux et *internationaux* qui se multiplient ; favorisée par un gouvernement et des Chambres qui lui sont tout dévoués, la *Ligue de l'Enseignement* est arrivée en France à son apogée.

Plus libre dans ses allures que le régime républicain, elle a *travaillé pour l'exportation* [1] et elle s'est acclimatée sous toutes les latitudes. Nous la suivrons partout, afin de nous rendre un compte exact de son activité et de sa puissance.

Et d'abord, accompagnons-la en Algérie, où son développement a été rapide et son action considérable dès le début. Cette page de son histoire nous fournira un épisode des plus tristes, mais des plus instructifs. Il n'est pas assez connu ; il mérite de l'être davantage et de n'être jamais oublié. Nous verrons, d'une part toutes les rigueurs du gouvernement d'alors accumulées contre l'héroïsme de la charité chrétienne, et d'autre part toutes les faveurs officielles prodiguées à une association antireligieuse, ouvertement patronnée par la Franc-Maçonnerie. Spectacle douloureux, mais admirable en même temps ; émouvant parallèle que nos lecteurs nous sauront gré d'avoir tracé, pour la gloire de notre mère l'Eglise catholique.

---

1. C'est ce que, dans un banquet fameux, M. Gambetta conseillait d'éviter pour la forme de gouvernement chère en France à ses amis les commis-voyageurs, non moins qu'à la Ligue et à la Franc-Maçonnerie. Il déclarait qu'elle n'était pas faite pour l'exportation.

## V

### LA LIGUE EN ALGÉRIE.

Ce fut en 1868, nous l'avons dit, que la Ligue franchit la Méditerranée. Abandonnons-la un instant, afin d'exposer les événements au milieu desquels elle débarqua dans notre grande colonie Africaine[1]. Ce récit n'est point un hors-d'œuvre : on s'en convaincra bientôt.

En cette même année 1868, l'Algérie était désolée par une terrible disette, traînant à sa suite le typhus, suite trop fréquente de la famine. Déjà, l'année précédente, le choléra avait fait, à lui seul, d'après les aveux officiels, quatre-vingt-dix mille victimes[2].

Devant tant de maux, Mgr l'archevêque d'Alger n'écoute que son grand cœur, et rempli, envers la générosité française et catholique, d'une confiance justifiée par l'événement, il entreprend une véritable croisade de charité au profit des pauvres musulmans, seuls atteints par le fléau, incapables, par leur fatalisme, de lutter contre ses étreintes. Il ouvre à la fois : deux orphelinats, l'un pour les garçons indigènes, l'autre pour les filles et pour les enfants

---

[1]. Nous allons être obligés de rappeler les fautes d'un vaincu, et nous avons d'autant plus hésité à le faire, que ce vaincu est tombé en défendant la cause de l'armée française. Mais les faits que nous retraçons appartiennent à l'histoire, et le contraste entre les persécutions accumulées contre les œuvres catholiques et les faveurs prodiguées à la Ligue est trop instructif, pour que nous ayons le droit d'en priver le lecteur.

[2] 89,575, dit le général Allard, dans son rapport au Corps législatif, le 20 mars 1868.

des deux sexes au-dessous de six ans ; un asile, pour les femmes que chassent en masse les Arabes aux prises avec la faim, et un asile pour les vieillards abandonnés. Avec une infatigable activité, il multiplie ses démarches auprès de l'Épiscopat français d'abord, puis de l'Épiscopat catholique tout entier. Les aumônes arrivent, abondantes, considérables, mais bien insuffisantes encore pour les innombrables besoins qu'il faut soulager sans retard. L'archevêque redouble ses prières ; il visite lui-même les parties de son diocèse les plus éprouvées. Escomptant l'avenir avec une sainte audace, il secourt directement six cents Arabes[1] affamés, réfugiés à Alger ; il en remplit ses séminaires et jusqu'à sa propre maison. Ses deux orphelinats reçoivent plus de mille pauvres petits enfants, arrachés par ses soins à une mort inévitable.

Prêtres et laïques, tous les chrétiens le secondent avec un dévouement incomparable. Un conseil de surveillance et de patronage formé par ses soins administre sous sa direction les deux orphelinats. La Société des dames de charité d'Alger distribue à elle seule des aliments à plus de douze cents indigènes.

Afin de procurer à leur évêque les ressources nécessaires pour faire face aux immenses charges qu'il a assumées, « des prêtres vénérables, de tout âge, et jusqu'à des vieillards de soixante-dix ans », implorent comme

1. Tous les détails que nous donnerons sur ce triste épisode sont puisés dans les documents suivants — Lettre de Mgr Lavigerie, archevêque d'Alger, à M. le directeur de l'œuvre des écoles d'Orient (6 avril 1868) — Lettre du maréchal de Mac-Mahon, gouverneur général de l'Algérie, à M. l'archevêque d'Alger (21 avril 1868) — Réponse de Mgr l'archevêque à la lettre de M. le maréchal de Mac-Mahon (23 avril 1868) — Lettre de Mgr Lavigerie au rédacteur en chef du *Moniteur de l'Algérie* (mai 1868) — Afin de ne pas fatiguer l'attention du lecteur nous nous contenterons de mettre entre guillemets les phrases ou les expressions textuellement extraites de ces documents.

une faveur la permission d'aller jusqu'aux extrémités du monde mendier pour les musulmans, auxquels le Coran prescrit le mépris et l'extermination des chrétiens.

« Et ce qu'ils ont dit, ils le font ; ils ne craignent
« pas de traverser les mers, d'aller en Angleterre,
« aux États-Unis, aux Antilles, au Canada, pour
« cette croisade de la charité. Ils viennent, avant de
« partir, me demander de bénir leur pèlerinage,
« avec la simplicité d'un héroïsme qui s'ignore
« lui-même, écrit Mgr Lavigerie, et, lorsqu'ils
« s'éloignent, je pleure, comme je le fais en ce mo-
« ment, d'attendrissement, de reconnaissance et
« d'admiration. »

Plus héroïques encore sont ceux qui restent : « A
« Alger même, tandis que la population européenne
« en général n'est pas atteinte, cinq Sœurs de Saint-
« Vincent de Paul, une Sœur du Bon-Pasteur, une
« Sœur de la Doctrine, un Frère de la Compagnie
« de Jésus ont succombé dans l'espace de quel-
« ques jours, victimes des soins qu'ils prodiguaient
« aux malades indigènes dans les hôpitaux, aux veu-
« ves et aux orphelins arabes dans les asiles » que
l'archevêque leur a confiés.

« Plusieurs autres Religieuses sont atteintes », et il y aura d'autres martyrs de la charité.

« Mais, loin de décourager leurs compagnes, ce spec-
« tacle ne fait que leur inspirer un plus grand dévoue-
« ment. Elles acceptent cette situation, de même
« que les prêtres et les Religieux attachés aux hôpi-
« taux et aux asiles, avec un courage surhumain et
« une joie austère. »

Tant de sacrifices si désintéressés arrachent à la population musulmane tout entière, même à celle qui

ne participe pas aux bienfaits catholiques, les témoignages les plus significatifs d'admiration et de reconnaissance Les plus fanatiques « se sentent touchés de cet élan de charité auquel ils sont si étrangers par leurs mœurs ». — Le marabout d'Alger fait dire à l'apostolique archevêque « que, dans une réunion
« nombreuse, présidée par lui, il a fait avec ses core-
« ligionnaires une prière publique pour demander à
« Dieu de le récompenser, ainsi que les catholiques
« de France, du bien qu'ils font aux pauvres, aux
« veuves, aux enfants de leur nation ! »

« Un musulman vient exprimer les mêmes senti-
« ments » au vénérable promoteur de cette croisade de la charité, et il lui amène son fils, « en le priant
« de le recevoir dans son petit séminaire pour en faire
« un chrétien. »

« En Kabylie, des conseils communaux indigènes,
« des djemmâas, demandent et font demander par
« écrit ou de vive voix la faveur de maisons de
« secours et de charité », dirigées par des Missionnaires ou par des Religieuses.

Les infranchissables barrières, derrière lesquelles l'administration française « parque » depuis trente-huit ans la race indigène « dans son Coran », sont partout ébranlées. Il semble qu'elles vont enfin tomber, renversées par la charité.

Et qui donc s'en plaindrait ? La France ? mais l'héroïsme de ses fils, qui se sont dévoués jusqu'à la mort au chevet des musulmans, l'honore et la glorifie devant le monde civilisé et lui gagne le cœur de ce peuple qu'une longue domination a dompté sans le soumettre. Le gouvernement de la colonie ? mais sa tâche va se trouver singulièrement facilitée par la conversion des Arabes. — Disciples de Mahomet, ils ne voyaient dans leurs vainqueurs que des ennemis ; chrétiens, ils reconnaîtront des frères dans les chrétiens de France, et, avec leur soumission sans réserve, ils donneront à la grande patrie française leur amour et leur dévouement en reconnaissance de ses bienfaits.

N'a-t-il pas trop longtemps duré ce spectacle, indigne d'un peuple civilisé et surtout d'un peuple baptisé, que la Fille aînée de l'Eglise donne au monde depuis quarante ans ? « Le premier évêque d'Alger
« abandonné par le pouvoir et obligé de fuir la terre
« qu'il avait arrosée de ses sueurs et de ses larmes,
« parce qu'il gênait des projets d'indifférence reli-
« gieuse depuis longtemps conçus et appliqués. Son
« successeur, Mgr Pavy, obligé de renoncer à tout
« rapport de propagande avec les Arabes, et le véné-
« rable supérieur de son grand séminaire, publique-
« ment menacé de la prison et des galères même, *pour
« avoir recueilli dans les boues d'Alger quelques petits
« orphelins indigènes*, dont il voulait faire des hommes.
« Le vœu formulé par les évêques du concile d'Aix
« pour le commencement de la mission arabe, repoussé
« par le gouvernement algérien. »

Et pendant ce temps-là « des mosquées, le plus sou-
« vent inutiles, élevées à grands frais, les écoles,
« les réunions religieuses, où s'exaltait le fana-
« tisme des indigènes, encouragées par des subven-
« tions ; le pèlerinage de la Mecque accompli aux
« frais de l'État ; enfin, chose vraiment incroyable,
« l'enseignement du Coran, donné, au nom de la
« France, à ceux même qui ne l'avaient jamais connu,
« comme les habitants de la Kabylie.... » : tel est en raccourci le tableau du système suivi par la bureaucratie aussi inintelligente qu'antichrétienne, à laquelle notre plus belle colonie est livrée depuis la conquête.

Mais tout cela va changer sans doute. Le vieux

système est jugé par ses déplorables résultats. On va « enfin renoncer à des errements condamnés sans ap- « pel par la voix des hommes, comme par celle de « Dieu ».

Serait-il d'ailleurs possible de refuser à l'apôtre qui, toujours au premier rang, a conduit la croisade de la charité, la seule récompense qu'il demande au nom des martyrs : « la liberté de la charité, la liberté « du dévouement, la liberté de la mort; en un mot, la « liberté de l'Évangile, comme dans les pays infidèles », comme en Chine ou comme dans l'Afrique centrale pour laquelle il prépare des missionnaires ? Ses désirs ne vont pas plus loin. En reconnaissant au bienfaiteur de l'Algérie un droit qu'il a si noblement exercé, on acquittera une dette sacrée, la dette de la France, la dette de l'humanité, et on rendra un éminent service à la patrie, car c'est le seul moyen d'obtenir cette *assimilation* que l'on cherche vainement en dehors de la christianisation de la colonie.

Hélas ! rien n'a été changé ; il n'y a eu en Algérie qu'un persécuté de plus.

« De sourdes menées, une opposition inattendue, qui ont trouvé leur écho jusque dans les feuilles publiques », avaient accueilli les premières « tentatives » de l'héroïque archevêque, « pour exercer ses droits de charité et d'apostolat. »

Pendant qu'il rencontrait dans les officiers généraux de la province d'Alger le plus constant concours pour tout ce qui ne dépendait que d'eux seuls, « une influence toute différente », que tout le monde connaissait, « se faisait sentir ailleurs [1]. »

Elle se manifestait par un rejet constant et persévérant de toutes les demandes directement adressées

---

1. Celle des bureaux arabes

par le métropolitain de l'Algérie au gouvernement général en faveur de ses œuvres, par le silence profond gardé au Sénat et au Corps législatif sur ses orphelinats et ses asiles, qui à eux seuls assuraient à la province d'Alger des secours *quatre à cinq fois plus considérables* que celui de l'État, et enfin par des paroles qui révélaient clairement le dessein formé par les bureaux arabes d'arrêter l'invasion de la charité cléricale, trop admirable, et par là même trop puissante, pour ne pas être funeste à leurs détestables pratiques [1].

Et cependant, il fallait bien reconnaître que la suppression de l'apostolat catholique n'avait pas réussi à rattacher à la France les populations indigènes. Le gouverneur général avouait « qu'en cas de guerre européenne on ne pourrait pas compter sur la fidélité de vingt indigènes en présence d'une insurrection ». Le contre-coup si grave qu'ont eu en Algérie nos désastres de 1870 a prouvé la justesse de ces prévisions.

Cédant, pour une fois, à un bon mouvement, Napoléon III avait permis de déférer aux vœux des Kabyles et de leur envoyer les missionnaires qu'ils réclamaient. Unissant la prudence au zèle, l'archevêque promettait

---

1. Les peuples ont le gouvernement qu'ils méritent, a dit Joseph de Maistre, et l'histoire témoigne qu'il a dit vrai. Où faut-il donc que quatre-vingts ans de jacobinisme, de libéralisme et de césarisme entremêlés aient fait tomber la pauvre France pour qu'elle ait mérité de subir comme ministre de la guerre, commandant en chef de l'armée dans le royaume de saint Louis, l'homme qui a été longtemps l'âme des bureaux arabes ; l'un des plus grands adversaires de la colonisation ; l'un des inspirateurs du fantastique et insensé projet du royaume arabe, rêvé par Napoléon III ; l'un des rédacteurs de la trop fameuse lettre impériale de 1863 ; l'inspirateur de la triste campagne entreprise par le gouverneur général de 1868 contre les œuvres admirables de Mgr Lavigerie ; l'un des promoteurs du triste système qui dicta au maréchal de Mac-Mahon l'étrange missive dont nous allons donner une idée ; en un mot le général Gresley ?

de « n'établir les missionnaires que là où les conseils communaux indigènes les demanderaient, ou tout au moins les accepteraient, et de ne laisser faire aucune propagande par les Sœurs ou par les Frères ; se contentant de gagner les cœurs des indigènes par le spectacle et les bienfaits de la charité ». Les claintes budgétaires elles-mêmes étaient écartées, puisque Mgr Lavigerie s'engageait également à supporter toutes les dépenses. Rien n'y fait. Périsse la France d'outre-mer plutôt que de devenir chrétienne !

Le maréchal de France, gouverneur général de l'Algérie, à cette époque et qui fut depuis président de la République, a le malheur d'écrire alors une triste page de son histoire. Il déclare que l'œuvre des orphelinats « ne sera que transitoire, que les orphelins seront réclamés après la moisson par leurs tribus respectives, qu'on ne pourra les leur refuser, et il ajoute que dans quelques mois l'orphelinat sera ainsi fermé ».

Mais il sait, et ses conseillers le savent mieux encore, que « *la force seule arrachera de leurs asiles ces enfants, dont le seul père est celui qui les a recueillis orphelins et leur a sauvé la vie* » ; il sait aussi que, « *si la force les en arrache, leur protecteur trouvera dans son cœur d'évêque de tels accents qu'ils soulèveront contre les auteurs de pareils attentats l'indignation de tous ceux qui méritent le nom d'homme et celui de chrétien*[1] ».

Il faut donc choisir un autre moyen, et l'on s'efforcera d'enlever à cet apôtre, intrépide devant la menace comme devant la peste, le prestige et la vénération que les prodiges de son dévouement lui ont acquis parmi les Arabes. Dans une lettre admirable, il vient de rendre compte au *Directeur de l'Œuvre des*

---

1. Paroles de Mgr d'Alger. *Lettre au maréchal de Mac-Mahon.*

*écoles d'Orient* de l'emploi des offrandes qui lui ont été adressées. On s'empare d'une phrase de cette lettre, on en dénature complétement le sens, bien qu'il soit clair comme le jour, limpide comme l'eau de roche ; et, ce qu'il repousse comme « absurde », comme odieux, comme « matériellement et moralement impossible », on affirme qu'il le demande ; précisément parce que c'est absurde, odieux et impossible.

Le maréchal de Mac-Mahon, oubliant qu'il est un fils de la catholique Irlande et le représentant de la France très-chrétienne, lui écrit en des termes dignes d'un mandarin de la Chine s'adressant à un missionnaire déjà revêtu de la cangue, et non du gouverneur d'un pays chrétien s'adressant à un évêque. Il lui dit que tel est bien le sens de sa phrase ; il le fait déclarer *officiellement* par le journal du gouvernement [1], en ajoutant, il est vrai, que « l'archevêque a désavoué ce passage ». Et lorsque l'archevêque, usant de son droit le plus élémentaire, celui qu'a tout honnête homme de réfuter une calomnie, tente de repousser ce double outrage public par une lettre aussi modérée que concluante, il n'y a pas de place pour sa rectification dans le *Moniteur de l'Algérie*. Le journal qui a publié l'accusation refuse d'insérer la justification : pour le serviteur comme jadis pour le divin Maître, *non erat locus in diversorio* [2].

Mais, si l'admirable pontife accuse la religion mu-

---

1. Communiqué du 8 mai 1868 au journal l'*Akbar*, reproduit par le *Moniteur de l'Algérie*.
2. Voici les paroles incriminées. Après avoir raconté les faits que nous rapportons en note, p. 40, Monseigneur d'Alger constatait que de pareilles horreurs prouvaient l'absence complète de sens moral chez ceux qui les avaient commises, et il concluait en déclarant qu'il fallait « donner, ou du moins laisser donner l'Evangile à ces malheureuses populations, *ou les chasser dans le désert, loin du monde civilisé* ». C'est ce dernier membre de

sulmane d'impuissance devant la férocité des indigènes aux prises avec la faim, le maréchal se hâte de la disculper. « Je préfère, écrit-il, me ranger à l'opinion des *docteurs qui* ont étudié les maladies *qui* se manifestent à la suite des disettes, et *qui* attribuent ces horreurs à des transports au cerveau, *qui* frappent parfois les individus épuisés par la privation et leur enlèvent leur libre arbitre¹. » — Quelle doctrine et quel style !

Par les prodiges de sa charité, le vénérable prélat forçait des populations hostiles à bénir la France et son gouvernement. C'est le moment que choisit le gouverneur général pour lui lancer l'accusation, plus ridicule et plus odieuse encore qu'imméritée, de n'être pas l'ami de César.

Hélas ! ce triste épisode de la vie d'un soldat vaillant en explique un autre qui s'est terminé brusquement. En repassant cette histoire, on comprend mieux les défaillances récentes dont le terme fatal a été la soumission, puis la démission.

Est-ce tout ? Non ; il faut encore rappeler l'acte le plus déplorable, une circulaire du maréchal, inspirée par les mêmes conseillers, obsédés par les mêmes préoccupations, circulaire « *à la suite de laquelle* « *l'enseignement catholique du maître fut sur le point* « *d'être banni de toutes les écoles, l'existence des con-*

---

phrase dont on a voulu faire l'expression d'un désir, presque d'un dessein, au lieu d'y voir ce qu'il signifie réellement, une simple démonstration par l'absurde de la nécessité d'adopter la première alternative.

1. Citons un des faits auxquels ce passage de la lettre du maréchal fait allusion Auprès de Tenès raconte Mgr Lavigerie (*lettre à M. le directeur de l'Œuvre des écoles d'Orient*, pp. 11 et 12) un musulman et sa femme, gardiens d'une kobba ou petite mosquée musulmane, poussés par la faim, « attirent un passant, écrasent sa tête à coups de pierres, et, leur victime encore palpitante, la

« *grégations enseignantes menacée* [1] ». C'est le métropolitain de l'Algérie qui le rappelle, et il lui fallut, dit-il, « une énergique persévérance », pour obtenir que cette œuvre d'iniquité ne fût pas consommée.

Tout était donc prêt pour recevoir la *Ligue de l'enseignement !* Qu'elle vienne maintenant : son heure est arrivée. Les persécutions, les calomnies, les outrages, ont été épuisés contre la charité catholique ; les louanges, les encouragements, les faveurs pleuvront sur une association destinée à détruire la connaissance et l'amour de Dieu, dans l'âme des générations qui grandissent. C'est dans l'ordre ; ainsi le veut l'*égalité* révolutionnaire. La Ligue ne tarde pas en effet à paraître. Jadis l'élite de la France peuplait nos colonies ; trop souvent aujourd'hui notre écume les inonde. N'est-ce pas une cause principale des rapides succès de la Ligue en Algérie ?

Son premier groupe se constitue en décembre 1868 ; il a Bône pour siége et prend le nom de Cercle algérien. Sa propagande est active, rapide. Dès les premiers jours de janvier 1869, il fonde trois Cercles en une seule séance, et, au bout de huit mois, cinq nouveaux Cercles étaient nés ; total, neuf, enrégimentant 1,853 membres et disposant d'un budget de 12,770 fr. [2].

dépècent, la salent et l'enfouissent dans un trou creusé au milieu de leur cabane. — Lorsque cette affreuse nourriture fut épuisée, un autre passant fut attiré, et ainsi de suite pendant plusieurs semaines. Ils en tuèrent et mangèrent CINQ Puis les occasions leur manquant, ils égorgèrent un *neveu*, qui demeurait avec eux, et enfin ils *dévorèrent un de leurs propres enfants* Les deux autres allaient avoir le même sort, et la pauvre petite qui me faisait cet affreux récit, dit Mgr d'Alger, était déjà sous le couteau, lorsqu'elle parvint à s'échapper en criant, et donna ainsi l'éveil. — Tels sont les crimes que des médecins selon le cœur de la Ligue « attribuent à des transports au cerveau !!! »

1. Lettre de Mgr l'Archev d'Alger au clergé du diocèse.
2 *Bulletin du mouvement d'enseignement par l'initiative privée*, n° 5, 15 février 1870, 1re partie, p. 63.

La presse de la colonie se met à leur service ; l'*Echo de Notre-Dame d'Afrique* est obligé d'écrire ces lignes : « Nos journaux d'Algérie sont depuis quelque temps p... réclames, lettres, objurgations, déclarations, tableaux à effet, au sujet de la belle invention de M. Jean Macé, qui a pour titre *Ligue de l'enseignement*[1] ». Et le V∴ F∴ Jean Macé raille agréablement la feuille religieuse. Partout où les catholiques ont les bras enchaînés, ils ont droit aux insultes des vaillants et généreux promoteurs de la Ligue. Des vaincus, des persécutés peuvent-ils mériter autre chose que le mépris des prêcheurs de liberté et de fraternité ?

L'*Akbar*, le *Moniteur de l'Algérie*, etc., s'empressent de reproduire l'appel lancé dans la *Seybouse*, de Bône, par « l'initiateur » de la Ligue algérienne, l'Alsacien M. Zeys, juge au tribunal de Bône. Et non-seulement la feuille officielle trouve toujours de la place pour toutes les productions de la Francmaçonnerie revêtue du masque de la Ligue, mais elle lui prodigue ses éloges et ses vœux. « Il est à désirer, dit-elle, non-seulement que cette *courageuse et importante entreprise soit couronnée de succès, mais qu'elle fasse, pour ainsi dire, la traînée de poudre et soit imitée par tous les autres centres de population de l'Algérie*[2]. »

Nous retrouverons en France les mêmes pratiques et, des deux côtés de la Méditerranée, nous verrons la forme républicaine de la Révolution se montrer la digne héritière de la forme impériale.

C'était donc une vérité *officielle*, en 1868 : la robe du prêtre ou de la Sœur de charité surexcitait le fana-

---

1. *Bulletin* n° 4, 15 février 1869, p. 25
2. *Moniteur de l'Algérie*, 21 janvier 1869.

tisme des musulmans, que le dévouement sacerdotal et religieux arrachait par milliers à la mort. L'habit du conférencier ligueur aura sans doute la puissance d'adoucir leurs mœurs et de leur faire aimer les giaours.

Aussi le recteur de l'Académie d'Alger se hâte de déférer aux vœux du Cercle de Bône qui a décrété l'institution de douze cours et l'a invité à les autoriser.

D'autres cours vont être institués, des Bibliothèques vont s'ouvrir, qui apprendront aux indigènes les ressemblances entre la morale de l'athéisme et celle du Coran : toutes deux faciles et point gênantes, fatalistes et sensuelles. Les auteurs chers à la Ligue leur enseigneront, comme Mahomet, que l'homme est gouverné par des lois inflexibles, auxquelles il ne peut se soustraire, et que la jouissance est le but de la vie. Libres-penseurs et libres-viveurs s'entendent, se comprennent et, logiquement, se confondent. Des écoles suivront, dans lesquelles, *par respect pour la science*, le nom adorable de Dieu ne sera jamais prononcé, et le F∴ Jean Macé trouvera que les « *colons algériens* « *ont accompli la tâche à part qu'ils ont dans l'œuvre* « *générale de la Ligue, et qu'ils ont payé ce qu je ne* « *crains pas d'appeler*, dit-il, *la dette de la mère-patrie* « *vis-à-vis des populations conquises* [1]. »

« Qui sait si nous n'entendrons pas bientôt parler d'une Ligue Arabe de l'Enseignement ? » écrit le F∴ Macé [2]. Et il la montre déjà préparée. De nombreux indigènes (des cadis et des ouskils surtout) ont adhéré au Cercle de Bône. Trompés par la déclaration mensongère de neutralité religieuse inscrite,

---

1. *Bulletin* n° 4, 15 février 1869, p. 25.
2. *Ibid.*

comme toujours, en tête des Statuts, ces pauvres gens mettent au service de la Ligue leur action sur leurs coreligionnaires; ceux-ci les écoutent. A Constantine, par exemple, ils formeront le tiers des 250 auditeurs qui fréquentent les cours [1].

Bien plus, avec un ensemble et une uniformité qui ne peuvent être spontanés, chacun des présidents indigènes des dix-huit sections de la Kabylie apporte une offrande de ving-cinq francs, à la souscription entreprise pour fournir un matériel d'enseignement aux écoles rurales de France et d'Algérie [2].

Non-seulement l'administration, si ombrageuse à l'égard du clergé et des œuvres catholiques, ne trouve rien à redire à la propagande maçonnique et athée auprès des musulmans, du moment qu'elle s'abrite sous le prétexte de la diffusion de l'enseignement; mais elle y contribue, et les éloges, les encouragements sont bientôt suivis de témoignages plus solides de sa sympathie [3].

Des fonctionnaires, des employés de tout rang, les hommes publics et jusqu'à des militaires de tout grade, se font, dès le début, les promoteurs de la Ligue algérienne. — Ici (à Mascara), c'est un juge de paix qui constitue un groupe; là (à Bône), un juge au tribunal organise le Cercle; c'est à lui, du reste, que revient le triste honneur d'avoir implanté la Ligue sur la terre d'Afrique. Ailleurs (à Sétif), le président du tribunal se met à la tête de l'entreprise. A Bône, les cours sont professés par le principal et quatre des professeurs du collège, par un archiviste du gouvernement, un juge, un employé des douanes,

---

1. *Compte-rendu des travaux du Cercle parisien pour* 1877, p 249.
2. *Id. pour* 1876, pp. 18 et 19.
3. *Bulletin* n° 5, p. 66.

un capitaine du génie, etc. Rien de plus officiel. A Philippeville, on compte parmi les premiers adhérents l'ingénieur des ponts et chaussées, le conservateur du Musée, le payeur-adjoint, le secrétaire du parquet, avec un heureux mélange de ferblantiers, professeurs, charrons, employés de la sous-préfecture, commis-négociants, etc., « heureux mélange qui se fait partout où s'établit la Ligue [1] ». A Batna, on enrôle d'abord des médecins militaires, des officiers du génie et les instituteurs de la commune. « Les personnes les plus notables, le général B*** en tête [2], ont tenu à s'inscrire sur nos listes, où figurent des ingénieurs, des officiers supérieurs, des fonctionnaires de tout ordre et de tout rang », écrit un correspondant du F∴ Jean Macé. — « Le Conseil général de la province de Constantine, écrit un autre, a manifesté sa sympathie pour la Ligue et ses diverses fondations, à Bône, Constantine, Sétif, Philippeville, Batna. Le rapporteur exprime le regret de ne pouvoir, cette année, la subventionner à cause de l'exiguité du budget départemental, et le Conseil, en approuvant les termes du rapport, y joint ses félicitations et ses encouragements aux promoteurs de la Ligue [3]. »

Et ce n'a pas été une sympathie stérile, A Constantine, le département fait au Cercle, depuis 1874 au moins, une rente de 2,000 à 2,700 francs, et la municipalité, une autre rente variant entre 1,000 et 1,500 fr.

---

1. *Bulletin* n° 4, 15 février 1869 p 29.
2. *Id* n° 5, p. 67. — Le général B.. est un éminent officier général, catholique fervent, qui, depuis cette époque, a encouru les colères radicales, pour d'admirables discours prononcés aux distributions de prix de l'école des Frères, dans une ville du Midi, où il commandait. Trop honnête pour soupçonner le piége que la Ligue lui tendait, il y était tombé.
3. *Id.* n° 5, p. 67.

— A Bône, la Bibliothèque, « formée par la réunion des bibliothèques de l'Académie d'Hippone, de la Ligue de l'enseignement et de la ville »[1], reçoit 200 fr. du département et 1,000 francs de la ville. Celle-ci fournit en outre les locaux et l'éclairage nécessaires pour les cours publics. — Les deux sociétés musicales de Bône sont inféodées à la Ligue ; l'une d'entre elles a été fondée par le vice-président du groupe local. Aussi toutes deux émargent aux budgets d'un Conseil général et d'un Conseil municipal, qui ne se lassent pas de prodiguer l'argent des contribuables. La ville de Guelma offre 500 francs par an à sa Bibliothèque, patronnée par la Ligue, etc.

Dans leur générosité, les frères et amis d'Algérie ne se contentent pas de répandre leurs libéralités sur es fondations locales ; ils en font profiter le comité central et le Cercle parisien. — Le Conseil général d'Alger vote 500 francs « en témoignage d'estime et de reconnaissance ». Le Conseil général de Constantine envoie 200 fr., afin de prendre part à une souscription qui a réuni « des sénateurs, des députés, les journaux, des *Loges maçonniques de différents rites*, les présidents des dix-huit sections de la Kabylie ». Le Conseil municipal d'Alger motive sa souscription de 200 francs sur « son désir de s'associer, à la suite du ministre de l'instruction publique et d'un grand nombre de Conseils généraux, à une œuvre éminemment patriotique ». Le Conseil municipal d'Oran prélève 100 francs sur les deniers publics, et celui de Sétif 50 francs, afin « d'offrir, *malgré la pénurie de ses propres écoles*, une marque de sympathie aux hommes si dévoués qui donnent une si grande impulsion à l'instruction publique en France, en répandant

---

1. *C.-R. du Cercle Par. pour* 1877, p. 251.

tant de milliers de bons livres (!) annuellement[1] ». Bref, rien de ce qui concerne la Ligue n'a été indifférent, depuis plus de dix années, aux gouvernements et à l'administration de l'Algérie.

Faut-il s'étonner ensuite si le beau feu du début a duré et a étendu ses ravages ?

Alger, Aumale, Blidah, Biskra avaient en 1877 leurs Cercles. Ajoutons ces quatre nouveaux centres aux anciens et aux Bibliothèques, sociétés musicales, etc., fondées par la Ligue ou ralliées à elle, et nous trouverons qu'au 1er janvier 1878 son empire algérien s'étendait plus ou moins directement sur vingt associations. Le nombre de ses membres s'est élevé à 3,000 environ, et l'ensemble de ses budgets a atteint près de 50,000 fr.[2].

Beaucoup de Bibliothèques militaires, d'écoles régimentaires ou civiles, de collèges, etc., reçoivent ses dons, et, par conséquent, s'imprègnent de son esprit. Un seul fait montrera l'importance de cette propagande. A la fin de 1876, 132 écoles d'Algérie obtenaient, après examen des « états envoyés à la Ligue par M. le général Chanzy, gouverneur général

---

1. *Id. pour l'année* 1876, pp 34 et 35, 48 et 49.
2. *Id. pour* 1874 a 1877 inclusivement

Voici le tableau de ces associations, avec les chiffres donnés par les publications officielles de la Ligue :

| | | | |
|---|---|---|---|
| 1. Constantine. . . . | 413 membres | 8.325 fr. | de recettes. |
| 2. Alger. . . . . . . . | 350 — | 12 000 | — |
| 3. Bibliothèque de l'Arbah. . . . . . . | 25 — | 210 | — |
| 4. Cercle de Biskra. . | 20 — | 1.080 | — |
| 5. — de Bône. . . | 106 — | 2.650 | — |
| 6. Société philharmonique de Bône. . | 305 — | 3.800 | — |
| 7. Les enfants de Bône. | 278 — | 2.040 | — |
| 8. Bibliothèque scolaire de Mouzaia-Ville. . . . . . . | | 351 | — |

de l'Algérie », des cartes, des tableaux de système métrique, ou des globes, et le Cercle parisien recevait en retour une lettre flatteuse au nom du gouverneur général, son obligé [1].

Le second semestre de 1877 a vu, en Algérie comme en France, un léger recul dans la marche générale de la Ligue. Sur toute la ligne s'accusait une diminution sensible du nombre des adhérents. Les hommes d'entre-deux commençaient à déserter une association qui ne possédait plus les faveurs gouvernementales. Ils se réservaient pour un avenir encore incertain ; car la fidélité aux causes vaincues est une vertu d'ancien régime, dont les exigences gênantes n'incommodent guère, sauf exceptions rares, les partisans du prétendu progrès moderne [2]. La frayeur fut vive ; la secte crut un instant à une répression énergique, et nous pourrions citer à cet égard des témoignages instructifs qui nous forceraient à

| | | | |
|---|---|---|---|
| 9. Académie d'Hippone.......... | 42 membres | | fr. de recettes. |
| 10. Biblioth. de Bône. | — | 2.100 | — |
| 11. Cercle d'Aumale. . | 57 | 510 | — |
| 12. — de la Calle. . | 75 | 580 | — |
| 13. — de Blidah. . | 214 | — | — |
| 14. — de Guelma. . | | | |
| 15. — Souk-Ahras.. | | | |
| 16. — de Sétif . . | | | |
| 17. — de Philippeville. . . . | — | | — |
| 18. — de Mascara . | — | | — |

19. L'atelier de travaux publics numéro 6 de Bône.
20. La Bibliothèque de la prison militaire de Bône.

Les comptes-rendus de la Ligue ne contiennent aucun renseignement sur le nombre des adhérents et le chiffre des recettes de ces sept dernières associations

1 Nouvelle preuve de la situation quasi officielle qu'on a partout donnée ou laissé prendre a la Ligue.
*C.-R* pour 1876, pp. 20 et 22.

2. Il est édifiant et curieux de constater au moyen de quelques

placer aussi le courage parmi les antiques vertus que le progrès des lumières relègue au rang des « *vices* »[1].
Mais la terreur fut passagère. Il n'y avait guère à craindre : on le vit bientôt.

Aujourd'hui, tout le terrain perdu est amplement regagné.

Quelques-uns des Cercles d'outre-mer n'ont pas d'histoire. Un d'entre eux a été, est peut-être encore, désorganisé ; celui de la Calle. En serait-il de même de ceux qui ne font pas parler d'eux ? Peut-être ; mais il ne faudrait pas que notre patriotisme et notre foi s'en félicitassent trop tôt. La vérité nous oblige à constater que la Révolution est loin de professer pour la persévérance dans l'action, la même répulsion que

chiffres fournis par la Ligue elle-même l'importance de cette désertion Nous trouvons, par exemple, que :

| | | |
|---|---|---|
| Blidah.. . . . . . | diminue de 47 membres et tombe de | 214 à 167. |
| Bône. . . . . . . | — 20 — | 106 à 86. |
| La société musicale des enfants de Bône. | — 12 — | 278 à 266. |
| La société philharmonique de Bône. . . . . | — 87 — | 305 à 218. |

1. C'est le nom que donne au *patriotisme* un radical et libre-penseur, M. J.-P Grenier, dont la thèse pour le doctorat, soutenue devant la Faculté de Médecine de Paris, en 1868, et *reçue* par elle, fut stigmatisée, comme elle le mérite, par Mgr Dupanloup. Cet homme méritait d'entrer dans la Francmaçonnerie Le *Monde maçonnique* (n° de mai 1868) nous apprend, en effet, qu'il a été initié dans la L∴ l'*Ecole mutuelle* le 21 avril précédent. « Le patriotisme, a-t-il écrit, principale vertu des peuples de l'antiquité, n'est pas autre chose que l'instinct altruiste borné à la patrie *Aussi ce sentiment va-t-il diminuant*, et, alors qu'il était en progrès au début de l'histoire, des temps viendront, *ils sont venus peut-être*, ou cette manière d'être ne sera que de la *réaction*, de *l'arrêt de développement*, UN VICE! . Voilà les patriotes ! » (*Etude médico-psychologique du libre arbitre humain* ) En note, p 82 Inutile d'ajouter que le F∴ Grenier refuse toute liberté à l'homme; mais en revanche il déclare POSSIBLE que « LES LOCOMOTIVES AIENT DES PASSIONS ET DES VOLONTÉS »!!!...

pour la stabilité dans les convictions. Elle connaît souvent la peur, presque jamais le découragement.

Nous en trouvons un exemple mémorable dans les annales du Cercle d'Alger. Fondé en 1871, il débute par deux échecs successifs, après un succès éphémère dont l'éclat a dû rendre plus pénibles les revers qui l'ont si tôt suivi. Six à sept cents noms remplissent d'abord ses listes; mais les honnêtes dupes trompées par la perfide enseigne de la Ligue ne tardent pas à s'apercevoir de leur erreur; elles font « gratter leurs noms [1] », et les listes diminuent de moitié. — Moins heureux que la Ligue anglaise de Birmingham, à laquelle il se compare d'un air piteux, le Comité d'Alger ne recueille pas comme elle « plusieurs milliers de livres sterling »; il ne trouve d'abord dans sa caisse « que deux ou trois pauvres centaines de francs. » Le « météore du 24 mai 1873 » (c'est la Ligue qui a trouvé ce nom) vient augmenter le désarroi. — N'importe; les promoteurs de l'Œuvre « ne se découragent pas », et ce ne sera pas la seule leçon de persévérance que nous aurons à recevoir de nos ennemis, au cours de cette étude. — Des conférences faites pendant l'hiver de 1872-1873 avaient semblé amener la victoire sous les drapeaux du Cercle algérien : « Il dut croire qu'il avait rencontré les sympathies de toutes les classes de la population *qui faisait foule* » (sic) à ces assemblées. — Illusion ! L'hiver suivant, après l'apparition du « météore », l'auditoire fit grève à tel point qu'on jugea convenable de les suspendre. — Deuxième échec.

Mais « une modeste bibliothèque publique ouverte en même temps n'avait cessé de prospérer. On dut en établir une seconde dans un autre quartier de

---

1. *C.-R.* pour 1877, p. 245.

la ville », et en 1877 elles ont prêté près de trente mille volumes.

« Vers la fin de 1872, on fonda aussi une école libre de jeunes filles, qui, peu à peu, est devenue une école normale préparatoire. » Son début fut bien modeste. Le docteur Andreini [1] constate avec mélancolie que le Comité d'Alger était loin de pouvoir imiter le Conseil central de la Ligue Belge, votant *cent mille francs* pour son école modèle de Bruxelles, dont il est si fier. On parvint cependant à s'assurer de dix à douze mille francs par an et à recruter dix-sept élèves. Après un peu plus d'un an, en 1874, elles étaient cent vingt. En 1875, le Comité « ne se trouve pas en mesure d'augmenter ses moyens d'action [2] »; c'est l'argent plus que les hommes qui fait défaut à la Ligue, malgré la générosité peu louable avec laquelle départements et villes lui prodiguent les deniers publics. — Mais, en 1876, on a pu « agrandir le local et augmenter le matériel [3] », de façon à recevoir cent trente-trois jeunes filles : l'établissement était rempli.

Malgré une très-légère diminution du personnel en 1877, due sans doute aussi à l'influence du second « météore » si vite évanoui, on peut considérer cette école comme très-prospère. Désormais, elle ne manquera de rien, grâce à la protection d'un Conseil municipal persécuteur des Frères ; car, là-bas aussi, on travaille à élever, sur les ruines de l'enseignement chrétien, l'odieux monopole des écoles sans Dieu. Partout

---

1. Vice-président du Cercle d'Alger et auteur du compte rendu auquel nous empruntons ce récit. — *Compte-rendu pour* 1877, pp. 245 à 248.
2. *Id. pour* 1875, p. 160.
3. *Ibid. pour* 1876, p. 170.

les libres-penseurs ne détestent les priviléges que pour autrui.

Entre temps, « des cours d'adultes avaient été organisés par la Société, et une école de sourds-muets avait été fondée par l'initiative d'un de ses vice-présidents ». — Les cours d'adultes ont été laissés à la charge de la ville, la Société ayant eu assez de confiance dans *sa* municipalité pour lui permettre de dépenser en sa faveur l'argent des contribuables. L'école des sourds-muets est devenue école départementale. Il devait en être ainsi, du moment que ces parias de catholiques n'avaient pas contribué aux deux fondations.

Le Cercle de Bône, l'aîné des Cercles d'Algérie, possède un ensemble d'œuvres fort complet. Non-seulement il patronne, comme nous l'avons vu, la Bibliothèque de la ville et deux Sociétés musicales, objets des complaisances municipales et départementales, mais, en novembre 1877, il a ajouté aux douze cours primitifs d'autres cours « qui sont très-suivis [1] ». Il couvre de sa protection celui que l'instituteur israélite fait à quatre-vingts adultes. Cet instituteur et son collègue protestant sont aidés par ses largesses : distributions de prix et fournitures de classes [2]. La Ligue répand ses libéralités sur deux Bibliothèques (formées par ses soins, sans doute) : l'une dans la prison militaire, l'autre dans un atelier de travaux publics de la

---

1. Les douze cours primitifs ont pour objet : le dessin, la géométrie élémentaire, l'histoire, les sciences naturelles, l'arithmétique, l'économie politique, la grammaire et la littérature, la musique, le droit usuel, l'italien, la logique, la lecture expliquée. Les nouveaux cours roulent sur les éléments de la lecture et de l'écriture, la comptabilité, le dessin, le solfège (pour les jeunes gens et les jeunes filles), l'arabe, la couture à la machine. — *C.-R pour* 1877, p 252.
2. *Bulletin* n° 5, p. 64.

ville. L'agent principal de la prison et le commandant de l'atelier n° 6 se font un devoir de lui rendre compte du fonctionnement de ces deux institutions. Elle verse ses bienfaits sur le collége communal et les écoles laïques de Bône, et « récompense leurs élèves les plus méritants ».

Enfin, les dames elles-mêmes se sont mises de la partie. Elles ont formé un Comité et dirigent un cours de couture, suivi dès la première année (1869) par quinze à vingt jeunes filles. « Chaque leçon est terminée par la lecture de quelques pages morales et amusantes [1]. »

A Constantine, la source des revenus du Cercle est des plus curieuses ; les jeux et les ris s'unissent aux Loges maçonniques et à l'administration pour remplir sa caisse. — En 1874 et en 1875, la Ligue donne elle-même *un bal* à son profit ; elle en retire 600 francs la première année, et 500 francs la seconde. 1874 (c'est décidément l'année des fêtes) lui rapporte encore 300 francs « offerts par les jeunes gens de la ville sur le produit de leur bal annuel, et 100 francs reçus sur le produit d'une cavalcade ».

A partir de 1876, les amusements productifs disparaissent et sont remplacés, — incomplétement au point de vue pécuniaire, — par les souscriptions de deux Loges maçonniques, dont l'une souillerait, en se l'appropriant, le nom trois fois vénérable de saint Vincent de Paul, si le nom de ce grand serviteur des pauvres n'était pas au-dessus de pareilles atteintes. Le classique Tartufe n'eût jamais inventé pareille hypocrisie !

Le Cercle des travailleurs de Constantine n'apporte qu'en 1876 sa modique offrande de 24 francs ; mais,

---

1. *Bulletin* n° 5, p. 64.

en 1877, la Chambre de Commerce joint ses 200 francs aux 4,000 francs de rente servis par le département et par la ville.

Grâce à ces multiples ressources et à ces scandaleuses subventions, le Cercle de Constantine « entretient sept cours d'adultes qui sont fréquentés par des élèves âgés de plus de seize ans, ouvriers, militaires de divers corps, employés, femmes et filles de ménage. Les indigènes musulmans y entrent dans la proportion d'un tiers[1]. » On a cherché à fonder un ouvroir.

Les professeurs reçoivent une indemnité de 50 francs environ par mois. Leur auditoire est monté progressivement de 110, en 1874, à 364 en 1878. « *Chaque soir, les cours sont visités par les deux commissaires de semaine* » : pénible, mais utile besogne, nouvel exemple à retenir et à suivre dans nos œuvres. Les fournitures des cours sont gratuites.

2,656 volumes garnissent déjà la Bibliothèque, qui s'augmente chaque année de 500 francs de livres nouveaux. Elle a prêté au dehors, en 1878, 8,317 volumes, et elle a reçu chaque soir quinze personnes en moyenne dans son salon de lecture.

Le Cercle de Blidah, fondé le 27 janvier 1872, possède, depuis l'origine, une Bibliothèque qui a distribué 2,506 volumes en 1873, 3,480 en 1874, plus de 9,000 en 1875, 11,000 en 1876, et seulement 7,800 en 1877.

Les radicaux blidéens vivaient en paix ; une élection survint, *voilà la guerre allumée*. « La diminution dans le nombre des adhérents, et, par suite, dans les souscriptions, provient en partie de la crise politique que nous avons traversée, et qui a suffi pour effrayer les timides, écrit le secrétaire du Comité.

---

1. *Compte-rendu des travaux du Cercle parisien pour 1878*, p. 269.

Elle provient aussi *d'une scission regrettable dans le parti*, à la suite de l'élection au Conseil général de notre président, M. le docteur Marcailhou, *dans laquelle* (sic) *le parti républicain s'était divisé*. Il est bien pénible que des hommes qui n'avaient jusqu'ici jamais cessé de participer à notre œuvre, s'en soient séparés pour des questions de personnes, qui ne devraient jamais être en jeu [1]. » La Bibliothèque est surtout fréquentée par des militaires. « Un grand nombre d'officiers, et surtout de sous-officiers, payent une cotisation. »

Après la Bibliothèque, où il a réuni 2,000 volumes, le Cercle de Blidah entoure de sa sollicitude deux écoles laïques de filles. Il les subventionne et « fournit des vêtements à tous les enfants que leur dénûment tient éloignés de l'école ». C'est toujours le système des trente deniers de Judas. Pour un peu d'étoffe, des parents, plus malheureux souvent que coupables, vendent l'âme de leurs enfants en consentant à les envoyer dans les écoles sans Dieu.

Les autres Cercles concentrent surtout leur action sur les bibliothèques. Guelma en possède une qui comptait, en 1878, 2,995 volumes ; Aumale, l'Arbah, Souk-Ahras, n'ont qu'un premier noyau de livres, 200 environ. La Calle en avait 350, et un cours d'adultes suivi par 100 élèves, lorsqu'en 1875 son Cercle s'est désorganisé.

Telle est l'histoire sommaire, mais pleine d'enseignements, des dix premières années de la Ligue en Algérie.

Les œuvres admirables de Mgr d'Alger ont persévéré ; elles ont grandi et prospéré. Ses orphelinats sont à la tête des progrès agricoles dans la colonie,

---

1. *Compte-rendu pour* 1877, p. 249.

et obtiennent, à ce point de vue comme au point de vue de la colonisation, des résultats merveilleux. De leurs enceintes est déjà sortie toute une population. Entre orphelins et orphelines de nombreux mariages se sont accomplis par les soins de l'archevêque, leur père commun. Pour couronner son œuvre, le vénérable prélat a rassemblé les nouvelles familles dans plusieurs villages qu'il a fondés : villages chrétiens pour ceux qui, spontanément, ont embrassé le catholicisme ; villages musulmans pour ceux qui ont conservé la religion de Mahomet. La liberté à cet égard a été si parfaite, que ceux-ci sont les plus nombreux. On n'a donc pas même l'ombre d'un prétexte à invoquer contre leur bienfaiteur. Lorsque Mgr Lavigerie visite ces agglomérations où chacun lui doit la vie, il a déjà la consolation de bénir les enfants de ses enfants, qui, chrétiens ou non, se pressent sur ses pas avec leurs parents.

Que sont devenues, pendant ce temps, les injustices, les tracasseries, les menaces du pauvre maréchal de Mac-Mahon ? Qu'est-il devenu lui-même ?...

Hélas ! les déplorables préventions qui l'avaient inspiré règnent encore sur le sol africain. Elles aussi se sont développées et se développent tous les jours sous l'influence de la Ligue, fille de la Révolution. Pour sauver notre colonie, en proie comme la France à un gouvernement gangrené d'athéisme, il faudrait un La Moricière, et c'est un Albert Grévy qu'on a envoyé !...

La Ligue a pénétré dans nos autres colonies. De la Guadeloupe et de la Cochinchine arrivent des adhésions et des souscriptions au Cercle parisien. — A la Guadeloupe, le Conseil municipal de Grand-Bourg (Marie-Galante) lui offre 100 francs, et en Cochinchine, la L∴ M∴ de Saïgon, le *Réveil de l'Orient*, lui envoie 50 francs. Mais, jusqu'à présent, ces adhésions paraissent isolées, et nous ne voyons pas de groupes organisés. Cependant la Ligue ne néglige pas nos autres colonies. Des cartes et des ouvrages envoyés aux écoles communales de Saint-Pierre et de Miquelon à Terre-Neuve, ainsi qu'à 32 écoles de la Guadeloupe [1], montrent qu'elle cherche à s'établir solidement dans nos possessions d'outre-mer.

Elle est au contraire florissante dans plusieurs contrées de l'un et de l'autre hémisphère, où nous allons la suivre et montrer tour à tour, ici son hypocrisie, là sa brutalité.

---

## VI

### LA LIGUE A L'ÉTRANGER.

« Par ses tendances anticatholiques de déisme et d'indifférence à l'égard des cultes et sa politique libérale dans le mauvais sens [2] », la vieille *Société Hollandaise du bien public* mérite d'être considérée comme l'ancêtre des Ligues modernes. Malgré cela, ou plutôt à cause de cela, elle est devenue une véritable *institution nationale*. Tous les gouvernements qui se sont succédé en Hollande, depuis le régime révolutionnaire de 1795 jusqu'à ce jour, l'ont comblée de faveurs. Ils l'ont consultée sur la réforme de l'enseignement, chargée de préparer des projets de loi sur

---

1. *C.-R. pour* 1878, p 26
2 Lettre de Mgr l'archevêque d'Utrecht à l'auteur, 23 décembre 1878.

la matière, de décerner les prix de vertu, etc., etc. 830 cercles locaux, 17,289 membres, le compte du dernier exercice se soldant par un bénéfice de près de 60,000 francs¹ : tel est l'état actuel de ses forces et de ses ressources. Toutefois, la prospérité lui est nuisible. « Son influence diminue », nous écrit Mgr l'archevêque d'Utrecht.

Plus agressive est la *Ligue Belge*. Chez nos voisins, si catholiques, la lutte est ardente. Si la reconnaissance pouvait entrer dans des cœurs obsédés par la haine de Dieu et de l'Eglise, il ne devrait pas y avoir de *Ligue Belge*, car la Belgique doit son existence aux catholiques, et ses évêques ont pu rappeler naguère, avec une légitime fierté, qu'eux seuls, aidés du clergé, ont ranimé et réorganisé l'instruction populaire agonisante sous les étreintes du despotisme protestant².

Plus l'Eglise multiplie ses bienfaits, plus elle acquiert de titres aux proscriptions révolutionnaires. Nulle part, les services récents du clergé envers l'enseignement n'ont été plus éclatants qu'en Belgique : nulle part, la Francmaçonnerie ne travaillera avec plus d'acharnement à chasser de l'école le prêtre et Dieu.

Aussi, non contente de multiplier ses bibliothèques, ses cours, ses conférences, ses subventions aux écoles laïques, surtout à celles que des municipalités catholiques avaient supprimées, la Ligue Belge « met à l'étude des projets de loi, adresse des rapports aux ministres, prend fait et cause dans les cas d'abus administratifs³ » ; c'est-à-dire attaque les instituteurs

---

1. *C. R. du Cercle parisien pour* 1877, p. 257.
2. *Lettre pastorale collective de NN. SS. les Evêques de Belgique au sujet des mesures proposées contre l'enseignement chrétien*, 7 décembre 1878
3. *Bullet.* nº 5, p 10.

chrétiens et défend les autres. En outre, elle a fait adopter par le parti libéral le mot d'ordre de ne porter comme candidats aux élections que ceux qui adhèrent au programme suivant :

1º Enseignement exclusivement laïque dans les écoles du gouvernement et dans les écoles communales ;

2º Enseignement primaire gratuit, obligatoire et laïque [1].

Elle a fondé à Bruxelles une Ecole Modèle qui a nécessité une première dépense de deux cent dix mille francs, et a dû recevoir depuis peu des améliorations considérables. A en croire la Ligue, le confortable et la beauté de l'installation matérielle sont admirables dans cet établissement. En réalité la formation morale de l'élève y est complètement défectueuse. Les municipalités libérales des grandes villes copient depuis plusieurs années le système de construction et d'aménagement, adopté par l'Ecole Modèle, système qui peut être excellent, et ses méthodes d'éducation, qui sont certainement détestables.

Hygiène, gymnastique, rien de ce qui peut « développer les forces du corps » n'est oublié. C'est dans tout pays l'habitude de la Ligue. L'esprit est cultivé avec un soin extrême : le programme demande non-seulement « qu'on excite le sentiment artistique » chez les enfants, vœu très-louable, mais même qu'on leur donne « *des notions embrassant toutes les sciences, dans la mesure où ils peuvent les comprendre* ». Essayez donc de faire entrer « *des notions de toutes les sciences* » dans la tête de futurs électeurs révolutionnaires ! essayez même de faire « *embrasser* » le sommet de toutes les sciences par les enfants les plus in-

---

1. *C-R pour* 1876, p. 182. — Partout la Ligue continue à soutenir qu'elle ne fait pas de politique ! ! !

telligents, les plus instruits, élevés dans le milieu le plus cultivé : vous verrez le résultat. — Si vous obteniez un succès apparent, si vous formiez de petites merveilles, prenez garde : Prodige à 10 ans, imbécile à 20, c'est la règle commune. Pour réussir en pareille entreprise, il faudrait d'abord créer des Pic de la Mirandole. Or, ils sont plus rares que jamais, par ce temps de laïcisme.

Quant à la formation morale, elle se fera toute seule. affirme le secrétaire général de la Ligue Belge, pourvu qu'on évite « *toute notion abstraite* », que l'enfant ne pourrait pas « *exactement comprendre* »; c'est-à-dire, en bon français, pourvu qu'on ne parle jamais des mystères, ni des dogmes catholiques, pourvu, en un mot, qu'on proscrive le haut enseignement religieux. « *La culture morale des enfants doit être le résultat d'un régime constant(?), d'une discipline sérieuse, d'habitudes à faire prendre, de goûts élevés à inspirer* [1] ».

Donc, couvent ou caserne, lycée ou collège de Jésuites, toutes les institutions où règnent « *un régime constant, une discipline sérieuse* », doivent produire la même « *culture morale* ». Nul ne s'en était aperçu jusqu'ici.

« *Faites prendre à l'enfant des habitudes* ». — Lesquelles? Des habitudes vertueuses probablement. Mais pourquoi le sous-entendre ? « *Inspirez-lui des goûts élevés* », et vous aurez beaucoup fait pour sa formation morale C'est incontestable. trop incontestable même : élever bien ses fils, c'est le meilleur moyen d'avoir des fils bien élevés !... Mais comment obtenir ces habitudes vertueuses, ces goûts élevés, sans le concours indispensable de la religion?

---

1. Tableau des principes suivis à l'École Modèle de Bruxelles, par M. Charles Buls, secrétaire général du Comité central de la Ligue Belge. — *C.-R. pour 1876*, p. 177.

Un précurseur de la Ligue, un des chefs du parti libéral belge jugeait ainsi cette prétention, il y aura tantôt quarante ans. Pour être ancienne, sa sentence n'est pas caduque. Il faut, disait M. Lebeau en 1842, « que l'enseignement primaire soit *essentiellement moral et religieux. C'est si évident que l'homme qui contesterait une semblable proposition mériterait plutôt un brevet de démence qu'un brevet d'immoralité*[1]. »

Personne n'osa alors le contredire dans son propre parti. Aujourd'hui, au contraire, l'école sans Dieu de Bruxelles se donne pour le type « *qui doit provoquer par l'exemple la réforme de l'enseignement populaire* » en Belgique, et elle ne recueille que des applaudissements parmi les libéraux.

370 élèves remplissent ses classes; elles n'en peuvent contenir davantage. Elle récolte d'abondantes médailles aux Expositions universelles, et le *Denier des écoles laïques* a rapporté 300,000 francs à la Ligue Belge en 1878[2].

Vainqueurs aux élections chez nos voisins du Nord comme chez nous, les Ligueurs appliquent au delà comme en deçà de la frontière le *væ victis* païen avec un cynisme égal et une égale brutalité. Mais leur triomphe sera court. Que dis-je ? leur triomphe est passé. Déjà l'ennemi a reculé devant l'énergie de l'admirable épiscopat belge, soutenu par l'union invincible des fidèles, par leur merveilleuse activité, par leur générosité inépuisable, et surtout par leur inébranlable foi. En vain Ligue, Francmaçonnerie, ministère (c'est tout un), cherchent-ils plus que jamais

---

1. Cité par la minorité de la section centrale nommée par la Chambre belge pour la révision de la loi de 1842 sur l'instruction primaire. — *Documents parlementaires, Session* 1878-79, p. 129, col. 2.

2. *C.-R. pour* 1878, p 274.

à se couvrir d'un masque hypocrite, ce dernier stratagème lui échappe. Le masque est en lambeaux ; il ne cache plus rien ; la Belgique déserte les « *écoles sans Dieu* », et fuit « *les maîtres sans foi* », dont elle prie le Seigneur de la délivrer [1].

L'*Espagne* a vu un singulier mélange d'ecclésiastiques et de républicains de toutes nuances, mais surtout des plus foncées. M. Castelar en tête, s'unir pour constituer au delà des Pyrénées le premier Comité de la Ligue. Un Français, un ami du F∴ Macé, avait pris l'initiative. Un prêtre, le recteur de l'Université de Madrid, M. Fernando de Castro, a offert un des amphithéâtres de l'Université pour l'assemblée de fondation qu'il a lui-même présidée. Il a accepté la première vice-présidence du Comité, et un autre prêtre, M. Garcia Blanco, la seconde. Hâtons-nous de dire que ce produit hybride n'a pas vécu.

La *Ligue Italienne* s'est établie à Vérone en 1869. Le F∴ Jean Macé a contribué à sa naissance, comme à la naissance de la Ligue Espagnole, comme à la naissance de la Ligue Trentine, en prodiguant aux fondateurs exhortations et conseils. Aux bibliothèques, aux conférences, aux cours, aux cercles nombreux qu'il a fondés dans la Péninsule, le Cercle véronais a joint de nombreuses écoles ouvertes dans les grandes villes et dans des localités secondaires. Rome même, hélas! a été envahie par une *Ligue pour l'instruction du peuple*, que patronne la *Revue de la Francmaçonnerie italienne*. A Vérone seulement,

---

1. Voir l'admirable discours de M Verspeyen, rédacteur en chef du *Bien Public*, de Gand, au Congrès catholique de Lille (*Univers*, 29 novembre 1879) Partout les élèves des écoles catholiques sont les plus nombreux La proportion n'est nulle part inférieure à 52 0/0, et elle s'élève jusqu'à 95 0/0 Nous recommandons à l'attention de nos lecteurs le passage *très-pratique* de ce discours sur le *Denier des écoles catholiques*. Nous le citons à la fin de ce volume, document A.

plus de quatre cents enfants fréquentent les écoles sans Dieu; presque tous sont reçus gratuitement. La Ligue a établi dans la même ville une école normale de méthode Frœbel, méthode qu'affectionne beaucoup la Ligue universelle [1].

Cinquante jeunes filles suivent ces cours. Déjà, en 1877 la Ligue Italienne avait organisé six jardins d'enfants [2].

La Ligue Italienne a ses motifs pour choisir Vérone. Partout où la sollicitude de l'Église se déploie avec un dévouement plus maternel en faveur de l'instruction des peuples, la Révolution doit la combattre avec plus d'acharnement.

La Ligue s'abat sur Vérone le 12 avril 1869. Quelques mois auparavant, le vénérable évêque du diocèse, rivalisant de zèle apostolique avec Mgr l'archevêque d'Alger, fondait, à son exemple, l'*Œuvre du Bon Pasteur pour la conversion de l'Afrique centrale.*

A peine les nombreuses peuplades qui habitent ces immenses contrées sont-elles découvertes ou plutôt retrouvées [3], et voilà qu'une admirable émulation s'empare de l'épiscopat catholique.

Nous n'avons pu lire sans émotion le touchant

---

1. Frédéric Frœbel, protestant et fils d'un pasteur, naquit en 1782 dans la principauté de Scharwbourg-Rudolstadt; il mourut en 1852. Il consacra sa vie à l'enfance et inventa une méthode d'éducation qui n'est pas sans mérite. Elle consiste principalement en ces deux choses : l'étude prend la forme d'un jeu : de là le nom de *jardins d'enfants* donné aux écoles qui la suivent, et le maître montre à l'élève les objets dont il lui parle : de là le nom de *leçons de choses*. Excellentes pour tout ce qui touche aux objets matériels, les leçons de choses sont évidemment impossibles pour tout ce qui ne tombe pas sous les sens. Voilà pourquoi la Ligue voudrait l'introduire dans les programmes scolaires de toutes les nations.

2. *C.-R. pour* 1877, p 258

3. On sait qu'au XVIe siècle les missionnaires catholiques avaient déjà pénétré au centre de l'Afrique et dressé des cartes exactes et complètes de la région des Grands-Lacs.

appel adressé par Mgr de Canossa « à tous les évêques, et *notamment à ceux de France* ». Il les supplie de l'aider « à créer en Europe des instituts de missionnaires, de femmes dévouées, d'*artistes* européens, qui s'établiront dans les régions voisines de la Nigritie... Ils enseigneront la religion, *la civilisation* et *les arts*, à des missionnaires, à des femmes, à des *artistes* indigènes, qui, après avoir achevé leur *éducation* religieuse et *civile*, formeront des colonies dans les contrées centrales de l'Afrique, et pourront communiquer aux tribus sauvages les immenses bienfaits de la foi chrétienne et de la *civilisation* [1] ».

Ainsi, non content de se vouer au développement de l'instruction populaire dans son diocèse, le noble pontife prétend instruire et civiliser tout un monde nouveau. Et, avec l'Evangile, il lui apporte *les immenses bienfaits de la civilisation*, *les arts*, *l'éducation civile;* toutes les conséquences du christianisme ; tout ce que la Ligue prône, couronné par la religion, principe et source de tout le reste.

Otez la religion, en effet, et tôt ou tard toute civilisation se corrompt, tout art s'avilit, toute nation déchoit, perd l'honneur avec la liberté, et finit par disparaître sans retour.

Vous voyez que Vérone méritait de devenir le centre italien d'une association qui accuse l'Eglise de favoriser l'ignorance.

Une *Ligue Trentine* a été fondée, un an avant la Ligue Véronaise, le 21 janvier 1868. Sa bibliothèque, ouverte le 1er février suivant, possédait onze cents

---

1. Enseigner *le beau* en même temps que *le vrai* et *le bien* aux pauvres nègres abrutis par les vices de la barbarie cette noble pensée devait venir tout naturellement à un évêque italien. Si l'Italie est depuis de longs siècles la terre classique des arts, la patrie glorieuse de tant d'artistes incomparables, à qui le doit-on, sinon à l'action persévérante et féconde de la Papauté ?

volumes et en avait distribué trois cents au bout d'un mois. Déjà quatre villes voisines se préparaient à fonder des œuvres analogues.

C'est en *Angleterre* que l'action politique de la Ligue a été le plus visible. La Ligue Anglaise a créé et soutenu une vaste agitation parlementaire, qui a abouti à la loi sur l'enseignement, présentée dans la session de 1875, par le cabinet Disraëli. — Considérant cette loi comme la réalisation théorique de ses efforts, elle s'est dissoute, ou plutôt, quoi qu'elle en dise, *transformée* au commencement de 1877, afin d'en poursuivre l'application.

Pour l'obtenir, elle s'était servie des moyens suivants, dignes d'être signalés :

« 1° Publication et distribution de brochures et de journaux. » — A. 500 mille brochures environ par an. Elles roulent sur le but de la Ligue, sur la situation de l'enseignement à l'étranger, sur les questions de controverse que peut faire naître l'effort tenté par l'association. — B. 20 mille exemplaires par mois du Journal de la Société.

« 2° Meetings annuels tenus dans les grands centres de population et conférences organisées sous les auspices et avec le concours de la Société. »

« 3° Action électorale parlementaire. A cet effet, la Société envoie dans les centres électoraux des agents chargés de s'entendre avec les amis du mouvement, en vue d'exercer une influence sur les candidats, ainsi que sur les membres du Parlement, et d'obtenir d'eux la promesse d'appuyer les efforts de la Ligue au sein du Parlement. »

---

1. *État de la Ligue anglaise*, envoyé par son secrétaire M. Francis Adams. — *C.-R. des trav. du C. Par.* pour 1874 p 120.

« Chaque année, M. Dixon, président de la Société, a présenté au Parlement une motion dans ce sens [1] », jusqu'à ce que le ministère ait fini par couronner ses vœux.

Ces procédés peuvent servir ailleurs et pour de meilleures causes. Voici leurs résultats. — En cinq ans la Ligue Anglaise avait rassemblé 12,000 souscripteurs et plusieurs milliers d'adhérents non payants. Son budget annuel atteignait en moyenne 6,500 livres (162,500 fr.). Dès 1876 elle avait « pourvu à la création de locaux et de matériel scolaires suffisants pour donner l'instruction à 24,555 enfants, ce qui avait augmenté *de 85 0/0 la population scolaire* telle qu'elle était avant 1870 [1] ».

Elle continue à entourer de sa sollicitude et à imprégner de son esprit l'*Union des Cercles des travailleurs*, fondée à Londres en 1861, vaste armée, renfermant dans ses rangs cent vingt mille ouvriers répartis entre huit cents Cercles ; immense association, publiant son journal qui est distribué à chacun de ses membres. L'appui de la reine, de la famille royale et de presque tous les membres de la Chambre des Lords, n'en fera pas autre chose qu'une force antichrétienne et par conséquent antisociale [2].

La *Ligue Allemande* multiplie, elle aussi, depuis

---

1. *C. R. pour* 1876, p. 180. — C'est la Ligue qui donne ce chiffre de 85 0/0. Nous lui en laissons toute la responsabilité. Elle veut sans doute parler de la population scolaire de Birmingham seulement.

2. La reine est patronnesse de la Francmaçonnerie Anglaise, le prince de Galles en est le Grand-Maître ; la princesse de Galles a été élue dame chevalière de l'ordre maçonnique de Saint-Jean de Jérusalem ; presque tous les princes de la famille royale sont de hauts maçons, et je compte 67 pairs ou fils de pairs sur les listes de la secte. — V. *le Monde Maçonnique.* — Mai 1873, p. 27. — Avril 1874, p. 507. — Mai 1875, pp. 20 et suiv. — Mars 1876, p. 469. — Septembre 1877, p. 204. Voir le document B, à la fin du volume.

1870, ses bibliothèques populaires, ses conférences, ses lectures. Elle a mis à l'étude l'institution de l'épargne scolaire et des musées populaires. Elle a organisé des réunions d'ouvriers et des représentations théâtrales; enfin elle prend une place de plus en plus importante dans les préoccupations du libéralisme allemand [1].

L'*Egypte*, ose dire le compte-rendu de 1877, « *marche résolûment* dans la voie de rénovation sociale, dont on peut dès aujourd'hui constater les heureux résultats ». D'après ce rapport, l'honneur en revient à la *Ligue*, à la tête de laquelle se trouvent le khédive, le prince héritier, les princes et princesses de leur famille [2].

Il faudrait constater du même coup la rénovation morale et financière de ce pays; les deux affirmations seraient également exactes.

Les *écoles libres, gratuites, universelles*, fondées sous le patronage du prince héritier, renferment, au Caire seulement, plus de trois mille élèves [3]. Celles d'Alexandrie, de Port-Saïd, sont aussi très-fréquentées. D'autres s'ouvrent un peu partout. Le khédive lui-même a pris l'initiative de la création d'écoles de filles, « innovation dont la hardiesse ne peut être bien comprise que par ceux qui ont habité les pays musulmans », observe M. Jean Macé. Quatre cent quarante-cinq élèves suivent les cours de ces écoles, et plus favorisée que les créanciers de l'Egypte, la Ligue a reçu du souverain un cadeau de quatre cent mille francs pour ses constructions à Alexandrie.

« S. A. le prince héritier (aujourd'hui khédive) a ouvert à Qobbah, sa résidence, des internats pour les

---

1. *C.-R. pour* 1877, p. 257.
2. *Ibid.*, p 263.
3. 3,075 en 1874.

enfants des félahs (*sic*). Il les administre lui-même. Il donne 6,000 fr. et la ville 8,000 francs par an aux écoles d'Alexandrie. » — « Pendant son passage au ministère de la guerre, S. A. le prince Hussein a fondé les écoles des enfants de troupe ; on aura l'idée de l'importance de ces écoles en sachant qu'en Egypte presque tous les soldats sont mariés [1]. »

Objet des faveurs gouvernementales et maçonniques, la Ligue Egyptienne nourrit les plus vastes projets. Son fondateur, le F∴ Dauphin (encore un ami du F∴ Macé), ne vise à rien moins qu'à couvrir d'écoles l'Afrique centrale : « nécessité impérieuse, écrit-il, « œuvre capitale, » mais « simple (?) et pratique dans ses moyens [2] ». Ainsi la lutte entre le christianisme et l'antichristianisme va pénétrer jusqu'au sein de cet immense continent, inconnu il y a quelques années.

La Ligue appelle l'Egypte en témoignage de sa puissance moralisatrice. Qui pourrait la contredire ? — L'exemple est concluant.

En *Californie*, une *Ligue nationale française* rassemble, sous couleur de patriotisme, mais en réalité par un lien maçonnique, tous nos compatriotes fixés à San-Francisco et dans toutes les parties des Etats-Unis baignées par l'océan Pacifique. Sa bibliothèque, ouverte le 24 janvier 1876, renfermait au bout d'un an huit mille volumes, et l'on s'apprêtait à commencer des cours d'anglais pour les Français habitant la Californie. L'activité de la Ligue Californienne est grande. Elle

---

1. *C-R. pour* 1876, p. 184. — L'article 3 des Statuts de ces écoles est ainsi conçu : « L'œuvre des écoles libres appartient à l'humanité, elle ne peut, en aucun cas, devenir la chose d'un système, ni d'une croyance, elle ne reconnaît que la liberté de la pensée et la morale dégagée de toute idée préconçue » *Id. pour* 1874, p 122. — Voilà, il faut en convenir, un échantillon de doctrines et de style maçonniques assez réussi.

2. *Id. pour* 1879, p. 278.

imprime à ses frais et envoie en France, pour y être distribuées gratuitement, « *des brochures en style familier, propres à répandre parmi les masses les connaissances indispensables aux citoyens d'un pays libre* ». Sa plus vive sympathie et son concours pécuniaire sont acquis à la Ligue française. Elle contribuait, pour plus de douze cents francs, à la souscription ouverte par le Cercle parisien en faveur des écoles régimentaires et des bibliothèques militaires. La Loge maçonnique, la *Parfaite Union* de San Francisco, figure pour quatre cents francs dans cette importante offrande.

C'est aux *États-Unis* que nous rencontrons la forme brutale, et sans masque cette fois, de la *Ligue de l'Enseignement*. Le cynisme de ses déclarations gêne sans doute le F.·. Macé; car s'il vante les écoles laïques de la grande république américaine, il ne souffle pas mot de l'association qui y a introduit le système des écoles publiques sans Dieu (*unsectarian*), système absolument contraire à toutes les traditions de la race anglo-saxonne. Ce sont pourtant de véritables Ligues de l'Enseignement que la *Liberal League* et que cette puissante société secrète fondée en 1867 et désignée par les initiales O. A. U. (*Order of American Union*). Les membres de l'O. A. U. poursuivaient un triple but :

1° *L'exclusion de toute religion de l'école;*
2° *L'exclusion des catholiques de toutes les fonctions;*
3° *La réélection du président Grant* [1].

Quant à la *Liberal League*, elle a été constituée en

---

[1]. Voir, en ce qui concerne cette association, l'*Univers* du 19 janvier 1875. — L'*Association catholique* du 15 février 1876, p 285. — *Les États-Unis contemporains*, par Claudio Jannet, troisième édition, 1877, t. II ch. XX, § 5; — XXI, § 2; — XXVI, § 2.

1873, dans le but unique de faire triompher le système maçonnique des écoles non confessionnelles ou laïques.

Comme la Francmaçonnerie, la Ligue de l'Enseignement s'étend donc déjà sur le monde entier. Partout même but, mêmes moyens, mêmes œuvres. A peine si quelques procédés diffèrent, en raison des constitutions politiques.

L'union est intime entre toutes ces branches sorties d'un même tronc. La Ligue française tient ses associés au courant de la marche des Ligues étrangères, en même temps que de la situation de ses propres œuvres. Un même chapitre intitulé : *Compte-rendu des Cercles et bibliothèques*, renferme le tout. Les autres Ligues en font autant. Des Loges maçonniques nombreuses, des souscripteurs de tous pays, envoient leur obole officielle ou privée au Cercle parisien. Celui-ci, de son côté, ne borne pas sa générosité aux limites de la France. D'ailleurs, la plupart des pièces de cet immense organisme se sont constituées à la même époque : de la fin de 1867 au commencement de 1869. Il est donc impossible, malgré les dénégations intéressées, de ne pas reconnaître dans ces nouveaux courants d'opinion l'effet d'une cause identique, agissant conformément à un but déterminé. Cette cause, cet agent, c'est la Francmaçonnerie ; nous l'affirmons et nous allons le prouver jusqu'à l'évidence.

# DEUXIÈME PARTIE

## DOCTRINES DE LA LIGUE

### I

#### HYPOCRISIE DE LA LIGUE NAISSANTE.

« *Ce n'est point une Ligue pour l'enseignement, écrivait en 1869 Mgr Dupanloup aux curés de son diocèse, c'est une Ligue contre la religion. L'enseignement c'est le masque ; l'irréligion, l'antichristianisme, c'est le but. Mais le masque fait des dupes qui deviennent complices d'un détestable but.* »

« *Semblable au Protée de la fable, avait dit Mgr de Metz, jetant le premier le cri d'alarme dans son mandement de carême pour 1868, la Francmaçonnerie sait multiplier à l'infini ses transformations et ses noms : hier elle s'appelait le solidarisme ou la morale indépendante, ou la libre-pensée; aujourd'hui elle s'appelle la Ligue de l'Enseignement ; demain elle prendra quelque autre nom pour abuser les simples.* »

Cette double sentence est-elle méritée ? La Ligue elle-même va nous répondre. Nous continuons à lui laisser la parole. Ce n'est pas un réquisitoire que nous dressons, c'est un exposé que nous soumettons au lecteur. Les pièces vont passer sous ses yeux : nous le laisserons conclure.

Et d'abord, arrachons à la Ligue le masque de modération et d'impartialité dont elle s'est couverte tant qu'il lui a été utile. Qu'on ne soit pas surpris si sous ce masque « *qui a fait des dupes* », nous trouvons l'odieux visage de Tartufe, libre penseur et radical. Que l'hypocrisie s'allie à l'impiété, il n'y a là rien de surprenant, rien de nouveau, rien de rare. — Si jamais Tartufe s'est glissé dans l'armée catholique, il l'a depuis longtemps désertée pour le camp révolutionnaire, dont il a pris le commandement. Doucereux, patelin quand il n'est pas le maître, il continue à se montrer, comme jadis, brutal et violent, dès qu'il n'a plus besoin de feindre.

Ce n'est plus même chez lui un simple procédé ; c'est une doctrine. Ecoutez comment elle a été formulée il y a tantôt cinquante ans par le chef de la Vente suprême d'Italie : « *Laissez de côté la vieillesse et l'âge mûr; allez à la jeunesse, et, s'il est possible, jusqu'à l'enfance.* N'AYEZ JAMAIS POUR ELLE UN MOT D'IMPIÉTÉ OU D'IMPURETÉ : IL IMPORTE ESSENTIELLEMENT DE S'EN ABSTENIR DANS L'INTÉRÊT DE LA CAUSE. *Pour la faire fructifier au sein de chaque famille, pour vous donner droit d'asile au foyer domestique,* VOUS DEVEZ VOUS PRÉSENTER AVEC TOUTES LES APPARENCES DE L'HOMME GRAVE ET MORAL. *Une fois votre réputation établie dans les collèges, dans les gymnases, une fois que vous avez* CAPTÉ *la confiance des professeurs et des étudiants, faites qu'ils aiment à rechercher vos entretiens* »[1].

Ainsi a fait la Ligue naissante : elle a suivi à

---

1. Cité par A. de Saint-Albin. *Les Francs-maçons*, p. 45.

la lettre ces instructions si tristement caractéristiques. C'est qu'elle avait besoin alors de donner le change sur son vrai but et d'attirer les simples par l'enseigne menteuse et perfide de la diffusion de l'instruction populaire.

Car les temps n'étaient pas absolument sûrs. — Sans doute Napoléon III caressait toutes les associations révolutionnaires, Internationale, Francmaçonnerie, etc. ; mais c'était pour s'en faire un instrument de règne. Son ministre, M. Duruy, servait avec une activité dévorante les projets de la Ligue ; mais son ardeur n'était égalée que par ses insuccès. L'épiscopat tout entier s'était dressé contre ses odieuses tentatives, et les cours de jeunes filles étaient déserts. On ne pouvait donc, ni solidariser sa cause avec un ministre ami qui réussissait si mal, ni braver les défiances du F∴ impérial, trop initié aux secrets des Loges pour ne pas savoir que la Francmaçonnerie supporte impatiemment tout frein, si léger qu'il fût.

C'était l'heure où les longs efforts du gouvernement impérial, pour mettre la main sur la Maçonnerie française, allaient aboutir à un complet échec. Le maréchal Magnan, le prince Murat, le général Mellinet, Grands Maîtres successivement imposés, n'avaient pu réussir à apprivoiser la secte qui rugissait sous les caresses du pouvoir et cherchait à se débarrasser de ses faveurs intéressées. Le fondateur, des promoteurs, les soutiens de la Ligue étaient recrutés dans l'opposition républicaine. Ils devaient donc se faire humbles, petits, dociles, inoffensifs ; du moins en apparence. Aussi, quel soin pour écarter des discussions « qui couraient risque de devenir compromettantes » [1] ! Quel empressement à décla-

---

1. *Bullet.* n° 1. Programme de la Ligue, p. 5.

rer que « c'eût été folie de se lancer dans une entreprise de ce genre avec une pensée de lutte » ; et à enregistrer « avec grand bonheur » le premier *satisfecit* décerné à un Cercle par un préfet [1] ! Plus tard on se vantera « d'avoir pu, sous les yeux de l'Empire qui laissait faire, *préparer les voies à la République, à la condition de ne pas en parler* [2] ».

Mais alors le F∴ Macé disait avec vérité : « L'action commune est limitée, et la surveillance administrative, — je suis bien forcé de le rappeler, — ne se serait pas fait faute d'intervenir à l'occasion, si le principe même de l'œuvre ne la dispensait d'user de cette prérogative délicate qui est moins une force pour le pouvoir qu'un embarras [3]. »

Quel est donc ce principe si utile ? C'est de n'en avoir pas, d'être ce que le F∴ Macé appellera plus tard dans un langage pittoresque « des faiseurs de lumière sans plus », en un mot de travailler uniquement à répandre l'instruction, en conservant la neutralité politique et religieuse la plus complète, l'impartialité la plus absolue.

Telle est la règle fondamentale de la Ligue, ou plutôt tel est son mensonge fondamental ; car ce principe est à la fois impraticable et criminel, par la force même des choses; nous le démontrerons bientôt [4].

*L'école de la paix sociale*, fondée par M. Le Play, commençait en ce moment à réunir des hommes de bonne volonté appartenant à différents partis, à diverses religions. En essayer une contrefaçon sur le terrain de l'enseignement était un coup de maître ; mais ce ne

---

1. *Bullet.* n° 2, 15 juillet 1868. Approbation du Cercle Rouennais par le préfet de la Seine Inférieure.
2. *C.-R.* de 1877. Rapport Macé, p. 23.
3. *Bullet.* n° 5, 15 février 1870, p. 8.
4. IIᵉ partie, § VII, op. 128 et s.

pouvait être qu'une grossière et coupable contrefaçon.

Quelle ressemblance en effet, soit entre l'objet des deux associations, soit entre leurs fondateurs ? Quelle analogie entre l'éducation de l'enfance et la formation d'une science sociale au moyen de l'observation des faits ? Quoi de commun entre l'homme éminent, dont la bonne foi n'a jamais fait doute, et le Francmaçon, le socialiste, le pamphlétaire qui importait la Ligue en France ? — L'étude consciencieuse des faits tourne nécessairement au profit de la religion. Les catholiques le savent mieux que personne, et ils savent également que M. Le Play ne refuse jamais ses hommages à la vérité dès qu'il l'a constatée.

Mais s'il est possible et permis de faire momentanément abstraction de la foi, pour analyser des faits ; est-ce possible, est-ce tolérable lorsqu'il s'agit de former, d'*élever*, dans toutes les acceptions de ce beau mot, des intelligences et des cœurs. Il est des cas où ignorer c'est nier, se taire c'est outrager, rester neutre c'est trahir ; et, la religion écartée du programme scolaire, c'est *l'école sans Dieu,* qui est fatalement *l'école contre Dieu.*

Ces vérités élémentaires n'apparaissaient pas alors aussi clairement qu'aujourd'hui. Combien de voiles en effet sont tombés depuis dix ans !

La Ligue les épaississait à dessein, cachant ses projets sous de grands mots et de pompeuses formules, et multipliant ses protestations de respect envers tout ce qu'elle voulait détruire.

Écoutez-la plutôt : « Nous proclamons « la trêve des doctrines » ; nous formons « le parti de la paix à l'intérieur. » — Lisez l'acte d'adhésion qu'elle faisait signer à ses premiers adhérents : « *Les soussignés, désireux de contribuer personnellement au développement de l'instruction dans leur pays, déclarent adhérer au projet d'établissement en France d'une Ligue de l'Enseignement, au sein de laquelle il demeure entendu qu'on ne servira les intérêts d'aucune opinion religieuse ou politique* [1]. »

Tous les règlements des Cercles qui se fondent reproduisent la même disposition :

« *Le Cercle parisien fait appel au concours de tous ceux qui comprennent la nécessité de développer l'instruction. Le Cercle n'est l'œuvre d'aucun parti ; il ne s'occupera ni de politique, ni de religion* [2]. »

« *L'action du Cercle Girondin ne touchera en rien aux questions politiques et religieuses* [3]. »

Cette impartialité trouvera des incrédules ; le F∴ Macé le sent, et il cherche à en imposer par le nombre et le ton tranchant de ses affirmations : « C'est le principe de la Ligue, écrit-il ; c'est sa raison d'être. Là est sa force et son avenir [4]. » — « Cette question-là est une question de vie ou de mort. Elle doit être posée avant toute chose [5]. » — La Ligue « fait appel à tous ceux qui, sans abdiquer, bien entendu, leurs opinions personnelles, consentiraient à les oublier mutuellement pour travailler de concert, en évitant de se blesser les uns les autres, à une œuvre de salut public sur l'urgence de laquelle ils se trouvent tous d'accord ». — Elle veut « former un concert désintéressé d'hommes appartenant, ou du moins pouvant appartenir, à toutes les opinions et se donnant loyalement la main pour répandre autour d'eux ce qui est au-dessus de toute controverse dans le trésor des connaissances humaines, à commencer par ces sciences premières incon-

---

1 *Bulletin* n° 1, 15 mai 1878, p. 5.
2. Statuts du Cercle Paris, art 4. C.-R pour 1874, p. 3.
3. Statuts du Cercle Girondin, art 1er. *Bullet.* du Cercle Girondin pour 1872
4. *Bullet.* n° 1, p. 7,
5 *Id.* p 5.

nues encore à un si grand nombre de nos concitoyens : la lecture et l'écriture. »

La lecture et l'écriture mises au-dessus de l'instruction religieuse !!!... Mais passons.

« Pas de polémique ! Ce point est capital ! » — Je le crois bien : il est des programmes qui ne supportent pas la discussion. « Là est la force de la Ligue et son avenir... C'est la condition *actuelle* de son existence. »

D'ailleurs, « il n'est à craindre pour personne que la Ligue devienne *la chose d'un parti politique quelconque* (quel français !), *ni qu'on fasse une arme de guerre de ce qui a été imaginé pour être un instrument de travail*.. S'il en pouvait jamais sortir un parti ; ce serait le parti de l'apaisement des mépris et des haines, *la Ligue de la paix à l'intérieur* [1]. »

« Ceci, pour l'abstention politique. » Quant à l'abstention religieuse, la disposition des statuts qui la proclame « est très-sage... La Ligue de l'Enseignement fera son chemin en France, si elle sait conserver la neutralité promise ; mais elle échouerait infailliblement, si la direction centrale, ou même certains groupes cherchaient à faire prévaloir certains systèmes philosophiques, religieux ou politiques. » Comment douter après ces paroles « écrites au courant de la plume, sans perspective de publicité », par M. Marc Maurel négociant à Bordeaux, « péniblement affecté de voir l'œuvre de la Ligue attaquée par un membre éminent de l'épiscopat français ? (Mgr Dupanloup.) Le naïf et sensible personnage se déclare « catholique croyant ». Il « fait ses preuves de ligueur sérieux et convaincu ». Que voulez-vous davantage ?

Aussi le F∴ Macé invite-t-il « les ardents, soit en

---

1. *Bullet.* n° 1, pp. 7 et 8.

religion, soit en irréligion ; l'ardeur irréligieuse n'étant
à mes yeux, dit-il, qu'une forme de l'exaltation dans
les questions d'ordre théologique, à méditer » cette
déclaration qui lui paraît tout à fait opportune, « car,
observe-t-il, nous oublions tous trop facilement de part
et d'autre, qu'il n'y a pas que nous et nos amis en
France ».

Quant à lui, « au nom de la direction centrale *qui
n'existe pas*, » mais « dont il garde la place pour
que personne ne la prenne », il déclare qu'il ne veut
pas « prêcher l'ignorant dans un sens ou dans un
autre », mais seulement lui apprendre ce qu'il ne sait
pas. « Il sera alors en état de se prêcher lui-
même [1] », et tout sera pour le mieux.

Le fondateur de la Ligue n'est pas assez simple
pour se dissimuler la faiblesse de pareils arguments,
même appuyés par l'autorité de M. Marc Mauriel,
catholique croyant et ligueur sérieux.

Il revient donc à la charge et, selon sa méthode
habituelle, il emprunte à ses propres publications des
armes pour défendre sa thèse de la neutralité doctrinale.

Le dernier Bulletin de la Ligue publié avant la
guerre de 1870 débute par un long et solennel article
intitulé : *Philosophie de la Ligue*. C'est quelque chose
de curieux que la philosophie de la Ligue.

D'après notre docteur, l'humanité possède un
double patrimoine, l'un matériel, divisible et des-
tructible ; l'autre, intellectuel, indivisible, puisqu'il
peut se transmettre tout entier à chacun, et indes-
tructible : « plus il sert, plus il grandit ».

« Le patrimoine béni, où est le salut de l'humanité,
c'est le livre qui le représente. Tout homme entre les

---

1. *Bullet* n° 5 pp 8 et 9

*mains duquel le livre n'arrive pas est donc frustré du meilleur de son héritage.* »

Donc le philanthrope doit, avant tout, travailler à mettre tous les hommes « en possession de l'héritage commun », auquel tous ont droit ; c'est-à-dire faire pénétrer partout le livre.

C'est pour cela, soit dit en passant, que nous verrons la Ligue débuter presque toujours par des fondations de Bibliothèques populaires.

Telle est toute la philosophie de la Ligue.

« Il est facile, ajoute le F∴ Macé, d'en déduire ses principes religieux et politiques, *car elle en a assurément,* et ce serait se méprendre sur le sens des mots que d'interpréter l'abandon proclamé des luttes de controverse, comme l'absence de toute croyance précise en religion et en politique. »

Mais comment une association qui se donne pour « principe », pour « raison d'être », la neutralité religieuse et politique la plus absolue, peut-elle avoir « des croyances précises en religion et en politique? » Comment se tenir en dehors d'un terrain et en même temps s'y placer ? — Le F∴ Macé ne s'embarrasse pas pour si peu : il a un moyen ingénieux de s'interdire des questions et de les aborder à la fois ; c'est de se mettre « *au-dessus* ».

« Il y a, d'après lui, deux manières d'échapper à la controverse : en se plaçant *au-dessous* : c'est celle des *indifférents* et des *sceptiques*, qui se taisent par mépris ; en se plaçant *au-dessus* : c'est celle des *vrais croyants*, c'est la nôtre, je ne crains pas de le dire. La Ligue, en imposant à ses membres le sacrifice des satisfactions personnelles de polémique, *a mis si peu son œuvre en dehors du terrain religieux et politique,* LE SEUL SUR LEQUEL ON PUISSE BATIR EN GRAND, *qu'elle ne pourrait compter et ne compte en effet d'adhérents* sérieux, de travailleurs utiles, que parmi les citoyens actifs, c'est-à-dire agissants, et les hommes sincèrement religieux. »

Pour être intelligible, ceci demande explication. Ecoutez :

« Si la répartition plus équitable entre tous les membres de la famille humaine du trésor de connaissances, *le* (sic) patrimoine commun, est posée comme une œuvre de justice sociale et de fraternité, elle devient par cela même une œuvre éminemment religieuse dans le sens pratique et *universel* du mot »... ; car « au fond de l'enseignement de toutes les religions, de toutes celles du moins auxquelles nous pouvons avoir affaire, se retrouve la loi du sacrifice volontaire aux idées de justice et de fraternité humaine ; loi acceptée même de ceux « qui se font une sorte de point d'honneur de renier le mot de religion... Quand ils viennent lui rendre l'hommage véritable, celui de la pratique, je les crois alors plus religieux [1], ne leur en déplaise, que ceux qui l'enveloppent de formules sacrées pour la fouler ensuite aux pieds par les actes. »

« C'est l'acte, en effet, qui fait l'homme religieux, ce n'est pas la formule, c'est l'obéissance à la loi du devoir et non pas sa conception métaphysique, et la controverse ne peut pas suivre ceux qui montent ensemble du même cœur à l'accomplissement du devoir universel d'amour et de justice. Sa place est plus bas, dans la région tourmentée où l'on se maudit pour des affirmations et des cérémonies. »

« De même en politique. »

---

1. M. Lepère, ministre de l'intérieur et des cultes, ligueur dévoué, membre honoraire du comité du Cercle Parisien, a bien osé parler du « mysticisme » des libres-penseurs de Lyon, à la tribune de la Chambre des députés. — Juin 1879.

« Tous les partis ont leurs hommes de bonne volonté comme toutes les religions. Aucun ne saurait sans disparaître *afficher* un autre but à poursuivre que le bien général du pays [1] ; et parmi les moyens de le réaliser qu'ils préconisent à l'envi, il en est un qui n'a nulle part de contradicteur sérieux, c'est le développement de l'instruction populaire. Plus les populations seront éclairées, plus elles seront aptes à discerner la forme de gouvernement qui leur offre le plus de garanties de prospérité : cela ne se conteste pas au grand air. On y perdrait toute autorité morale, si on l'osait. »

Tous cependant ne travailleront pas « à repousser loin de toutes les classes de la société le fatal cortège de souffrances, d'erreurs, de haines et de crimes que l'ignorance traîne partout à sa suite ».

Car « Dieu, la justice, et la patrie, sont quelquefois des montures qu'on enfourche pour aller plus vite et plus loin, et l'on fait bon marché du triomphe des idées qui vous portent, si l'on ne doit pas triompher de sa personne en même temps. Qu'importe au cavalier que son cheval arrive, si lui-même reste en route » ?

Ne voilà-t-il pas, tracé d'un seul coup de crayon, le portrait frappant des disciples du F∴ Macé ? Dans sa pensée, il s'applique à d'autres ; d'accord, mais il reproduit le trait le plus saillant de ces bruyants et faux amis du peuple, prétendus amants passionnés de l'instruction universelle, soi-disant adorateurs de la liberté. Ils sont parvenus, grâce à leurs « montures ». Que leur importent ces « montures » devenues inutiles ? Elles

---

1. *Afficher*, telle est bien l'expression qui convient aux frères et amis de M. Macé ; les catholiques, les royalistes se contentent de vouloir et de *poursuivre* ce but ; les radicaux l'*affichent*.

peuvent être mises à la réforme ; « les cavaliers sont arrivés ».

Nous avons cru devoir citer sans réflexions cette longue logomachie, tantôt mielleuse, tantôt amère, où les mots sonores et vides dissimulent mal des erreurs aussi grossières que variées. Inutile d'en entreprendre ici la discussion [1]. Le lecteur y suppléera facilement.

Avec notre Saint Père le Pape Léon XIII, il ne croira pas possible « de renouveler sur l'enfant le jugement de Salomon, et de le partager d'un coup d'épée déraisonnable et cruel qui sépare son intelligence de sa volonté [2] ».

« Il n'y avait donc pas lieu d'accuser la Ligue, conclut M. Macé, qui a les meilleures raisons pour se constituer son défenseur, il n'y avait donc pas lieu d'accuser la Ligue d'indifférence et de mépris pour les questions dont elle a renoncé *par sagesse* à s'occuper ! Ce n'est pas mépriser la religion, ce n'est pas oublier la patrie que d'éviter de froisser les croyances religieuses et politiques de ceux avec lesquels on travaille côte à côte, quand ce travail en commun est pour tous l'accomplissement d'un devoir *de conscience*, d'un devoir de citoyen. »

*Que les temps sont changés !* — Mais poursuivons : nous allons rencontrer des affirmations plus étonnantes encore.

« *Qu'un enseignement ainsi limité soit incomplet, c'est positif. Mais dans quel travail a-t-on fait fi de la première ébauche ?* » disait le fondateur de la Ligue. — Notons cet aveu au passage, et notons aussi la déclaration suivante :

« *Ce que la Ligue s'interdit d'enseigner*, ELLE NE SAURAIT L'INTERDIRE A PERSONNE, LE IIS FACULTS

---

1. V. pp 128 et s
2. Lettre de S. S. au card. vicaire, 26 juin 1878.

DE SON ENSEIGNEMENT SONT FACILES A REMPLIR PAR CEUX QUI LES DÉPLORERAIENT : IL NE TIENT QU'A LUX. LE CHAMP RESTE LIBRE A CÔTÉ D'ELLE *à qui voudra faire* PLUS *qu'elle,* AUTREMENT *qu'elle* [1]. »

C'est pour cela sans doute qu'aujourd'hui les Ligueurs Jules Ferry, Paul Bert, etc., veulent interdire en France l'enseignement « complet » et « sans lacune. » C'est pour cela sans doute que le comité du Cercle Parisien félicite le confrère-ministre, lui déclarant qu'il a parfaitement compris et qu'il sert à merveille les desseins de l'Association dont il est le digne ornement [2].

Mais, ne l'oublions pas, en février 1870, il n'eût été ni prudent, ni habile de se démasquer.

Pour mieux donner le change, on avait inséré *in extenso* et avec éloge, dans le Bulletin, une circulaire du *Comité de l'Enseignement libre* fondé à Rennes en 1868 par MM. de Kerdrel, A. de la Borderie, etc.

On avait pris, il est vrai, le soin très superflu de ne pas porter ce Comité à l'actif de la Ligue, mais on avait ajouté : « *Croyance implique désir de propagande et de lutte ; les associés de M. Arthur de la Borderie* SONT DANS LEUR DROIT ; *nous ne pouvons* QUE NOUS FÉLICITER », et « LES FÉLICITER *de l'exemple qu'ils donnent...* NOUS SOMMES AUSSI POUR L'ENSEIGNEMENT LIBRE DANS LE SENS QU'A CE MOT EN FRANÇAIS ; *nous n'avons pas la prétention d'imposer à tout le monde notre façon de travailler* [3]. »

Il paraît que le sens du mot *enseignement libre* a changé récemment. Sans cela le F∴ Ferry, qui l'entendait, même depuis l'avènement de la République,

---

1. *Bullet.* n° 5, 15 fév. 1870, pp. 3 à 7.
2. Adresse du Comité du Cercle Paris à M. Jules Ferry, *Univers*, 1 mai 1879.
3. *Bullet.* n° 2, pp. 18 à 22.

« DANS LE SENS FRANÇAIS », ne l'entendrait pas aujourd'hui, lui et tous ses pareils, dans un sens si différent.

Pour montrer toute l'étendue de son libéralisme, le F∴ Macé reproduit, immédiatement après le manifeste catholique de Rennes, l'appel d'un M. Boutteville, professeur de l'Université et de Sainte-Barbe, ancien vénérable de la L∴ n° 133 et de la L∴ *la Mutualité* [1], qui cherchait à créer des écoles libres athées, au moyen d'associations de pères de famille. Nouveaux éloges. Mais l'habileté maçonnique est, comme la sagesse humaine, toujours courte par quelque endroit, et les louanges décernées à l'entreprise de M. Boutteville retombent en critiques écrasantes sur l'invention de M. Macé.

« L'œuvre des premiers (les Ligueurs), dit-il, est d'ordre public ; celle des autres (les adhérents de M. Boutteville) est d'ordre privé, et l'oubli des croyances personnelles n'y serait plus à sa place. » L'oubli des croyances personnelles est donc d'ordre public ?..

« LE PREMIER DEVOIR, PARTANT LE PREMIER DROIT D'UN PÈRE, EST D'ÉLEVER SES ENFANTS DANS CE QU'IL CROIT ÊTRE LA VÉRITÉ. C'EST LE PLUS FAUX DES CALCULS, LE PLUS MEURTRIER POUR L'AME D'UN ENFANT, DE LE SOUMETTRE, COMME CHOSE INDIFFÉRENTE, AUX IMPRESSIONS DE DOCTRINES QU'ON N'ACCEPTE PAS, EN SE RÉSERVANT DE CORRIGER APRÈS COUP LES ÉPREUVES. *Il se venge ensuite, par représailles, sur la vérité n° 2, des mépris du père pour la vérité n° 1, la seule qui pouvait lui être sacrée, et l'on obtient ainsi des générations sans foi, ni loi, bien autrement plongées dans la matière, que si elles professaient le matérialisme, car elles ne soupçonnent même pas l'existence de l'idée* [2]. »

---

1. *Monde Maçonnique*, avril 1869, p. 759.
2. *Bullet.* n° 2, p. 24.

Donc, « *le premier devoir* » de la presque unanimité des Français est de déserter les écoles d'où l'enseignement religieux est banni, c'est-à-dire les écoles de la Ligue ; donc, les libres-penseurs, imperceptible minorité en France, malgré tout le bruit qu'ils font, peuvent seuls envoyer en sûreté de conscience leurs enfants aux écoles sans Dieu ; et voilà l'instruction *laïque* ruinée du coup [1] ; donc la Ligue est une entreprise abominable, puisque son but est de prêcher partout l'oubli du premier devoir paternel : c'est son fondateur lui-même qui le déclare. Certes tel n'est pas son dessein ; mais l'histoire du faux prophète, bénissant Israël qu'il voulait maudire, se renouvelle quelquefois.

Tant qu'il a été utile de conserver à son œuvre « le caractère inoffensif et modeste dont elle avait besoin » à ses débuts pour réussir [2], le F∴ Macé a été impitoyable contre les ardents et les irréfléchis que la passion ou un peu de loyauté poussait à des exigences « compromettantes ».

Parfois ces amis trop impétueux ont eu assez d'intelligence pour comprendre les avantages de cette méthode hypocrite, mais habile. Un groupe de jeunes gens avait demandé la suppression de la neutralité religieuse et politique. — Bientôt leur mandataire écrit : « M. Dupanloup et ses collègues ayant suffisamment répondu aux objections que beaucoup

---

1. Rappelons quelques chiffres officiels et curieux du dernier recensement. — On a découvert à Paris 2,500 individus sans religion, contre 1,732,529 catholiques et 72,547 dissidents A Marseille, 219 athées, contre 312,864 catholiques et 16,544 dissidents. A Rouen, siège d'un cercle actif de la Ligue, 19 sans Dieu, pas un de plus ; 100,861 catholiques et 1,590 dissidents. Il en est de même dans toutes les grandes villes. — C'est pour une si imperceptible minorité que travaillent la Ligue, les Chambres et le gouvernement !!!
2. *Bullet.* n° 4, 15 fév. 1869, p. 4.

d'entre nous auraient pu avoir encore dans l'esprit »,
nous nous déclarons satisfaits, et d'ailleurs votre lettre
était « suffisamment explicite [1] ».

Des « citoyens », plus à cheval sur les principes,
mais d'intelligence moins déliée, étaient sortis de la
Ligue « effrayés de faire partie d'une association
dont le premier membre inscrit est un sergent de
ville, et qui enveloppe, entre un procureur impérial
et un capitaine d'infanterie, quelque curé ou pasteur
égaré [2] ». Sans se laisser émouvoir, M. Jean Macé
s'efforce de montrer poliment aux déserteurs qu'ils
sont des sots et n'entendent rien à ses finesses ; mais
il se garde de modifier son programme. Encore une
fois, les temps n'étaient pas venus.

« Je suis d'avis, répond-il simplement, que ces
citoyens (les démissionnaires) ont eu tort..... J'ai la
certitude d'être dans le vrai *de la situation.* »

Le sergent de ville s'est présenté le premier ; voilà
pourquoi il est le premier sur la liste ; le procureur
impérial est M. Turquet (M. Macé se connaît, paraît-
il, en républicains) ; le capitaine d'infanterie, M. Far-
jon, « a fait passer la Ligue, lui second, de la période de
prédication dans celle des faits, en organisant à Metz,
avec M. Vacca, le premier Cercle ». Les pasteurs
ne se sont pas du tout « égarés » en entrant dans
la Ligue. Ce sont eux qui ont fondé les premières
bibliothèques de campagne, « *et c'est par un pasteur*,
dit M. Jean Macé, *que j'ai été mis sur la voie qui
devait me conduire à la Ligue* ». Il n'ajoute pas que
partout : à Rouen, à Mulhouse, au Havre, à Poitiers,
dans le Gard, etc., etc., les pasteurs sont les adeptes
les plus fervents de son œuvre, et que partout les

---

1. *Bullet.* n° 1, p 6 en note.
2. *Bullet.* n° 4, p. 4.

protestants s'unissent aux libres-penseurs pour former les Comités. L'entente est toute naturelle en effet entre les athées de profession et les hommes que le libre examen conduit logiquement à la libre-pensée. Entre ces divers degrés de l'erreur, il y a, comme toujours, sympathie mutuelle. Dans tous les documents de la Ligue nous n'avons trouvé qu'un seul exemple de refus de subsides à une école protestante, tandis que beaucoup d'autres ont été l'objet de ses éloges et de ses faveurs plus solides.

« Quant au prêtre *unique*, qui m'a envoyé son nom, qui ne pourrait plus le faire maintenant, j'en ai bien peur, continue le F.·. Macé, je n'ai qu'une chose à dire à ce sujet ; c'est que je ne me reconnais pas le droit, ni à personne, d'écarter de notre œuvre d'enseignement les prêtres qui s'offriraient pour la servir, en acceptant, c'est bien entendu, son programme, c'est-à-dire en se renfermant dans le cercle des connaissances *positives* sur lesquelles tout le monde est d'accord [1]. »

L'expression de « connaissances *positives* » découvre le bout de l'oreille, mais on s'efforce aussitôt de le cacher, en affirmant « qu'il n'y a pas de place dans la Ligue pour ce mot *d'enseignement laïque* ». Oui, la Ligue, mise en demeure par le journal l'*Opinion Nationale*, a osé NIER QU'ELLE COMBATTIT POUR L'ENSEIGNEMENT LAÏQUE ; « *ce mot... qu'on prétend lui imposer, afin d'établir, malgré elle, un antagonisme qui n'est pas et ne sera pas de son fait, s'il existe* ».

« L'enseignement qu'elle entend donner étant placé en dehors de toute discussion doctrinale, il ne saurait accepter d'autre nom que celui *d'enseignement scien-*

---

1. *Bullet.* n° 4, pp. 4 et 5.

*tifique.* Or, la science n'est ni laïque, ni cléricale : elle est la science. » — « Un ecclésiastique qui se présenterait » pour professer « serait très-positivement admis, sous la condition que nous nous sommes imposée à tous de ne pas en faire un prétexte à polémiques ».

Quant aux écoles de la Ligue, l'obligation « de laisser aux parents l'enseignement religieux de leurs enfants » ne permet à « aucune congrégation religieuse » d'en prendre la direction. « C'est assez clair, ajoute le F∴ Macé. Il me paraît superflu de déroger à cause d'elles aux principes de la Ligue qui n'exclut personne [1]. » Il nous paraît superflu à notre tour d'ajouter qu'exclure les congrégations religieuses, ce n'est ni conserver la neutralité promise, ni admettre tout le monde. Aucune finesse de langage n'obscurcira cette vérité plus qu'élémentaire.

D'ailleurs, « laisser aux parents l'enseignement religieux de leurs enfants », c'est rendre l'enseignement religieux impossible. Huit heures par jour de travail intellectuel, n'est-ce pas largement assez pour de petits cerveaux de 6 à 12 ans? Lorsqu'un enfant a dû rester six heures au moins en classe, immobile, silencieux, attentif, et deux heures à la maison, penché sur ses devoirs ou sur ses leçons, que peut-on lui demander de plus ? Où trouver le temps matériel pour lui faire apprendre le catéchisme ? Veut-on lui enlever son dimanche et son après-midi du jeudi ? Mais ces heures de repos sont indispensables pour son intelligence autant que pour son corps. D'ordinaire, le cours de catéchisme se fait à l'église précisément ces jours-là. Comment l'enfant comprendra-t-il les explications de la doctrine catholique, s'il n'est déjà

---

1. *Bullet.* n° 4, pp. 5 et 6.

familiarisé avec la lettre des enseignements de l'Eglise ?

Et quand même on pourrait augmenter les heures d'étude, déjà si longues et si lourdes, de quel œil l'enfant verrait-il cette religion qui rogne ses récréations et ronge ses congés ? cette importune, qui n'est pas assez utile pour être enseignée à l'école, et que ses parents et les prêtres le forcent à apprendre par surcroît ? Dégoût, mépris d'une science aussi superflue qu'ennuyeuse, et résolution de l'oublier le plus tôt possible : voilà les seuls sentiments que lui inspirerait cette religion sainte. C'est ce que veut la Ligue ; mais c'est ce que nous ne voulons pas, nous, pères de famille catholiques.

La Ligue savait bien qu'aucun prêtre ne monterait dans ses chaires. Elle savait que tous les catholiques, laïques et prêtres, ont le devoir de ne jamais rester neutres en face de certaines doctrines, prétendues scientifiques, contraires aux dogmes de l'Eglise. Mais, devant la masse qui se laisse prendre aux mots, il était bon alors de se donner l'apparence du plus large libéralisme.

L'intolérance farouche du *Monde Maçonnique* ne l'entendit pas ainsi et le F∴ Favre [1] administra à ce propos au F∴ Macé une volée de bois vert qui ne modifia en rien la tactique de ce dernier.

Peu lui importait d'être accusé de faire du sentimentalisme à la manière de l'abbé de Saint-Pierre, si ce sentimentalisme lui était nécessaire pour réussir. Il se moquait bien d'être convaincu par le journal maçonnique de faire le Tartufe, et d'être accusé de ne tromper personne ; il savait qu'il trompait et il avait encore besoin de tromper.

---

1. Directeur du *Monde Maçonnique*.

Plus habile que son interlocuteur, il le laissa dire, sûr que la paix se ferait ; car on n'est jamais loin de s'entendre entre compères, et plus que jamais il joua la comédie de l'impartialité.

Ce n'est plus seulement la *laïcité* de l'enseignement, c'est l'*obligation* même qu'il repoussa en tant que chef de la Ligue.

Le groupe Havrais avait adressé une lettre collective au député de son arrondissement, lui demandant de présenter au Corps législatif un projet de loi qui rendît l'instruction primaire obligatoire. Il avait invité les autres Cercles à le suivre et compté sur l'appui du F.˙. Macé. La tentation était forte. L'obligation était dans les vœux du gouvernement impérial ; le groupe Havrais était dès lors, ce qu'il est demeuré depuis, l'un des plus importants et des plus actifs de la Ligue. Un refus pouvait faire naître un schisme. Cependant l'habile homme refuse tout net. *Primum est vivere*. Il vaut mieux vivre, même privé d'un membre, que de s'exposer à la mort. « Mettre un député en demeure de présenter un projet de loi, c'est une action *politique*. » Or, il faut persuader à l'administration impériale que la Ligue ne fait pas de politique.

Personnellement M. J. Macé reconnaît tous les avantages de l'obligation. « Rien assurément ne saurait mieux servir le but de la Ligue. » Mais, outre le danger de mettre le pied sur le terrain dangereux de la politique, il s'agit là d'une « question controversée », soit comme principe, soit comme opportunité. « Arborer ce drapeau-là ce serait s'exposer à jeter la discorde dans les rangs, et à provoquer des désertions. » Opportuniste de la veille, le père de la Ligue ne veut pas de désertions.

Pour le moment il ne peut que jeter un regard d'envie sur la Ligue Anglaise et la Ligue Belge qui font beaucoup de politique, bien que celle-ci s'en défende en vertu de l'axiome : tout mauvais cas est niable. « Il est sage, écrit-il, de régler son action sur les besoins, sur les mœurs, sur les *institutions* de son pays[1]. »

C'est pourquoi il rejette impitoyablement une *Ligue de l'Enseignement* organisée dans le Midi avec cette clause, que *tous les adversaires politiques et autres des fondateurs en seront exclus*[2], tout en faisant remarquer à ces compromettants auxiliaires combien ils sont naïfs.

Ainsi parlait la Ligue avant l'avènement de la République ; cachant ses haineux projets sous d'hypocrites protestations de neutralité. Selon le mot de Mgr Dupanloup : « Le masque a fait des dupes qui sont devenues complices d'un détestable but. » D'honnêtes gens sont tombés dans le piège grossier qui leur était tendu ; des catholiques même s'y sont laissé prendre ; surtout, il faut bien le dire parce que c'est la vérité, des catholiques-libéraux. L'habileté dont ils s'attribuent le monopole se montre rarement dans leurs actes ; on ne compte plus leurs maladresses.

Prêter aux hommes de la Ligue des intentions loyales et légitimes pouvait partir d'un bon naturel ; mais c'était sans contredit le fait d'esprits bien illusionnés ou bien peu réfléchis. Car que pouvait-il sortir de bon d'une entreprise patronnée, au vu et au su de tous, par le *Monde Maçonnique* et toute la presse libre-penseuse et radicale ?

L'étourderie était déjà forte. Mais vouloir être plus clairvoyant que l'Eglise, selon l'habitude de cette école funeste (c'est le mot de Pie IX) : n'était-ce

---

1. *Bullet.* n° 5, pp. 9 à 13.
2. Id. p 14. « Nous ne sommes pas d'avis, dit le manifeste de ce groupe, de permettre à nos adversaires de prendre pied dans cette œuvre nouvelle, démocratique dans son essence, et qui doit guider dans ses résultats son origine première. »

pas dépasser toute limite permise ? C'est cependant ce qui a eu lieu : l'histoire en est tristement instructive.

Voici, par exemple, ce qui s'est passé à Metz.

Un M. Vacca, professeur au lycée, libre-penseur, francmaçon et le reste, fonde le premier Cercle de la Ligue. L'élan des catholiques *habiles* est tel pour le suivre, que Monseigneur l'évêque de Metz est obligé de condamner publiquement l'Œuvre des F∴ F∴ Macé et Vacca [1]. Sans doute ceux qui se sont laissé séduire confesseront leur erreur et remercieront le vigilant prélat de leur avoir ouvert les yeux. Tout au plus plaideront-ils les circonstances atténuantes. — La cause de l'enseignement est si noble, si belle, si chère à tout cœur chrétien ! Toujours et partout les fils de l'Eglise doivent être au premier rang pour la servir. L'Œuvre nouvelle se présentait avec des apparences inoffensives ; elle pouvait devenir une force contre les détestables projets Duruy ; n'était-il pas très-adroit, en même temps que très digne d'éloges, de s'en emparer et de la tourner au profit de la vérité, en entrant nombreux dans ses rangs et en se mettant à sa tête [2] ?

Malheureusement il n'en fut pas ainsi, du moins pour quelques-uns.

Le secrétaire du comité du Cercle Messin, catholique, objet de la bienveillance de plusieurs évêques et des plus éminents, mais catholique-libéral, eut le tort d'absoudre la Ligue et d'accuser d'erreur le vénérable Monseigneur Dupont des Loges. Il donna sa démission, mais il écrivait à ses collègues la

---

1. Mandement de Mgr l'Ev. de Metz pour le carême de 1868.
2. Ceci est historique. — L'auteur tient ces détails de plusieurs témoins ou acteurs de cet épisode.

lettre suivante dont le Fr∴ Macé se fait, bien entendu, un titre et un argument, en la reproduisant dans le Bulletin de son œuvre :

« Messieurs,,

« Notre discussion *franche* et *mesurée* d'avant-hier augmente encore le regret que j'éprouve de la détermination que je crois devoir prendre aujourd'hui.

« Des considérations de famille, *et non d'autres motifs*, me décident à vous prier d'accepter ma démission de membre du *Cercle Messin de la Ligue de l'Enseignement* et des diverses fonctions de membre du Comité, de secrétaire, de professeur d'économie industrielle, dont votre confiance et celle de nos adhérents m'avaient honoré.

« *J'étais convaincu de n'avoir rien à abdiquer de mes croyances religieuses en entrant dans la Ligue, où je venais unir mes efforts à votre zèle pour la lutte contre l'ignorance,* UNIQUE BUT DE L'INSTITUTION.

« CETTE CONVICTION, JE L'AI CONSERVÉE, et je dois loyalement affirmer que j'ai toujours vu le *Cercle Messin* fidèle aux statuts que j'ai signés *en parfaite connaissance de cause* [1].

« *Ma retraite ne pourrait donc avoir d'autres motifs que ceux d'ordre privé* que j'ai eu l'honneur de vous indiquer.

« Veuillez, Messieurs, agréer, avec mon vif regret, l'assurance de ma sympathie pour vous et pour votre œuvre. »

1. *Bullet.* n. 1, 15 mai 1868, p. 29.

Voilà donc jusqu'où peut aller l'infatuation chez un homme de foi, d'intelligence et de cœur, mais libéral.

Pareilles erreurs se sont produites en d'autres lieux, notamment au Havre. Là, quelques catholiques plus ou moins sincères et libéraux, et même quelques bons et vrais catholiques, s'étaient mêlés aux francs-maçons et aux protestants qui formaient la majorité du groupe. Les catholiques *sans épithète* se sont retirés dès qu'ils ont eu mieux jugé la portée de la Ligue. L'un d'eux est même devenu membre du Comité des Cercles catholiques d'ouvriers.

Tous n'ont pas eu partout la même clairvoyance. Malgré les condamnations épiscopales et pontificales, de déplorables complaisances ont persisté ; quelques-unes, chose incroyable, si nous n'avions les pièces sous les yeux, persistent encore.

On sait quel retentissement eut l'écrit de Mgr Dupanloup : *Les alarmes de l'Episcopat justifiées par les faits.*

Tout un chapitre, le chapitre II de cette vigoureuse brochure, est consacré à la Ligue de l'Enseignement. Elle y est, on le pense bien, démasquée de main de maître.

C'était en 1868. Quelques années après, un ami particulier de Monseigneur d'Orléans, celui qui devait, sous le pseudonyme d'*Un chrétien*, se faire l'ardent panégyriste de sa mémoire dans un journal singulièrement choisi, oubliait à ce point les enseignements du vaillant prélat, qu'il comblait un Cercle de la Ligue de ses faveurs préfectorales. Entre autres privilèges, il lui accordait celui de décerner le prix d'honneur pour le concours entre toutes les écoles primaires de son chef-lieu de préfecture. Dans le même département, un sous-préfet, ancien secrétaire de

M. le comte de Falloux, souscrivait pour les bibliothèques régimentaires de la Ligue [1], et un troisième fonctionnaire, catholique et libéral comme les deux autres, mais catholique un peu intermittent et fantaisiste, apportait aussi son offrande à la propagande maçonnique dans l'armée [2].

D'autres noms figurent sur les anciennes listes de la Ligue, qui n'auraient jamais dû y paraître. Il en est qu'on retrouve même sur les listes les plus récentes. N'est-ce pas inexcusable ? Tel est le cas de cet ancien ministre de l'empire libéral, sénateur de la droite, homme religieux, héritier d'un beau nom, possesseur d'une immense fortune, et souscripteur obstiné de la Ligue depuis longtemps déjà [3].

Comment aussi ne pas voir sans regrets, parmi les obligés et les approbateurs de la belle invention du F.·. Macé, l'excellente institution de Mettray, si chrétienne dans son origine, dans son but et dans sa direction, si louable dans ses travaux et dans ses résultats ? Depuis 1874 au moins, le directeur adresse chaque année au Cercle Parisien un rapport sur la bibliothèque de la colonie. Il témoigne sa reconnaissance pour les livres, cartes et globes terrestres, envoyés par la Ligue, et pas un mot ne permet d'espérer qu'il ait les yeux ouverts sur les abominables projets de cette association maçonnique.

Nous abrégeons ces tristes révélations ; mais nous ne pouvions pas les omettre. Il est toujours bon de constater la déplorable aptitude des honnêtes gens à se faire duper, ne fût-ce que pour apprendre à unir désormais la prudence à la simplicité. Il est toujours

---

[1] *C-R* pr 1875, p 87.
[2] *C-R* pr 1876, p 92
[3] *C-R* pr. 1874 p. 40, pr. 1875, p 48; pr. 1876, pr. 61, pr. 1877, p. 93, pr. 1878, p. 100.

utile aussi de reconnaître la trop fréquente maladresse et la fâcheuse infatuation de ceux que le libéralisme a atteints, ne fût-ce que pour mettre à l'avenir un soin plus jaloux à nous préserver de sa contagion.

## II

#### CYNISME DE LA LIGUE TRIOMPHANTE.

La seconde manière du fondateur de la Ligue et de ses adhérents devrait cependant ouvrir les yeux aux plus aveugles, sans parler des condamnations de l'Eglise.

Tout à l'heure le F∴ Macé jurait ses grands dieux que son association ne s'occupait ni de religion, ni de politique, qu'elle nes'en occuperait jamais. Il se félicitait et il félicitait des catholiques de leur dévouement à la cause de l'instruction populaire ; il les citait comme modèles ; il déclarait que « *le premier devoir d'un père est de faire élever ses enfants dans ce qu'il croit être la vérité* ». Il avouait que l'enseignement donné selon le programme de la Ligue est forcément « *incomplet* » ; il proclamait le droit pour tous « *de faire plus qu'elle, autrement qu'elle* », et se déclarait « *partisan de l'enseignement libre dans le sens qu'a le mot en français.* Enfin il repoussait *la laïcité* et même toute action collective en faveur de *l'obligation*.

La scène change. Le flux presque périodique de nos révolutions dépose au pouvoir les hommes et les doctrines de la Ligue. Vont-ils tenir leurs promesses, ou s'infliger à eux-mêmes un honteux démenti? Ecoutons leur réponse.

Nous allons les entendre attaquer avec violence et grossièreté la religion qu'ils ont tant promis de respecter, et se lancer avec ardeur dans l'arène politique qu'ils avaient juré de s'interdire. Ils vont injurier, en proportion de leurs succès et de leurs immenses services envers l'instruction populaire, les catholiques que naguère ils félicitaient ; ils prêcheront la violation du « *premier devoir d'un père* », et déclareront que les « parents doivent s'abstenir d'enseigner aucune religion avant que l'enfant ne soit parvenu à l'âge de raison[1] » ; ils affirmeront que leur programme est seul complet, seul *national*, et feront litière de tous les droits d'autrui. Ils vont renier toutes leurs protestations d'amour pour l'enseignement libre, lui contester jusqu'à son nom ; enfin, travailler de toutes leurs forces et par tous les moyens : pétitions, enquêtes générales, adresses au ministre, etc., à faire imposer *l'obligation*, et surtout *la laïcité*, but unique et désormais avoué de leurs efforts.

Telle est la loyauté de ces Messieurs, et c'est eux-mêmes qui vont en rendre témoignage.

En 1875, le F∴ Macé essayait encore de donner le change sur l'importance de son œuvre ; le triomphe n'était pas alors complet. — « Le rôle du Cercle Parisien, écrivait-il, est d'une modestie qui défie toutes les attaques.... Il est purement et simplement le commissionnaire en librairie gratuit des bibliothèques populaires qui ont recours à son intervention... Il est difficile d'incriminer cette intervention au point de vue

---

1. Délibération de la R∴ L∴ *l'Ecole Mutuelle*, Or∴ de Paris. *Monde Maçonnique*, — mars 1868, p. 660.

des doctrines... On peut en dire autant des subsides aux bibliothèques populaires. Les directeurs de ces bibliothèques choisissent eux-mêmes les livres qu'ils désirent... Le Cercle Parisien ne s'est réservé qu'un droit, celui de rayer des commandes les livres de polémique, dans n'importe quel sens[1]. »

Peut-on être plus modeste, plus inoffensif ? Tournons la page ; voici tous les détails de l'active campagne pour l'introduction de la Ligue dans l'armée. « L'effort principal du Cercle Parisien, dans ces dernières années, s'est porté sur le mouvement d'instruction provoqué dans l'armée par le patriotisme de ses chefs. *Il ne pouvait donner à son activité un champ plus vaste ni plus fécond dans les jours troublés que nous venons de traverser*[2]. »

Déjà l'horizon s'agrandit, et nous sommes loin des modestes fonctions de commissionnaire en librairie. Mais la même page contient la contre-partie complète des humbles affirmations du prologue.

« *Par la nature même du rôle qu'il s'était donné...*, le Cercle Parisien est maintenant... *ce centre de renseignements et d'impulsion, ce point d'appui universel, par lequel tous les Cercles épars pouvaient se sentir reliés les uns aux autres et constituer un tout vivant d'une vie commune*[3]. Il sera certainement avant peu le point de ralliement autour duquel pourront venir se grouper les délégués des Cercles et des Sociétés d'instruction, quand il sera enfin question de donner, à la grande phalange des hommes qui travaillent de leur chef au

---

1. *C.-P.* p. 1875 Rapport de M Jean Macé, p. 7.
2. Id. p 9 « Les jours troublés », c'est la période qui s'étend entre le 24 mai 1873 et le 25 janvier 1875
3 N'en déplaise au F∴ Macé, lauréat du grand concours, on ne voit pas très-bien comment « un point d'appui » peut « relier » des « Cercles épars ».

*développement de l'instruction populaire, l'organisation régulière et palpable qu'ils attendent depuis longtemps* [1]. »

Ainsi la Ligue a « un centre, un point de ralliement » ; elle est « un tout, vivant d'une vie commune », et c'est le Cercle Parisien qui donne « l'impulsion ».

L'année 1876 arrive, les élections amènent au pouvoir les hommes de la Révolution ; c'est, selon la Ligue : « l'aurore des jours de liberté ». Et comme, dans son parti, la liberté consiste surtout à outrager impunément l'Eglise, les insultes commencent.

« Comment se fait-il, demande M. Jean Macé, que la Ligue ait été le point de mire de tant d'attaques, et de si passionnées ? »

Notez que les attaques n'avaient été ni nombreuses, ni passionnées. « Se sera-t-on mépris sur les intentions de ses fondateurs ? Aura-t-on considéré comme hypocrites leurs protestations de neutralité ? Aura-t-on simulé des terreurs qu'on n'avait pas ? *Aurions-nous joué nous-mêmes la comédie,* ou l'aurait-on jouée à propos de nous ? »

« Il faut être franc et regarder en face les choses comme elles sont. Non, il n'y a pas eu *erreur,* ni comédie, ni d'une part, ni de l'autre. C'est une terreur réelle que nous inspirons, et *l'on a parfaitement compris ce que nous faisons. Nous le savions parfaitement nous-mêmes.* Cet appel *loyal* (!) à la raison, à la conscience humaine, cette prédication du jour à faire dans les esprits, *c'est précisément là qu'est le danger sérieux pour les hommes du Syllabus,* les seuls ennemis que nous ayons rencontrés sur notre chemin. *Les âmes vraiment pieuses* » — lisez les Francs-maçons ; —

---

1. *C.-R.* pr. 1875, p. 9.

« *les cœurs selon l'Évangile* », — lisez les protestants libéraux qui nient Jésus-Christ et rejettent la Bible, — « *sont avec nous*... Allez donc raconter à des gens qui raisonnent que l'Immaculée-Conception est apparue en camisole blanche sur un poirier, et vous verrez le succès qu'aura votre apparition, quand même tous les évêques du monde se mettraient ensemble pour l'apostiller.

« Etonnez-vous après cela, si les faiseurs de lumière sans plus, si ceux qui prêchent la foi dans la raison et la conscience humaine, *ces deux grandes excommuniées du Syllabus*, sont attaqués avec fureur par les gens de l'obéissance aveugle et du prosternement intellectuel et moral [1]. »

Que le lecteur nous pardonne d'avoir reproduit ces lourds blasphèmes. Il le fallait pour donner la mesure de la grossièreté violente et sans esprit où la révolte et la haine font descendre des hommes intelligents d'ailleurs. Les adeptes de la Révolution, Ligueurs et autres font rarement preuve de bon ton et de bonne éducation .

Mais, avec la haine de l'Église, un autre mobile anime la Ligue, l'amour du pouvoir ; dans l'homme, elle voit surtout l'électeur.

« Avec le suffrage universel, il faut des *citoyens*, il faut des hommes. Il n'y a pas de *Syllabus* qui tienne, *il faut que celui dont le vote peut décider du sort de sa patrie, de notre sort à tous, donne son vote en connaissance de cause* [3]. » Principe excellent ; mais qui croira

---

1. *C.-R.* pr. 1876, pp. 8 et 9. Discours Macé à l'assemblée générale du 17 juin 1876.
2. Voir comme spécimen la lettre de M. A. Vauchez, secrétaire général de la Ligue de l'Enseignement, le bosie du F∴ Macé, a M. le comte de Chaumontel. — Document B à la fin du volume.
3. *C.-R.* pr. 1876, p. 10.

l'électeur plus éclairé pour avoir lu les journaux des Ligueurs et leurs brochures, ou écouté leurs discours ?

Eh! ne le sait-on pas ? ne le voit-on pas tous les jours? « Celui qui dans l'éducation néglige la volonté et concentre toutes ses forces à la culture de l'intelligence, parvient à faire de l'instruction une arme dangereuse entre les mains des méchants [1]. »

Mais il s'agit bien d'un suffrage universel honnête et honnêtement pratiqué ! Il faut, et cela suffit, des citoyens qui votent en aveugles pour le gouvernement cher à la Ligue, pour la République. Car la Ligue, toujours impartiale, toujours en dehors des luttes politiques comme des luttes religieuses, ne veut, n'admet, ne sert que la République.

Pendant l'Empire, elle s'estimait heureuse, nous a-t-elle dit, qu'on lui « permît de préparer les voies » à ce beau régime, « sous la condition de n'en pas parler. » Aujourd'hui qu'il n'y a plus de danger à faire connaître ses menées radicales et déloyales, elle se vante « des services rendus par la Ligue de l'Enseignement à la cause de la République, alors qu'elle était encore derrière le rideau [2]. »

Elle est « fière de ceux que le Cercle Parisien lui a rendus depuis son entrée en scène [3] », ce qui n'empêche pas les protestations accoutumées de neutralité politique et religieuse. Au contraire, ces protestations sont plus solennelles que jamais dans la réunion du Cercle Central tenue le 26 janvier 1878.

« La Ligue de l'Enseignement s'est toujours tenue en dehors des agitations politiques », ose prétendre le

---

1. Lettre de S. S. le Pape Léon XIII au Card. Vicaire, 26 juin 1878.
2. C.-R. pr. 1877. Rapport de M. J. Macé à l'assemblée générale, p. 23.
3. C.-R. pr. 1877. Rapport Macé, p. 23.

F∴ Macé. Nous prouverons par les propres déclarations du F∴ Macé, que lui-même a toujours été depuis sa jeunesse un ardent agitateur politique, et qu'il a déployé en 1877 une activité et une violence extrêmes dans sa campagne contre le 16 Mai ; c'est sa manière de se tenir en dehors des agitations politiques. C'est aussi, quoi qu'il dise, la manière de la Ligue. Partout elle a suivi son chef ; partout ses Comités ont pris la tête des luttes électorales.

Même après le triomphe, l'acharnement continue ; on piétine sur le vaincu, car on ne lui pardonne pas la frayeur qu'il a causée.

On l'accuse de « considérer le développement de l'instruction dans la basse classe » comme « un danger permanent pour la société [1] ». Et la preuve, c'est qu'il a dissous quelques groupes de la Ligue.

« Une chose n'en reste pas moins certaine, c'est que, partout où des Sociétés d'instruction se sont organisées, soit avec le nom de Cercles de la Ligue, soit avec tout autre, ce sont les *républicains*, les *républicains seuls*, surtout aujourd'hui, qu'elles recrutent [2] ». C'est le F∴ Macé qui parle, et son affirmation est parfaitement exacte, s'il s'agit des associations pour l'instruction sans Dieu, la seule que la Ligue connaisse. *La Société d'Education et d'Enseignement, les Universités catholiques*, etc., ne sont apparemment pas des « Sociétés d'instruction », pour le fondateur de la Ligue, parce qu'elles se basent sur l'affirmation chrétienne.

Et ce ne sont pas seulement les membres de la Ligue qui affichent individuellement leurs ardeurs

---

1. *C-R* pr. 1877. Rapport Macé, assemblée générale, 26 janvier 1878, p. 21.
2. *Id., ibid*, 20-21.

républicaines, c'est l'association elle-même qui proclame son union indissoluble avec ce régime. Encore une fois, ce n'est pas nous qui l'avançons, c'est le F∴ Macé qui le déclare officiellement.

« *Le sort de notre œuvre*, dit-il, *est si intimement lié à celui de la République*, que la seule approche de cette majorité sénatoriale qui allait donner la consécration définitive à l'institution républicaine a suffi pour précipiter le mouvement, qui a chez nous son point d'appui central [1]. »

Aussi quelle joie de voir cette forme de gouvernement si chère à la Francmaçonnerie, dégagée de toute entrave !

« Il ne me semble pas possible, tant que durera le mois de janvier, déclare le fondateur de la Ligue, que des *républicains* se réunissent sans qu'il soit question entre eux de ce dernier triomphe de la République..., dont l'éclat a été si imprévu pour tous, même pour ses amis les plus enthousiastes et les plus confiants [2]. »

Et quel empressement à exiger sa part du gâteau !

« Quand donc entrerons-nous en possession des libertés républicaines ?... *Il nous faut* le droit de réunion et d'association... Ce droit républicain, je me sens fort pour le réclamer au nom des hommes de la Ligue. Ils ont assez servi la République alors qu'elle était encore derrière le rideau, pour se croire fondés à en revendiquer aujourd'hui *les conséquences nécessaires* [3]. » Il est bien entendu qu'il s'agit d'un droit *républicain*, auquel tous les non-républicains, les catholiques surtout, n'ont rien à voir ni à prétendre.

---

1. *C.-R.* pr. 1878 Rapport de M. J. Macé à l'assemblée général du 18 janvier 1879, p. 15.
2. *Id*, p. 43.
3. *C.-R.* pr. 1877, pp. 22-23-24.

Déjà, usant de la liberté de la palinodie, la Ligue avait félicité M. Waddington « d'avoir reconnu officiellement le principe de l'*obligation* », ce principe que le F∴ Macé refusait au commencement de 1870 de réclamer au nom de la Ligue, parce que c'était faire acte politique et trancher une question controversée. Et le principe de la *laïcité*, le fondateur de la Ligue le professe aujourd'hui avec autant d'énergie qu'il en avait mis sous l'Empire à le renier. Il est maintenant, comme alors, tout le programme de la Ligue ; mais alors son hypocrisie le niait, aujourd'hui sa haine l'affirme : voilà toute la différence.

« Partout où l'on s'occupe de l'importante question de l'instruction populaire, c'est-à-dire dans tous les pays civilisés, on considère avec raison comme conditions essentielles de son succès l'obligation, la gratuité et la laïcité. » — M. Hippeau le prétend, et la Ligue le répète [1]. M. Hippeau a été vice-président du Cercle Parisien ; délégué par le ministre de l'instruction publique pour étudier l'organisation scolaire aux États-Unis [2]. Il est sans doute Francmaçon et libre-penseur ; mais possédât-il vingt autres titres variés, son affirmation n'en serait pas plus exacte. Nous la réduirons plus tard à sa juste valeur [3].

Aux félicitations du F∴ Macé pour les catholiques qui travaillent à la diffusion de l'enseignement, ont succédé les adresses du même F∴ Macé au F∴ Jules Ferry, persécuteur de l'enseignement chrétien, c'est-à-dire propagateur de l'ignorance. Il lui rend grâces

---

1. *C-R.* des trav. du C. Paris pr. 1877. — *La laïcité en Europe*, p. 240.
2. Voir, IVᵉ partie, les effets de l'*obligation*, de la *gratuité* et de la *laïcité* aux États-Unis et en Europe. — Voir aussi le document C, à la fin du volume.
3. IVᵉ partie, § III.

pour « *l'heureuse initiative qu'il a prise* [1] ». Or, cette « *heureuse initiative* » ne vise qu'à détruire ce que jadis le père de la Ligue louait et proposait pour modèle.

Et ce « *premier devoir d'un père* » qui est « *d'élever l'enfant dans ce qu'il croit être la vérité* », voyons comment la R∴ L∴ la *Mutualité*, de Paris, l'a traité dans le secret de son *Temple*, sur l'initiative d'un de ses membres, le F∴ Tirard, jadis élève des Jésuites, puis Vénérable de la susdite Loge, membre du Comité d'honneur de la Ligue et ministre de la République.

C'est lui qui adressa au F∴ André Rousselle, Vén∴ son prédécesseur, la question suivante : « *Un père a-t-il* LE DROIT *d'élever son fils dans* LE CULTE D'UNE RELIGION POSITIVE QUELCONQUE [2] ».

« *Plusieurs orateurs ont soutenu, au nom du respect qui est dû à la personne humaine, à la liberté individuelle, que les religions étant choses de sentiment, variant à l'infini selon l'esprit et le tempérament des individus,* LE PÈRE DEVAIT S'ABSTENIR D'EN ENSEIGNER AUCUNE AVANT QUE L'ENFANT FUT PARVENU A L'AGE DE RAISON [3]. »

Le F∴ Tirard, qui pose la question, est un des

---

1. Adresse du Comité du Cercle Parisien à M. J. Ferry. *Univers*, 4 mai 1879.
2. *Monde Maçonnique*, avril 1868, p. 710. Un ancien élève des Jésuites ne devrait pas ignorer qu'on n'élève pas « *dans le culte d'une religion* », mais bien *dans la profession* d'une religion. L'expression n'est ni française, ni chrétienne, pas plus que l'auteur. Ses anciens professeurs ont dû cependant lui apprendre à mieux penser et à mieux dire. Mais le temps est loin où, tout jeune encore, l'enfant de chœur Tirard quittait le collège de Mélan (Savoie) en versant d'abondantes larmes, et en déplorant amèrement l'inexorable injonction paternelle qui l'arrachait à ses chers et vénérés maîtres.
3. *Id*, mars 1868, p. 660.

principaux adhérents de la Ligue, et nous constaterions l'identité des principes de la Ligue avec ceux de la Francmaçonnerie, sa mère. Nous sommes donc en droit de mettre à son passif cette doctrine impie et antisociale, qu'un père doit élever son enfant sans religion.

Ainsi trois mots résument les doctrines de l'œuvre du F∴ Macé : radicalisme, athéisme et persécution religieuse. Voilà ce qu'elle a caché sous un masque de fausse impartialité tant qu'elle a eu besoin de feindre ; voilà ce qu'elle étale cyniquement depuis qu'elle est au pouvoir.

---

## III

LE FONDATEUR DE LA LIGUE, M. JEAN MACÉ.
COURTES NOTES BIOGRAPHIQUES.

La Ligue de l'Enseignement est, dans toute la force du terme, l'œuvre du F∴ Macé. « L'idée première lui appartient, écrivait en décembre 1866 le *Monde Maçonnique* : c'est lui qui l'a conçue, exposée le premier ; qui a réuni les premiers adhérents, lancé les premiers appels, fait à ses risques et périls les premiers frais. » — Pour bien connaître la fille, il faut donc entrer en relations plus intimes avec le père. C'est l'objet du présent paragraphe.

Brillant lauréat des grands concours, M. Jean Macé est un produit de l'Université. Socialiste ardent dès sa jeunesse, il est compromis en 1849 à la suite de Ledru-Rollin, et obligé de se réfugier en

Normandie, chez un ancien compagnon d'études, afin de se faire oublier.

Déjà il professe la haine du catholicisme, reconnaissant en lui le seul obstacle invincible à ses projets, témoin les déclarations suivantes qu'il fit à cette époque [1] : « *Nous autres socialistes,* disait-il, résumant une longue conversation, *nous n'avons qu'un seul ennemi, et cet ennemi, c'est le catholicisme* [2]. » A quoi il ajouta pour bien préciser sa pensée : « *Quand nous irons demander 50,000 francs à un bourgeois qui en a 100,000, il les donnera pour sauver les 50,000 autres; mais quand nous irons demander à un père sincèrement catholique de nous livrer son enfant pour le faire instruire selon nos vues, alors nous aurons de la résistance et de la résistance jusqu'au sang. Soyez-en sûr,* répliqua l'interlocuteur, *car je suis père et catholique, et si vous osiez me demander mon fils pour le former à votre école, vous me casseriez la tête ou je vous la casserais.* — *Je le crois,* » fut-il répondu.

M. Macé n'a pas cessé de le croire : voilà pourquoi il s'est efforcé de tourner l'obstacle qu'il ne pouvait renverser.

Fidèle de point en point aux instructions maçonniques italiennes [3], il « est allé *jusqu'à la jeunesse, jusqu'à l'enfance.* Il a *évité* vis-à-vis d'elle tout *mot*

---

1. *Suis-je Français ? examen de conscience d'un Jésuite,* par le R. P. Longhaye, de la Compagnie de Jésus, p. 110. Dentu, 1879. Quiconque a lu ces pages étincelantes de verve et d'esprit, irréfutables comme logique, ne peut refuser à l'auteur, tout Jésuite qu'il soit, un cœur, une intelligence et un style bien et dûment français. — M. Macé a essayé d'atténuer la portée de ces déclarations « *compromettantes* ». Mais M. Longhaye père, à qui elles furent adressées, maintient l'exactitude de son récit. Entre les deux témoignages pas d'hésitation possible : M. Macé nous a trop appris lui-même que son témoignage pèse peu.
2. *Le cléricalisme, voilà l'ennemi.*
3. Voir plus haut, II<sup>e</sup> partie, § I.

*d'impiété ou d'impureté, dans l'intérêt de sa cause. Pour la faire fructifier au sein de chaque famille, pour se donner droit d'asile au foyer domestique, il s'est présenté* AVEC TOUTES LES APPARENCES DE L'HOMME GRAVE ET MORAL. *Il a établi sa réputation dans les colléges et dans les gymnases, capté la confiance des professeurs et des étudiants, fait qu'ils ont aimé à rechercher »* ses ouvrages.

Son *Magasin d'éducation et de récréation*, sa *Bibliothèque d'éducation et de récréation* ont obtenu, et jusqu'à un certain point mérité tous les suffrages. Prenons pour exemple l'*Histoire d'une bouchée de pain :* c'est le type du genre. Louée par la Francmaçonnerie, recommandée par les publications catholiques, adoptée par la commission des livres de prix, elle a reçu du public un accueil enthousiaste. Nous avons sous les yeux la 32e édition, qui date déjà de plusieurs années. Et vraiment toutes ces approbations s'expliquent sans peine. Ouvrez ce livre. « Sous une forme ingénieusement récréative, tout y est *grave*, sérieux, *moral*, de cette morale, il est vrai, qui n'engage à rien, qui, partant, d'ordinaire est assez facilement acceptée [1] ». Le nom de Dieu n'est pas absent, comme on l'a dit, de ces pages instructives et amusantes ; au contraire, il s'y rencontre souvent. Ses bienfaits, sa bonté, sa providence y sont reconnus et célébrés. Otez quelques plaisanteries d'une lourdeur allemande sur Louis XIV et l'ancien régime, un éloge de Victor Hugo et de Michelet, un court panégyrique de la Révolution de 1789, *à propos de l'huître* (fâcheux à-propos), il ne reste rien de choquant pour la masse des lecteurs. Mais si vous trouvez souvent le nom de Dieu dans

---

1. E. Stein, *Revue bibliogr. et littéraire*. Décembre 1867, p. 554.

ce livre, vous n'y trouverez jamais le nom de Notre-Seigneur Jésus-Christ, ni les termes de *religion, culte, dogmes, Église*, rien, en un mot, de ce qui transporte la pensée au delà d'un vague déisme. Ce n'est pas en vain que M. Jean Macé a reçu l'initiation maçonnique. Se servir du déisme pour combattre le christianisme, sauf à répudier le déisme, même le plus mitigé et le plus nuageux, lorsqu'on n'en a plus besoin pour attirer l'*infinitus numerus* des honnêtes niais : telle a été de tout temps la tactique de la secte.

Mais le F∴ Macé ne gardait pas toujours le masque de *gravité* et de *moralité* qui lui avait fait à l'Académie, au *sein des familles* et jusque dans la presse catholique, une si bonne *réputation*.

Dans le secret des Loges, il laissait voir la pensée d'*impiété* qui l'obsédait, et il prouvait son amour pour la vertu en louant celui qui fut, selon un mot célèbre, « *la pure impureté* ». A l'inauguration d'un nouveau temple maçonnique à Strasbourg, en 1867, il buvait « au *cœur de Voltaire!!!* »

« On ne parle que de l'esprit de Voltaire, s'écriait-il, et certes on a bien le droit d'en parler. Quant à moi, *c'est de son cœur seulement que je veux vous parler*, c'est de la flamme ardente qui le dévorait et qu'on ne voit pas assez, parce qu'elle a jailli en pluie continuelle d'étincelles. *C'est à Voltaire l'enthousiaste* que je vous propose de boire, à Voltaire le niais, pour me servir d'une expression qu'on donne trop souvent à ceux qui vivent et se dévouent pour les autres, et qu'il a l'impérissable honneur d'avoir méritée plus que personne ; c'est à l'homme que l'affaire Calas avait mis en fièvre pendant douze ans, une affaire qui ne le regardait pas ; dont la vie n'a été qu'un combat de tous les instants *au service de l'humanité ;* sur les cendres duquel le combat dure encore, et qui nous a laissé, avec son exemple à suivre, sa mémoire à venger des outrages qu'il avait provoqués, de gaieté de cœur, de son vivant.

« Celui qu'on appelle le grand moqueur n'a été qu'un soldat, un intrépide et infatigable soldat, et toutes les batailles qu'il a livrées, il les a gagnées, gagnées, mes Frères, à notre profit.

« Honneur donc, *entre nous*, à cette *généreuse*, à cette *vaillante* moquerie, qu'*un cœur plein de feu* soufflait sans cesse à un esprit plein d'une verve intarissable [1]. »

Louer le cœur de Voltaire, son enthousiasme, sa naïveté, quel degré d'impudence chez l'orateur, et d'ignorance chez les auditeurs, suppose une pareille entreprise ! « *Vous êtes le dernier des hommes par le cœur* », écrivait au riche et dur seigneur de Ferney une femme qui le connaissait bien. C'est l'arrêt de l'histoire : il est sans appel.

Mais toutes les fois que la Révolution s'apprête à un nouvel assaut contre l'Eglise, elle a besoin de célébrer cet homme infâme. La souscription pour la statue de Voltaire coïncida en 1867 et 1868 avec les entreprises Duruy, Macé et consorts. De même la tentative avortée du Centenaire en 1878 fut le signal d'une nouvelle levée de boucliers contre l'Eglise et d'attaques plus violentes que jamais. N'est-il pas naturel que la Révolution, c'est-à-dire l'Anti-Christianisme doctrinal, l'Anti-Eglise, invoque la mémoire de celui qui fut l'Anti-Christianisme incarné, toutes les fois qu'elle redouble de rage contre l'Eglise du Christ, la sainte Eglise catholique, apostolique, romaine, notre mère ?

Le F∴ Macé devait donc être un des dévots de la religion laïque du F∴ Voltaire, et c'est à juste titre

---

1. *Monde Maçonnique*, mai 1867, pp. 24 et 25.

que la Francmaçonnerie place sur la même ligne son œuvre et celle du grand impie. « Nous sommes heureux de constater, disait le *Monde Maçonnique*, que la Ligue de l'Enseignement du F∴ Jean Macé et la statue du F∴ Voltaire rencontrent dans toutes nos Loges les plus vives sympathies. On ne pouvait unir deux souscriptions plus en harmonie : Voltaire, c'est-à-dire la destruction des préjugés et des superstitions ; la Ligue de l'Enseignement, c'est-à-dire l'édification d'une société nouvelle, uniquement basée sur la science et l'instruction. Tous nos FF∴ le comprennent ainsi [1]. »

Mais en ce temps-là on avait encore besoin de prudence. Aussi, en sortant des Loges, le fondateur de la Ligue reprenait en hâte son masque hypocrite et doucereux. Nous avons assisté à cette toilette de Tartufe.

Fruit de nos désastres, la République s'était abattue de nouveau sur la France. Cette forme de gouvernement est chère à la Francmaçonnerie, à la Ligue, à tous les ennemis de l'Eglise en France. Sans cesser d'être l'écrivain *modéré, grave et moral* du *Magasin* et de *la Bibliothèque d'éducation et de récréation*, le F∴ Macé se fait aussitôt pamphlétaire, mais pamphlétaire violent et de bas étage, capable d'en remontrer même à son ami M. Sauvestre.

Sous ce titre : *les Idées de Jean-François*, il publie à partir de 1872 une série de brochures populaires à trois sous, des plus accentuées [2]. « Abordant plusieurs des grands problèmes sociaux, il les résolvait dans le

---

1. *Monde Maçonnique*, avril 1867, p. 736. Saint-Albin, p. 29.
2. *Les Idées de Jean-François* ont été éditées d'abord par la librairie Vauchez (On sait que le secrétaire du Cercle Parisien, le Ligueur le plus actif après le F∴ Macé, se nomme Emmanuel Vauchez.) Puis en 1873 la librairie Franklin succéda à la librairie

sens d'une hostilité systématique contre l'Eglise et la majorité catholique et conservatrice de l'Assemblée nationale. » Il demandait la séparation absolue de l'Eglise et de l'Etat ; de l'enseignement religieux et de l'instruction, « qui doit être *obligatoire*, en dépit de ceux qu'il ne craint pas de calomnier en leur prêtant le désir de maintenir les masses électorales dans l'ignorance ». Deux ans auparavant, ne l'oublions pas, le même homme refusait de proposer à la Ligue une pétition en faveur de l'enseignement obligatoire ! « Le suffrage universel, que l'Assemblée nationale ne saurait songer à mutiler, tenant de lui seul ses pouvoirs, et qui devrait racheter ses faiblesses passées pour l'Empire par le choix ultérieur de bons républicains, ne peut être vrai qu'à une condition : celle *d'un mandat impératif, accepté sur papier timbré par le mandataire, et attribuant le vote de l'élu, même en cas d'absence, aux mesures qui lui ont été imposées par ses mandants. Du reste, avec les principes de soumission que les députés catholiques professent à l'égard du Saint-Siége, ceux-ci doivent se trouver souvent dans l'embarras au moment du vote,* ET IL CONVIENT D'EXCLURE AUX PROCHAINS SCRUTINS *ces partisans de l'Internationale noire, beaucoup plus à craindre que les radicaux, et les seuls réellement révolutionnaires, ainsi que le témoignent les excès de la réaction dans le passé…. Il faut ne penser qu'au salut de la patrie, même hors de l'Eglise,* S'IL LE FAUT, ET IL LE FAUT, *c'est un mal sans remède* [1]. »

Vauchez, comme éditeur de ces petites infamies. On se soutient entre frères et amis. Quand donc suivrons-nous cet exemple, nous autres catholiques ?

1. *La Propagande démocratique en 1871-73*, par le comte de Luçay et le comte Henri de Beauffort, p. 8. — Voici la liste des premières brochures: 1872. *La Séparation de l'Eglise et de l'Ecole ; la Demi-Instruction ; la Soutane de l'abbé Junqua ; la Vérité sur le suffrage universel, avant, pendant et après.* — 1873. *Les*

Le 16 Mai trouve le F∴ Macé à la tête d'une petite feuille radicale, *la Semaine Républicaine*, fondée depuis dix jours. L'habile homme avait-il prévu l'événement ?... Quoi qu'il en soit, ce journal hebdomadaire, destiné principalement à la propagande antireligieuse et antisociale dans les campagnes, se montre, dès la première heure, très-agressif. Voici un extrait de son programme, signé Th.-L. Chassin. — Jean Macé. — L.-L. Vauthier, Ligueurs tous les trois : « *Enseigner l'A. B. C. démocratique. Démontrer que la République naturellement progressive est seule capable de réaliser les aspirations populaires.... Préparer le fond du suffrage universel aux élections, desquelles dépendent la conservation de la République et le salut de la patrie* ».

Le père de la Ligue est un des rédacteurs les plus assidus de *la Semaine Républicaine*. Ce n'est pas apparemment faire de la politique, puisqu'il osera soutenir plus tard que, pendant cette période, son œuvre « s'est tenue en dehors des agitations politiques »[1].

Cinq jours avant la dissolution de la Chambre, il conseille déjà le refus du budget pour obtenir la soumission ou la démission. Il est un des meneurs les plus actifs de la campagne de calomnies qui a fait les élections du 14 octobre 1877. La guerre civile et étrangère, le rétablissement de l'ancien régime, la ruine du pays, tous les spectres qui ont terrifié l'électeur crédule sont sans cesse évoqués sous sa plume et représentés comme prêts à fondre sur la patrie, si le radicalisme est vaincu[2].

---

*Députés dans l'embarras; le Mal sans remède; la Sainte alliance; Jacques Bonhomme à ses députés ; la France à Jacques Bonhomme.*

1. *C.-R. du C. Par. pr.* 1877. Rapport de M. Jean Macé à l'assemblée générale du 26 janvier 1878, p. 23.

2. Indiquons quelques-uns de ses articles : *Les Cercles catholiques d'ouvriers; les Comités catholiques ; la Guerre aux curés;*

En un mot, soit dans ses brochures, soit dans ses articles, le F∴ Macé a tracé d'avance et de point en point la persécution religieuse qui sévit aujourd'hui. Si rapide que soit ce portrait, le lecteur peut juger l'homme et voir ce que cachaient ces « apparences graves et morales » sous lesquelles il s'est présenté aux familles !

---

## IV

LES PROMOTEURS ET LES SOUTIENS DE LA LIGUE.

Si d'honnêtes gens furent dupes, les révolutionnaires virent clair dès le premier jour dans les intentions du F∴ Macé. Ceux qui ont déclaré la guerre à l'Eglise parce qu'elle rappelle des devoirs gênants, pénibles, et à Dieu parce qu'il les sanctionne, s'empressèrent d'aider l'ancien complice de Ledru-Rollin. Hommes, journaux, associations : toutes les forces antichrétiennes prirent à l'envi du service dans les rangs de la Ligue.

Et d'abord la presse révolutionnaire. La Ligue fut présentée au public par l'*Opinion nationale* où régnait M. Sauvestre, l'auteur de ces ignobles petits pamphlets dans lesquels M. Paul Bert n'a pas dédaigné de chercher des armes contre les Jésuites [1]. Aussitôt la *Gironde*, le *Courrier Français*, le *Temps*,

---

un *Lugubre anniversaire* (c'est la glorification de la prise de la Bastille); *les Indulgences plénières et la guerre*, etc, etc

1. Voir *l'Innocence de M. Paul Bert démontrée par un Bibliophile*, chez Lecoffre, 1879.

*le Siècle, les Annales du Travail*, etc., se mettent à prôner cette belle invention. Au bout d'un mois, le fondateur pouvait donner une liste de quinze journaux ayant adhéré à la Ligue, et il ajoutait : « Je n'ai pu tenir note que de ceux qui me sont arrivés à Bebblenheim ; mais il y en a eu d'autres, je le sais positivement par les lettres qui m'en ont parlé, et j'ai bien le droit de supposer qu'on ne m'a pas parlé de tous [1] ».

Le mouvement ne s'est pas ralenti ; au contraire. *La République Française*, *l'Orphéon*, *la Petite République*, *le Rappel*, la REVUE SPIRITE, *l'Evénement*, *le Télégraphe*, *le Bien Public*, *le Petit Journal*, *la Semaine Républicaine*, *le Progrès du Nord*, *le Courrier de Meurthe-et-Moselle*, *le Progrès de la Côte-d'Or*, *l'Avenir de la Mayenne*, d'autres encore prennent rang parmi les souscripteurs et les défenseurs de la Ligue. La presse radicale est depuis longtemps largement représentée dans le Comité *du Cercle central*. On y trouve aujourd'hui les citoyens Ph. Jourde, directeur du *Siècle* ; Bigot, rédacteur du *XIXᵉ Siècle* ; G. Hubbard, rédacteur de la *République Française* ; Lefèvre, administrateur du *Rappel*, et Lereboullet, rédacteur du *Temps*.

Les fortes têtes du parti comprennent de plus en plus l'utilité de l'entreprise. Au 31 décembre 1874, 18 sénateurs et députés seulement avaient envoyé leur obole ; ils étaient 36 en 1875 ; 211, en 1876 ; 1876 a été le point culminant ; on n'en trouve plus que 191 en 1877 et 183 en 1878. Des conseillers municipaux, des maires, des fonctionnaires de tout ordre, sont membres de la Ligue ; depuis le président de la Chambre, depuis les ministres des affaires

---

1. 1ᵉʳ *Bulletin* de la Ligue, p. 25. — Saint-Albin, p. 27.

étrangères, du commerce, de la justice, des beaux-arts, de l'intérieur, de l'instruction publique [1], etc., etc., jusqu'à des sous-préfets, des magistrats, des instituteurs ; surtout de nombreux professeurs de lycées et de Facultés, et aussi, malheureusement, des officiers. La justice et l'égalité révolutionnaires ne veulent-elles pas que toutes facilités soient laissées aux ennemis de l'enseignement chrétien et enlevées à ses défenseurs ?

Après la presse et les hommes de la Révolution, voici venir les institutions. Nous ne parlons pas ici de la Francmaçonnerie ; la Ligue n'est qu'une de ses formes, avons-nous dit après Mgr l'évêque de Metz, et nous le prouverons bientôt [2]. Des associations créées pour la lutte de l'ouvrier contre le patron s'unissent, sous la bannière du F∴ Macé, à la *Société anonyme du spiritisme* et à la *Société pour la continuation des œuvres spirites d'Allan Kardec*. — Le spiritisme a une vive sympathie pour la Ligue, et c'est justice, car la Francmaçonnerie s'est toujours vivement préoccupée des sciences occultes, et de tout temps elles ont eu à ses yeux beaucoup d'attraits.

Athées et radicaux, voilà donc, encore une fois, ce que sont le fondateur de la Ligue, ses confrères et ses complices. Les dénégations, les protestations n'y font rien : les paroles passent, les aveux restent et les faits demeurent.

---

1. MM. Wadington, Tirard, Le Royer, Lepère, Jules Ferry. MM. Wilson, sous-secrétaire d'État aux finances; Turquet, sous-secrétaire d'État aux beaux-arts; Cyprien Girerd, sous-secrétaire d'État à l'agriculture et au commerce, sont également membres de la Ligue.
2. Voir § VI, p. 122 et s.

## V

### L'IDÉAL DE LA LIGUE. — UNE SAINTE SELON LE F∴ MACÉ.

Le croirait-on ? la Ligue a ses saints, ou du moins *sa sainte*. En ce temps de vertu laïque, la congrégation du F∴ Macé, l'une des principales de l'église civile, se devait à elle-même d'avoir des patrons, et elle en a. Par malheur elle n'a pu jusqu'ici canoniser qu'une femme. Que voulez-vous ? l'église civile est jeune, la vertu laïque encore frêle ! Patience, et l'Etat, père et pontife, étonnera le monde par le nombre de ses saints. Le Ligueur Jules Ferry l'affirme, le Ligueur Jean Macé le croit. Or, jamais ils ne se trompent, jamais ils ne trompent ; j'en atteste la tribune française. Ni le Ligueur Paul Bert ni ses confrères ne sont des calomniateurs : ils le disent ; qui pourrait les contredire ?

A coup sûr, M^me Meunier, la sainte de la Ligue, n'en eût pas douté, tant sa foi laïque était robuste. Aussi a-t-elle mérité de cueillir la palme du martyre sans mourir hors de son lit. — « *C'est le 16 Mai qui l'a tuée.* » N'en doutez pas ; M. Emile Brelay, député, membre du Comité d'honneur de la Ligue, l'a déclaré. « Qui donc parmi les gens de cœur, s'écrie-t-il, ne s'est senti à cette date néfaste plein de mortelles angoisses ?... Qui de nous n'a vieilli soudainement alors, et n'a souhaité de mourir, plutôt que de voir retomber la patrie sous un dégradant despotisme [1] ? »

---

[1]. Proudhon, qui connaissait ses coreligionnaires, les a nommés

« Notre amie s'efforça de réagir avec sa vaillance habituelle, et ne parut jamais désespérer. Le 14 décembre, si elle avait pu vivre jusque-là, lui eût fait contracter un nouveau bail avec l'existence ¹. » Mais elle mourut deux mois avant.

Puisqu'un Ligueur ose dire de pareilles choses devant la mort, nous devons oser les citer. C'est le châtiment qu'elles méritent.

En réalité, M⁽ᵐᵉ⁾ Meunier fut une femme exaltée, une de ces âmes sensibles qui réservent toute leur commisération pour *ce pauvre Holopherne si méchamment mis à mort par Judith*. Les monstres de la Commune n'excitaient en elle qu'une touchante compassion. « Cette âme tendre fut profondément bouleversée, à la vue des souffrances des pauvres gens entraînés dans l'insurrection. Elle NE VOULUT (c'est le mot) *voir en eux*, et surtout dans les familles privées de leur chef, *que des victimes dignes d'une éternelle pitié* ², et elle se fit auprès des chefs militaires qui commandaient à Versailles l'avocat d'office des misérables *égarés* qu'elle voulait arracher à la prison, à la déportation, ou à la mort. »

Tendre pour les communards, elle ne l'était guère pour les juges de ses aimables clients. « Sans ambages, sans ménagements, elle apostrophait les généraux ; elle passait alternativement de la prière à la menace,

---

des *blagueurs*. — Ils n'ont pas cessé de mériter cette épithète.

1. C⁽ᵗᵉ⁾-R. *du Cercle Paris*, pour 1877. Discours de M. Brelay à l'assemblée générale du 26 janvier 1878, p. 17.

2. « Un roman de quinzième ordre nous tombe sous la main, où nous apprenons que les Jésuites ont fait la guerre de 1870 et la Commune, quitte à se laisser un peu fusiller pour cacher leur jeu », écrit l'auteur de *Balaam à Versailles*, le R. P. G. Longhaye (p. 21).

C'est évidemment de la même manière que M⁽ᵐᵉ⁾ Meunier envisageait les événements de 1871 !!!

de la cajolerie à l'injure, elle importunait, elle fatiguait, elle irritait….. »

« Elle rendit ainsi à leurs familles un nombre assez grand d'individus, *coupables* PEUT-ÊTRE (!!) mais *suffisamment corrigés par une épouvantable épreuve.* » — Témoin les amnistiés.

Malgré la mansuétude des généraux, « plus d'une fois elle courut le risque d'être elle-même arrêtée et jetée en prison. Mais il paraît qu'on ne peut pas arrêter une femme en proie à « l'exaltation », à une « passion terrible », animée d'une audace irrésistible ». « C'est ce qui dut la sauver », observe gravement son panégyriste.

« On put la croire un peu insensée, ajoute-t-il, et elle l'était en effet, comme Jésus-Christ, Vincent de Paul, John Brown [1] et la plupart des héros et des martyrs du dévouement. »

Encore une fois, que le lecteur nous pardonne. N'est-il pas utile, en reproduisant cet abominable blasphème, de montrer les sacrilèges inepties que la passion dicte aux Ligueurs ?

Amie des communards, M^me Meunier était aussi l'amie « *des petits* », comme elle disait, et même *des grands*. Toutes les sociétés non cléricales, depuis la société protectrice de l'enfance, jusqu'à la société protectrice des animaux, la comptaient parmi leurs membres.

« Elle avait des liens, soit de créatrice, soit d'as-

---

1. C'est sans doute de Robert Brown que le Ligueur Brelay voulait parler. John Brown ne fut qu'un médecin anglais du XVIII<sup>e</sup> siècle, homme à systèmes et homme de talent aussi, mais sans mœurs. Il dissipa par son inconduite la fortune acquise par sa science. Il mourut à Londres, en prison pour dettes. — Robert Brown (1550-1630) fut un sectaire que ses prédications fougueuses et son *républicanisme* firent chasser d'Angleterre. Il y revint en 1585, y obtint une cure et y mourut 45 ans après. Doux martyre. Et c'est cet homme qu'on ose comparer à notre divin Sauveur !

★

sociée ou de correspondante, avec près de 50 bibliothèques populaires, scolaires, communales, cercles et sociétés littéraires.... Son *républicanisme* était à la fois rempli de charité et d'emportement. » Le Ligueur Bardoux en fit l'épreuve lorsqu'il était encore ministre, et pas encore rangé dans la catégorie des réactionnaires. « Sitôt qu'une chose paraissait bonne à M⁽ᵐᵉ⁾ Meunier, elle était possible, et si vous en doutiez, c'était fâcheux pour vous !.... Elle s'éprit de l'idée des musées cantonaux ; elle les fit partiellement entrer dans le domaine de la pratique, en collaboration avec M. Bardoux, et si cet excellent citoyen ne continuait pas l'œuvre commencée, l'ombre de M⁽ᵐᵉ⁾ Meunier, debout à son chevet, viendrait lui crier : En avant !... » Le pauvre homme ! puisse-t-il ne jamais mériter cet effroyable châtiment !

Avec tant d'exaltation, M⁽ᵐᵉ⁾ Meunier devait être une femme auteur. Chose singulière, dans son *Docteur au village* (Entretiens sur l'hygiène et sur la botanique), rien ne dénote l'œuvre d'une libre-penseuse, qui « n'avait pas voulu rester attachée à aucun culte régulier, parce qu'elle était nettement anticléricale », et qui s'est fait enterrer civilement.

Nous avons lu ces deux volumes, qu'une œuvre catholique de bonnes lectures recommande, *précisément parce que le nom de Dieu s'y trouve à chaque instant*, et nous y avons rencontré, non-seulement ce nom adorable, mais la mention fréquente de sa Providence, de ses bienfaits, de la reconnaissance que nous lui devons, etc., etc. Une des scènes principales des *Entretiens sur l'hygiène* se passe pendant la veillée de Noël. La mère de famille y parle en termes irréprochables de la naissance de l'Enfant Jésus. Il est vrai que la famille se prépare à la fête par un copieux souper gras. Mais cette veillée pourrait aussi bien être celle du jour que celle de la vigile. En dehors de cet épisode, l'anticléricalisme de M^me Meunier ne se montre que par des nuances imperceptibles pour des esprits non initiés aux idées de l'auteur.

Son républicanisme n'est guère plus apparent ; il ne se fait jour que dans quelques tirades sur la misère avant 1789, et les épidémies, très-fréquentes d'après l'auteur, à cette époque de ténèbres.

C'est toujours la même tactique. A l'aide d'un déisme, parfois assez rapproché du christianisme, on se fait une réputation d'auteur *grave et moral* ; et on pénètre dans les familles grâce à ces *apparences*. Comme on ne souffle pas mot du culte et de toute la partie *pratique* de la religion, on accoutume d'abord l'enfance à ne considérer la foi que comme quelque chose de purement *spéculatif*. Puis, de cette première opération *négative*, on passe à une seconde plus *positive* en décriant les dogmes et les préceptes de toute religion, mais surtout du christianisme complet, organisé, du catholicisme, en un mot. Rien de plus logique, car l'athéisme, qui est l'erreur totale, n'a qu'un obstacle invincible à son triomphe, le catholicisme, qui seul possède et enseigne la vérité totale.

Libre-penseuse, républicaine, amie des communards et ennemie des prêtres, la martyre du 16 Mai avait droit à la canonisation civile. Le pontife Macé la prononce *ex cathedrâ*. Citons sa formule : « J'ai trouvé en elle une véritable sainte ; *les saints sont ceux qui s'oublient eux-mêmes pour ne vivre que pour l'idée; ceux qui se dévouent tout entiers au bien public.* M^me Meunier fut une de ces âmes d'élite. » Singulière âme d'élite ! Le ciel préserve nos mères, nos sœurs et nos filles, nos femmes surtout, de jamais lui ressembler ! Tel est cependant l'idéal des générations que prépare la Ligue.

## VI

### LA LIGUE EST UNE DES FORMES DE LA FRANCMAÇONNERIE.

Comment en serait-il autrement, puisque la Ligue de l'Enseignement est sortie de la Francmaçonnerie comme la branche sort du tronc ? Grâce aux condamnations répétées du Saint-Siège, ainsi qu'aux nombreux et savants travaux publiés ces dernières années, il n'est plus permis à personne d'ignorer le but, l'organisation, la puissance des sociétés secrètes. La Francmaçonnerie gouverne aujourd'hui le monde. Je la vois partout à la tête des gouvernements : en Angleterre[1], en Allemagne, en Danemarck, en Suède, en Italie, en Suisse, comme en Egypte, aux Etats-Unis, et dans tous les Etats, petits ou grands, de l'Amérique du Sud. Elle infeste la Chine et l'Océanie ; on la retrouve jusque chez les Peaux-Rouges de l'Amérique, jusque chez les nègres des côtes d'Afrique, et elle pénètre déjà dans le centre à peine connu du vaste continent Africain.

Ce n'est pas ici le lieu de nous étendre sur le rôle capital qu'elle a joué dans toutes les tragédies révolutionnaires de notre siècle. Qu'il nous suffise de rappeler trois paroles prononcées par des FF∴, dont l'un au moins, M. Henri Martin, est un modéré.

« *La Francmaçonnerie est le laboratoire de la Révolution* », a dit celui-ci[2]. C'est « *l'Eglise de la Révolution* », a repris Félix Pyat[3], et voici une décla-

---

[1]. Voir sur la situation de la Francmaçonnerie en Angleterre le document B, à la fin du volume
[2] *Histoire de France*, p 593
[3] Dans le *Rappel* Cité par le *Monde Maçonnique*, mai 1870.

ration plus significative encore ; elle émane du citoyen Lefrançais, membre de la Commune : « *Quand j'ai été reçu maçon*, a-t-il dit, *je me suis assuré que le* BUT *de la Francmaçonnerie et de la Commune était* LE MÊME [1]. »

Voilà qui est clair : *laboratoire de la Révolution*, la Francmaçonnerie a préparé toutes les explosions qui ébranlent le monde depuis cent ans bientôt. C'est elle qui l'avoue ; et chaque jour, pour ainsi dire, des documents nouveaux viennent le prouver plus complétement.

*Eglise de la Révolution*, elle veut renverser l'Eglise de Dieu et se substituer à elle. Comme elle, elle prétend avoir ses dogmes, ses rites, ses soi-disant sacrements, sa hiérarchie, sa discipline, ses conciles sous le nom ecclésiastique de convents, ses excommunications même. C'est elle qui forme véritablement un Etat dans l'Etat, une société dans la société.

Enfin, sa haine contre l'autorité égale sa haine contre la religion, et on la retrouve au fond de toute tentative antisociale. A-t-on oublié ses publics et éclatants témoignages de sympathie pour la Commune ? Le citoyen Lefrançais n'a donc rien exagéré en affirmant que *le but de la Commune et le but de la Francmaçonnerie est le même.*

Prouver que la Ligue de l'Enseignement est un rameau du funeste arbre Maçonnique, ce sera par conséquent donner la mesure mathématique de sa valeur morale et sociale.

Rappelons qu'elle fut conçue dans le sein de la *Respectable* Loge *le Travail*, de Bruxelles, et que quelques

---

1. *Appel aux Francmaçons de tous les rites*, par le F∴ Thirifocq Cité par Mgr Dupanloup, *Etude sur la Francmaçonnerie*, p. 79, en note.

mois plus tard, par un développement naturel et logique, mais très-significatif, la même Loge enfanta *le Solidarisme*, voulant éloigner la religion du lit de mort et du cercueil, après l'avoir chassée de l'école.

L'importateur en France de l'invention belge est un francmaçon zélé. La presse maçonnique française le soutient et l'encourage avec vigueur depuis le premier jour. « L'influence de la Francmaçonnerie sur la réussite de l'Œuvre fondée par le F∴ Macé sera certainement des plus heureuses et peut-être décisive », écrit le *Monde Maçonnique*[1], le journal le plus avancé de la secte. « Les moyens de propagande dont les Ateliers disposent, grâce à leur organisation spéciale, seront d'un puissant secours ; et d'autre part, les principes de notre association, *les mêmes que ceux qui viennent d'être exprimés* (par la Ligue), font un devoir aux francmaçons de s'inscrire parmi les adhérents à la Ligue de l'Enseignement. »

« Les maçons doivent adhérer en masse à cette Ligue *bienfaisante*, et les Loges doivent étudier dans la paix de leurs temples les meilleurs moyens de la rendre efficace. *Son influence sera des plus utiles. Les principes que nous professons* SONT EN PARFAIT ACCORD *avec ceux qui ont inspiré le projet du F∴ Macé.* »

Mais déjà les francmaçons avaient compris qu'entrer dans la Ligue, c'était travailler pour la maçonnerie. « Nous avons entendu[2] le *Monde Maçonnique* se féliciter de ce que la souscription pour la statue du F∴ Voltaire et l'œuvre du F∴ Macé rencontraient dans toutes les Loges d'égales et très vives sympathies.

Et non-seulement les FF∴ s'empressent de sous-

---

1. Mai 1867, pp. 59 et 60.
2. *V.* plus haut, p. 111.

crire individuellement, mais les Loges envoient leur obole officielle. En vain le F∴ Macé, piqué au vif par une phrase de M. de Saint-Albin, affirme-t-il « qu'entre la Ligue et la Francmaçonnerie il n'existe d'autre lien que celui d'une aspiration commune vers le but que poursuivent chez nous tous ceux qui ont quelque souci de l'avenir du pays : le développement de l'instruction publique ». — Peine perdue ! — On conçoit le désir qu'il avait alors de poser la Ligue et la Francmaçonnerie comme deux institutions parfaitement distinctes et séparées. Mais en voulant prouver que la Ligue n'est pas une œuvre maçonnique, c'est précisément le contraire qu'il démontre.

« Ce n'est pas la Francmaçonnerie qui a fait la Ligue, dit-il ; ce sont les 5,319 adhérents qui s'étaient ralliés à l'idée, quand j'ai clos la liste préparatoire le 31 mars (1868)[1]. » — Ce n'est pas l'architecte qui a construit le monument, ce sont les pierres. Ce n'est pas moi, dit l'enfant, qui ai frappé mon petit frère ; c'est ma main. Mauvaise plaisanterie, puérile défaite.

« On rapetisse à tort, ajoute M. Macé, cette manifestation spontanée d'un besoin public, quand on la fait sortir d'un mot d'ordre donné quelque part. Elle est sortie des entrailles mêmes du pays, et celui qui l'a provoquée n'avait reçu consigne de personne, n'a pris conseil que de lui-même, quand il s'est décidé à lancer l'appel. »

On ne *rapetisse* pas, on *grandit* au contraire, cette manifestation en la rattachant au satanique et universel travail des sectes maçonniques. On ne prétend pas faire sortir la Ligue « *d'un mot d'ordre* donné quelque part », si vous voulez dire par là qu'on attribue son origine à un décret formulé par un Grand-Orient, ou

---

1. *Bullet.* n. 3, 15 novembre 69, pp. 3 et 4.

par un Suprême Conseil quelconque. On ne prétend pas non plus qu'une *grande puissance maçonnique*, comme ils les appellent, ait donné au F∴ Macé « *consigne* » ou « *conseil* » d'organiser son œuvre. Il y a là une misérable équivoque.

Nous prétendons seulement, en nous appuyant sur les faits, que cette *manifestation*, c'est le nom que lui donne son auteur, est sortie des *entrailles mêmes de la Francmaçonnerie*, et non des *entrailles mêmes du pays*.

Et cependant le mot d'ordre, les conseils donnés quelque part, ne sont pas chose tellement chimérique. N'est-ce pas un mot d'ordre que le cri de guerre contre l'école chrétienne poussé par la Loge *le Travail*, de Bruxelles, avant même la promulgation de la loi qui reconnaissait en Belgique la liberté de l'enseignement[1] ? N'est-ce pas en Belgique que la première Ligue de l'Enseignement a été fondée, et que le F∴ Macé est allé chercher conseils, enseignements et exemples[2] ?

D'ailleurs, l'immense conspiration contre l'éducation religieuse qui éclata tout d'un coup, il y a une douzaine d'années, dans l'univers entier, n'est-elle pas le résultat d'un mot d'ordre ? Personne n'osera soutenir qu'elle est *sortie* spontanément *des entrailles* de pays si divers. En Amérique, comme en Angleterre, la race Anglo-Saxonne, laissée à ses propres inspirations, a toujours voulu l'école confessionnelle. De même, chez les peuples Latins, malgré toutes les excitations des sectes, les masses restent fidèles à l'école chrétienne.

Ainsi encore dans les autres contrées : en Belgique,

---

1. 17 septembre 1842. Voir le texte de la résolution prise et des motifs allégués, p. 12. — La loi n'a été promulguée que le 23 septembre.

2. C'est après avoir assisté à une réunion de la Ligue Belge à Liège que M. Macé prit la résolution de la reproduire en France.

en Hollande, en Allemagne. Donc le mouvement en faveur de l'école sans Dieu, qu'on la nomme suivant les pays *non sectairienne (unsectairian)*, neutre, laïque ou autrement, n'est pas plus spontané qu'il n'est populaire. *Il est le résultat d'un mot d'ordre maçonnique*: l'ensemble, la simultanéité de la campagne universelle, l'unité du but poursuivi, l'identité des moyens employés partout, le démontrent surabondamment.

Et quand même il n'y aurait eu pour la Ligue, au sens *strict* et *purement littéral*, ni mot d'ordre, ni consigne, ni conseil, la Ligue en sera-t-elle moins une des branches de cette secte « qui, semblable au Protée de la fable, sait multiplier à l'infini ses transformations et ses noms [1] » ?

N'avons-nous pas entendu la Francmaçonnerie française la reconnaître officiellement comme le fruit de ses entrailles ? « Les principes que nous professons, disait le *Monde Maçonnique*, sont *en parfait accord* avec ceux qui ont inspiré le projet du F∴ Macé. » « L'œuvre de la Ligue, reprend celui-ci dans le temps même qu'il s'efforce d'écarter toute solidarité avec la Francmaçonnerie, *l'œuvre de la* Ligue, la diffusion de l'instruction, est *une œuvre* ESSENTIELLEMENT MAÇONNIQUE ; *ses principes*, la liberté d'action laissée à tous et l'abstention de toute polémique politique ou religieuse, SONT ENTIÈREMENT CONFORMES *aux principes acceptés par les Loges*, et une chose m'étonne, c'est le temps qu'elles ont mis pour s'en apercevoir. » Quoi de plus clair ! La Ligue de l'Enseignement n'est pas la Francmaçonnerie, pas plus que la fille n'est la mère et la branche le tronc ; mais c'est une œuvre *essentielle-*

---

1. Mgr l'Év. de Metz, *loco citato*. — D'ailleurs depuis un siècle l'objet principal des entreprises maçonniques est la déchristanisation de l'école. Consulter à ce sujet l'ouvrage si complet du R. P. Deschamps : *les Sociétés secrètes et la Société*, 3. vol in-8°.

*ment maçonnique*. Peu importe après cela que le F∴ Macé nie qu'il y ait eu « *convention préalable* ». D'abord, ce n'est pas tout à fait exact ; il a fallu au moins s'entendre et se concerter avec les FF∴ de Belgique. Et quand même !.. Lorsqu'on suit la même route, faut-il une *convention préalable* pour arriver au même but ?

Peu importe également que le concours donné par la Francmaçonnerie à la Ligue naissante n'ait pas été très-considérable d'abord. Il est d'ailleurs plus sérieux que ne l'avoue le F∴ Macé.

« Quinze Loges en tout, écrivait-il, sur plusieurs centaines qui existent en France ! Quinze numéros pris sur une liste qui en compte 5,319 ! On n'était pas fondé à dire que la Ligue ne faisait qu'*une* (sic) avec la Francmaçonnerie. »

Quinze Loges en quinze mois, c'est déjà quelque chose. Mais, je ne sais comment, le F∴ Macé s'embrouille toujours dans ses comptes ; il ne peut pas donner un seul total exact ! C'est 26 Loges qu'il fallait compter dès lors (novembre 1868) [1]. Depuis ce temps le nombre en augmente tous les ans. Aujourd'hui 111 Loges [2], tant en France qu'à l'étranger, adhèrent au Cercle Parisien. Chaque Cercle local en compte une ou plusieurs parmi ses souscripteurs.

Le personnel de la Ligue et celui de la Francmaçonnerie tendent de plus en plus à se confondre. Des adhésions individuelles ou collectives arrivent à Paris de tous les coins du globe. Ce sont, par exemple, le Bureau du Comité Central de la Ligue Belge, représenté par son président et son secrétaire général, la

---

1. *Bulletin* n° 2, pp. 30-31, et *Bulletin* n° 5, pp. 3 à 5.
2. Voir la liste complète des Loges qui ont souscrit jusqu'à 1879 en faveur des œuvres de la Ligue, Document D.

Société Franklin, de Liége, l'Alliance Israélite universelle et les écoles laïques de Valparaiso. La Hollande, la Suisse, la Californie, l'Egypte, l'Espagne, Hombourg, Trieste, Londres, plusieurs autres villes d'Allemagne et d'Angleterre, la Suède, la Norwége, l'Uruguay, la Turquie, le Brésil, la Chine même, fournissent des associés et des fonds à l'œuvre du F∴ Macé, et achèvent de lui donner le caractère cosmopolite essentiel à toute institution maçonnique.

Comme toujours, pendant que la haine de Dieu anime ces hommes d'un bout à l'autre du monde, sans souci des patries et des frontières, ils accusent les catholiques d'oublier leur pays parce qu'ils adorent Dieu et obéissent à son Eglise !

Le concours de la Francmaçonnerie ne se borne pas à des adhésions platoniques ni même à des souscriptions. Il est actif, persévérant, universel. Le léger nuage que nous avons signalé[1] s'est vite évanoui.

M. Vacca, qui a fondé à Metz le premier Cercle de la Ligue, est un francmaçon. Il était en même temps, et est peut-être encore, professeur au Lycée et Orateur de la Loge de la ville [2]. A Orléans, la Bibliothèque populaire a été formée par la L∴ *les Emules de Monthyon*. (Pauvre Monthyon!) Le Cercle de Marseille doit son existence à la Francmaçonnerie locale [3]. Le convent des Loges de l'Ouest, tenu en 1868 à Cognac, a voté avec enthousiasme une proposition en faveur de la Ligue, déposée par le F∴ Massicault, aujourd'hui préfet de Limoges. L'assemblée générale annuelle du Grand Orient de France avait pris la décision suivante : « La Maç∴ française s'associe aux efforts faits dans notre pays pour rendre l'instruc-

---

1. IIe partie, § I.
2. *Monde Maçonnique*, juin 1868, p 95. — 3 *Idem*, avril 1869, p 669.

tion gratuite, obligatoire et laïque ». Le convent général de 1872 rappelle et consacre cette résolution « *par un vote presque unanime !* »

Or, les efforts qui reçoivent cette double approbation officielle ne peuvent être que ceux de la Ligue. C'est en effet en 1872 que se fait sa grande campagne de pétitionnement en faveur de l'école sans Dieu, aussitôt suivie de son enquête sur le même objet. A la même époque, la question de l'enseignement prend une place de plus en plus considérable dans les travaux des Sociétés secrètes. A Paris, plusieurs Loges la mettent à l'ordre du jour de leurs séances [2], et un grand nombre, dit le *Monde Maçonnique*, décident qu'une quête en faveur des écoles laïques sera faite à toutes leurs tenues [3]. Peut-il y avoir union plus intime, accord plus parfait ? Le F... Macé avait donc raison de porter le toast suivant [4] :

« *A l'entrée de tous les Maçons dans la Ligue* »

« *C'est leur œuvre qui se fait là* »

« *A l'entrée dans la Maçonnerie de tous les Ligueurs* »

« *Là sont leurs soutiens naturels* », là « *est une force qui décuplera leur action.* »

« *Au triomphe de la lumière* (on sait quelle lumière), *mot d'ordre commun de la Ligue et de la Franc-maçonnerie.* »

Il y a donc un mot d'ordre ! Alors pourquoi l'avoir nié quelques mois plus tôt ? Et pourquoi avoir essayé de donner le change aux adversaires de la Ligue ? Pourquoi protester contre M. de Saint-Albin, parce que,

---

[1] *Monde Maçonnique*, juillet 1872, p 202
[2] *Ibid.*, mars avril 1872, p 582
[3] *Ibid.*, octobre 1872, p 305
[4] A un banquet donné par la L... de Strasbourg, les *Frères réunis*, *Ibid.*, mars 1869, p 664

« sur la foi de ses chefs ecclésiastiques, il a confondu partout dans son livre [1] la Ligue avec la Francmaçonnerie [2] ? » Pourquoi ces procédés de Tartufe, qui ne trompent personne, lorsqu'on proclamera demain le contraire *inter pocula*, en ajoutant : « *J'en conviendrai volontiers, les adversaires de la Ligue ont eu bien raison de crier : à la Francmaçonnerie ! en voyant son programme. Si celui qui l'a dressé n'avait pas été maçon, il avait tout ce qu'il fallait pour le devenir* », et ceux qui l'ont accepté avaient « tout ce qu'il faut pour être des nôtres [3] ».

A l'étranger, même connexité entre ces deux manifestations d'un même esprit. En Belgique, lors de l'installation du Grand-Maître, le F∴ Orateur « recommande très-chaleureusement la Ligue de l'Enseignement [4] ». Le F∴ Dauphin, promoteur de la Ligue Égyptienne, est un haut Maçon ; il préside la Loge Écossaise, n° 166, et dirige le *Bulletin maçonnique d'Alexandrie*. Tous les membres du Comité de la Ligue Égyptienne font aussi partie de la Maçonnerie. Les écoles gratuites du Caire, fréquentées par plus de trois mille enfants, et si chères au cœur de la Ligue, doivent l'existence à la L∴ *Luce d'Oriente* [5]. Le deuxième convent maçonnique d'Egypte « a étudié le concours efficace que les L∴ pourraient donner à la L∴ *Ecossaise* 166, pour l'œuvre des Ecoles ». Il est superflu d'ajouter que le *Monde Maçonnique* prodigue ses éloges au *Ligueur* Dauphin et à son œuvre.

Il en va de même aux Etats-Unis. La *Liberal League*, l'*O. A. U.* (Order of American Union), sont

---

1. *Les Libres-penseuses et la Ligue de l'enseignement.*
2 *Bul'etin* n° 2, 1 juillet 1869, p. 1.
3. *Monde Maçonnique*, loc cit — 4. *Ibid*, avril 1869, p. 669.
— 5. *Ibid*, novembre 1868, p. 438-440, et décembre 1868, pp. 505 et 507.

à la fois des Sociétés secrètes et des Ligues de l'Enseignement. Aussi un observateur consciencieux a-t-il été en droit de conclure en ces termes sa remarquable étude sur la question de l'école dans la grande République Américaine :

« C'est la Maçonnerie qui a partout fait établir le système de l'Ecole sans religion[1]. »

Il nous est donc permis d'affirmer à notre tour que la Ligue est un des organes de cette immense association qui, sous le nom de Francmaçonnerie, couvre tout l'univers et mine partout la religion, l'autorité, la société, et qu'elle est une de ses formes les plus actives et les plus dangereuses

---

## VII

### QUE VAUT LE SYSTÈME SCOLAIRE DE LA LIGUE ?

*La neutralité politique et religieuse de l'école est-elle possible? peut-elle être légitime?*

La Ligue « ne s'occupera ni de politique, ni de religion », disent les statuts de tous les Cercles. « C'est son principe, a déclaré le F∴ Macé ; c'est sa raison d'être. Là est sa force et son avenir. — Cette question-là est une question de vie ou de mort. Elle doit être posée avant toute chose[2]. »

Rien de plus net et de plus catégorique ! Les faits et les paroles même des Ligueurs contredisent absolument ces menteuses promesses. En réalité,

---

1 Claudio Jannet, *Etats-Unis contemporains*, 3ᵉ éd. 1877, t. II, chap. 20, § I, p. 107
2. Voir plus haut, IIᵉ *partie*, § Iᵉʳ.

la Ligue n'a poursuivi qu'un but : faire de l'école un foyer de radicalisme et d'athéisme ; sa prétendue impartialité n'a jamais été qu'un piége tendu aux honnêtes gens.

Etait-il possible qu'il en fût autrement? Et si la neutralité loyale de l'école était possible, ne serait-elle pas immorale et funeste ? C'est ce qu'il nous reste à examiner pour ruiner par la base tous les sophismes de la Ligue.

Ecartons d'abord la politique de l'école ; non par dédain assurément : la politique est une grande et belle chose, digne de passionner les nobles cœurs et les esprits élevés. Mais c'est le lot de l'homme et non de l'enfant ; et même peu d'hommes sont appelés à un rôle politique actif; car la souveraineté du peuple n'est qu'un mot et qu'un masque, comme la neutralité de l'école. Donc, pas de politique à l'école, à l'école primaire surtout.

En vérité, il faut vivre dans un temps comme le nôtre pour être obligé de rappeler que la politique n'est pas faite pour des bambins et des fillettes de six ans. Il est nécessaire de l'affirmer ici, car la Ligue veut introduire la politique dans l'enseignement même primaire. Oui, si ridicule et si odieux que soit ce projet, il existe, non dans quelques têtes mal équilibrées et dans un petit coin du globe, mais partout où l'on trouve la Francmaçonnerie et la Ligue sa fille, c'est-à-dire dans le monde entier. — Que dis-je? c'est chose faite aux Etats-Unis, en Belgique et ailleurs. Ce dessein est formulé en texte de loi en France, dans le projet élaboré, sous la présidence du Ligueur Paul Bert, par une commission de députés, presque tous membres de la Ligue [1].

---

[1]. Voir les détails que nous donnons à ce sujet, IVe partie, § II.

Stigmatisons en passant cette sotte et déplorable prétention de remplacer le catéchisme par l'étude des constitutions modernes ; et l'enseignement des devoirs envers Dieu, envers nos semblables et envers nous-mêmes, par des dissertations sur les droits de l'homme et du citoyen ! Singulière méthode vraiment pour pacifier les esprits et pour unir les cœurs ! Quand on introduit le radicalisme dans l'éducation, on doit en chasser la religion, c'est logique.

L'école neutre au point de vue religieux est une chimère, avons-nous dit.

Comment donc serait-elle possible ? Serait-ce du côté du maître ? Mais le maître peut-il ne pas trahir sa pensée intime, ses croyances : sa foi s'il est chrétien, son déisme ou son athéisme s'il professe les doctrines de la Ligue ?

« Ce qu'on ne peut concevoir, c'est un instituteur intelligent absolument neutre, véritable automate, ne laissant rien refléter dans son enseignement de ses idées, de ses convictions, de ses sentiments. Ce maître neutre et mécanique, comme l'écrivait M. Ad. Dechamps en 1868, serait hypocrite ou idiot, et ressemblerait fort au joueur de flûte de Vaucanson [1]. »

Et ne voyez-vous pas qu'en le réduisant à ce « rôle mesquin, infime, machinal et mécanique, vous rabaissez l'instituteur sous prétexte de l'élever ? Ne voyez-vous pas que vous faites à cet homme la plus sanglante des injures [2] ? »

---

1. *L'Ecole dans ses rapports avec l'Etat, l'Eglise et la liberté*, par Ad. Dechamps, ministre d'Etat, Bruxelles, 1868.— Cité par la minorité catholique de la commission qui a préparé la loi contre l'enseignement chrétien à la Chambre belge. Documents parlementaires 1878-1879, p. 131.

2. *Lettre* de S. G. Mgr Freppel *aux membres du conseil municipal d'Angers*, qui, dès 1872, avaient voté la suppression de

Et l'élève conservera-t-il mieux la neutralité ? L'enfant est naturellement curieux, questionneur ; il a besoin d'affirmations positives. Tant qu'il restera une mère chrétienne pour lui parler de Dieu et lui apprendre ses prières, une église où il s'agenouillera auprès de celle qui l'a enfanté, un prêtre pour recevoir l'aveu de ses petites fautes, pour lui expliquer le catéchisme, pour le préparer à sa première communion, l'enfant ne comprendra pas comment cette religion sainte qu'on lui dit être la grande affaire de la vie, l'unique science indispensable, est bannie de l'école. Il se demandera pourquoi on lui en parle toujours dans la famille et à l'église, et jamais à l'école.

« Que suis-je ? Qui a créé le monde ? Pourquoi suis-je sur la terre ? Et qu'y aura-t-il après cette vie ? Ces questions-là, ces questions dogmatiques au premier chef, se posent à l'enfant, sous une forme ou sous une autre, comme elles préoccupent l'homme mûr. Si vous refusez d'y répondre, sous prétexte de ne pas toucher au for intérieur, vous réduisez l'enseignement scolaire à un degré de vulgarité et d'insignifiance qu'il n'avait jamais connu dans aucun temps et dans aucun pays. Et si vous y répondez, vous sortez bon gré, mal gré, de votre prétendue neutralité [1] ».

Que pouvez-vous donc enseigner sans mentir à vos promesses ?

Pas même la lecture et l'écriture, « ces sciences premières », comme les appelle le F∴ Macé. N'est-il pas en effet très-difficile, sinon impossible, de trouver des livres de lecture, des modèles d'écriture, absolument

toute subvention au clergé paroissial et aux écoles congréganistes de la ville.

1. *Id., ibid.*

neutres ? Vous dites : « la science n'est ni laïque ni cléricale : elle est la science » [1]. Soit ! mais alors pourquoi ne voulez-vous plus que des écoles laïques ? « Depuis quand a-t-on besoin d'être laïque pour enseigner l'orthographe, le calcul, l'écriture, la musique ? — Est-ce que les vingt-quatre lettres de l'alphabet sont devenues laïques ? Y a-t-il quelque part une grammaire ecclésiastique et une autre qui ne le soit pas ? Qu'est-ce que ces qualifications ont à voir ou à faire dans un ordre de choses qui ne les comporte pas ? Est-on plus apte à conduire les doigts de l'enfant ou à lui faire épeler des syllabes parce que l'on porte une redingote ou une robe [2] ? »

Non, la science n'est, ou plutôt, *les sciences* ne sont ni ecclésiastiques, ni laïques ; mais elles sont chrétiennes ou antichrétiennes. « Comprenez-vous un livre d'histoire naturelle dans lequel ne se trouvent pas les mots nature, providence, création ou d'autres semblables, ou d'autres enfin qui expriment des idées contraires ? Comprenez-vous une histoire de France où l'on se taise sur l'Église catholique [3] ? » Mais « l'Église catholique, c'est le passé de l'humanité, c'est l'histoire même [4]. » Supprimerez-vous le passé de l'humanité, vous qui voudriez supprimer le passé de la France et la faire dater de 1789 ? Impossible d'écarter l'Église de l'histoire, surtout de l'histoire de France, car depuis Clovis jusqu'au jour où s'écrivent ces lignes, elle a été l'âme de notre vie nationale. Impossible également de traiter l'Église autrement qu'en mère ou en ennemie.

Direz-vous que le maître se contentera de racon-

---

1. *Bullet.* n° 1, p. 6.
2. Mgr Freppel, *ibid.*
3. Id. *ibid.*
4. Lacordaire. *Conférences de Notre-Dame*, 1835, 2º *conférence.*

ter sans apprécier ? Mais est-ce qu'un catholique et un athée raconteront de la même manière la conversion de Clovis, la mission de Jeanne d'Arc, pour ne citer que ces deux faits, où le surnaturel que vous niez joue le rôle principal? Et l'Histoire Sainte? Pourrez-vous l'enseigner sans prendre parti? Vous la rayerez du programme, dites-vous? Mais ne voyez-vous pas que c'est manquer également à la neutralité? Supprimer l'enseignement de l'histoire sainte c'est, par le fait même, reléguer au rang des fables, ou tout au moins des opinions douteuses et controversées, tout ce que contient ce livre sacré, le seul qui ait reçu le nom du livre par excellence, la *Bible*. Insulter, nier les dogmes fondamentaux de la foi catholique, ce n'est pas, je pense, la respecter. Et comme vous ne pouvez cependant vous taire dans l'école sur l'origine du monde, vous violerez encore une fois vos promesses d'impartialité, obligés que vous serez de substituer aux récits de la Genèse les inventions de vos amis.

« Est-il possible d'ailleurs à un instituteur quelconque de rayer Dieu de son enseignement ? Le voudrait-il, quel moyen pour lui d'écarter un nom que l'enfant a sur les lèvres et dans le cœur, qu'il a appris sur les genoux de sa mère, qu'il mêle à tout instinctivement, qu'il retrouve partout, qui se présente à lui à chaque page de ses livres de lecture ! Ces livres où l'enfant apprend à lire, et qui lui parlent de Dieu, du Christ, de l'Evangile, les bannirez-vous de toutes les écoles de France ? Et par quoi les remplacerez-vous ? Par des livres où ne figurera aucun de ces noms les plus augustes que l'on puisse prononcer sur la terre ? Encore une fois, est-ce possible [1] ? »

Appellerez-vous neutralité cet ostracisme ? « On se

---

1. Mgr Freppel, *ibid.*

figure que le silence de l'instituteur sur tout ce qui touche à la religion serait de sa part un acte de neutralité. Mais c'est là une pure chimère. Ne pas parler de Dieu à l'enfant pendant trois ou quatre ans, c'est lui faire croire positivement que Dieu n'existe pas et qu'on n'a nul besoin de s'en occuper. Avec la finesse d'observation naturelle à son âge, l'élève se dira que son maître ne croit pas en Dieu, et il fera de même, ou il doutera. Sur ce point capital il n'y a pas d'indifférence ni d'abstention possible. Suivant que Dieu existe ou n'existe pas, la pensée et la vie humaine suivent un tout autre cours. En pareil cas, le silence équivaut à une négation. Taire systématiquement et de parti-pris (car c'est l'hypothèse) le nom de Notre-Seigneur Jésus-Christ, sa vie, ses œuvres, dans une école d'enfants chrétiens, qui l'invoquent matin et soir, qui se préparent à la première communion ou qui l'ont faite, ce n'est pas se renfermer dans un rôle passif; c'est agir directement sur l'esprit des enfants ; c'est leur persuader que Jésus-Christ n'est pas Dieu, puisque le maître ne daigne même pas parler de lui [1]. »

Nous disons donc avec M. Dechamps : « Je n'ai jamais compris un maître neutre, un livre neutre, une histoire neutre, une philosophie neutre, un enseignement neutre ; c'est une chimère, un non-sens, un mensonge [2] ».

Mais, je le veux, admettons un instant que cette chimère soit possible. Supposons la neutralité de l'école un fait accompli ; ce système de la Ligue, de chimérique qu'il était, deviendrait alors funeste et immoral. Voilà tout.

Le but de l'éducation, c'est de faire des hommes, et

1. Mgr Freppel, *ibid.*
2. *Loc. citat.*

non pas des machines à lire, à écrire et à compter ; c'est de former l'âme humaine, l'âme humaine tout entière : intelligence et volonté, et non pas seulement l'intelligence, abstraction faite de la volonté. Or, de sa nature « l'instruction peut servir à tout, mais ne suffit à rien [1]. » Elle ressemble au soleil qui éclaire tous les chemins ; sa lumière ne dit pas au voyageur la route qu'il faut prendre et ne lui donne pas la force nécessaire pour arriver au terme de sa course.

Ce qui forme l'âme, ce ne sont pas des connaissances plus ou moins étendues et variées ; ce sont les *principes*, c'est-à-dire des lois fondamentales, certaines, inflexibles, immuables :

Principes de *vérité* d'abord, pour diriger l'esprit et lui donner la règle du jugement et des saines appréciations ; principes du *bien* pour gouverner la conscience et lui imprimer une direction droite et sûre. Et par là même principes de *religion*, puisqu'il est de fait que la religion, et la religion catholique seule, donne et peut donner un *symbole* précis, complet et sûr de croyances, un *code* précis, complet et sûr de devoirs, une *sanction* efficace et proportionnée à l'oubli et à la violation de ces devoirs.

Vous voulez, dites-vous, « élever le niveau moral [2] » des nations, et c'est pour atteindre ce noble but que vous vous êtes faits les apôtres de l'instruction. Mais le nombre des illettrés peut s'abaisser, sans que le niveau *intellectuel* d'un peuple s'élève en même temps, et surtout le niveau *intellectuel* peut monter tandis que le niveau *moral* descend. Ne le voit-on pas tous les jours ? Combien d'hommes instruits parmi

---

1. Mgr Freppel, *Mandement pour le Carême de* 1872.
2. Formule officielle expédiée par le Cercle Parisien pour son enquête sur l'enseignement laïque auprès des conseils municipaux.

vos amis, vos disciples, dont le *niveau moral* est fort inférieur à celui de tant de braves paysans qui ne savent rien ou peu de chose, si ce n'est accomplir tous leurs devoirs ?

Un peuple qui sait lire, écrire et compter est, vous l'affirmez, un peuple vertueux. Vous placez « le salut de l'humanité » dans « *le livre* ; ce patrimoine béni », auquel tous ont droit [1], dont la jouissance est, selon vous, le bonheur suprême, et la privation, le malheur souverain.

Un des vôtres a fait justice de ce fétichisme en termes saisissants, souvent cités, toujours bons à reproduire.

« La confiance dans les effets moralisateurs de la culture intellectuelle, que les faits contredisent catégoriquement, dit M. Herbert Spencer, est du reste absurde *à priori*. Quels rapports peut-il y avoir entre apprendre que certains groupes et signes représentent certains mots, et acquérir un sentiment plus élevé du devoir ? Comment la facilité à former couramment des signes représentant les sons pourrait-elle former la volonté de bien faire ? Comment la connaissance de la table de multiplication ou la pratique des divisions peuvent-elles développer des sentiments de sympathie, au point de réprimer la tendance à nuire au prochain ? Comment les dictées d'orthographe et l'analyse grammaticale peuvent-elles développer le sentiment de la justice, ou des accumulations de renseignements géographiques accroître le respect de la vérité ? Il n'y a guère plus de relations entre ces causes et ces effets qu'avec la gymnastique qui exerce les mains et fortifie les jambes. *La*

---

1. *Philosophie de la Ligue. Bulletin* n° 5, p. 3.

*foi aux livres de classes et à la lecture est une des superstitions de notre époque* [1]. »

C'est le langage du bon sens, et c'est aussi le langage de l'expérience. « L'expérience a démontré, dit la Ligue, que le niveau moral d'une nation s'élève avec son degré d'instruction [2]. » Rien de plus faux, s'il s'agit de l'instruction sans Dieu, sans religion, sans principes. — L'expérience a démontré au contraire que les peuples sans convictions religieuses, instruits ou non, sont des peuples prêts à toutes les ignominies. L'expérience se continue, et nous montrerons bientôt quelques-uns des résultats auxquels le système scolaire de la Ligue a abouti [3].

« Ce n'est pas l'instruction qui moralise, a dit excellemment M. Cousin, qui n'était pas un clérical, c'est l'éducation... *Dans tous les pays où une forte éducation religieuse accompagne l'instruction primaire, celle-ci est féconde en résultats moraux, sinon non* [4]. »

Comment pourrait-il en être autrement ? « La religion constitue la base essentielle de l'éducation. Car le sentiment religieux est ce qu'il y a de plus fondamental dans le cœur de l'homme, de même que l'idée divine occupe le sommet de son intelligence. Edifier quoi que ce soit en dehors de cette assise première, c'est bâtir sur le sable. Rien ne se soutient, tout chancelle dans l'âme humaine, si l'éternelle vérité n'y est présente comme le fondement inébranlable de la connaissance, et la justice infinie comme la règle souveraine de nos actes. Quel moyen d'élever l'intelli-

---

1. Cité par le comte Conestabile. — *Léon XIII et la situation de l'Eglise.* Correspt. 25 octobre 1878, p 208.
2. Formule de l'enquête de la Ligue sur l'enseignement laïque.
3. IV<sup>e</sup> partie, §, III.
4. Cité par Mgr Dupanloup. *Quelques mots sur l'instruction primaire en Prusse*, p. 36.

gence de l'enfant si on la tient constamment rabaissée aux choses d'ici-bas, et comment former son cœur, à moins d'y graver le texte d'une loi indiscutable, parce qu'elle est supérieure à toute convention humaine? Ou l'éducation manque son but, ou elle a pour objet d'ouvrir les yeux de l'esprit et d'assurer aux bons instincts de notre nature le triomphe sur les mauvais; or, en l'absence de l'idée de Dieu, foyer de toute lumière, il fait nuit dans l'âme, et l'on peut y prendre au hasard le faux pour le vrai, le crime pour la vertu. Et par quelle force remplacer auprès des passions qui s'éveillent avec l'âge, la pensée du législateur suprême et invisible, pour qui le cœur n'a pas de secrets, qui pénètre du regard là où l'œil de l'homme n'atteint pas, et dont l'autorité nous suit partout comme une protection ou un frein? Vainement essayerez-vous de plier la volonté de l'enfant à un devoir quelconque, si vous laissez dans l'ombre le premier de tous, celui qui explique et soutient tous les autres [1]. » Ne parlez donc plus de ce prétendu principe : « la science à l'école, l'instruction religieuse à l'église [2] », puisque la science de la religion est la première des sciences, *la seule indispensable*. Ne dites plus : Chacun chez soi, chaque chose à sa place, car il y a quelqu'un qui est partout chez lui, c'est Dieu, c'est Notre-Seigneur Jésus-Christ, et une institution qui est partout à sa place, c'est l'Église.

« A l'école plus que partout ailleurs, notre divin Sauveur est chez lui. Les enfants à qui le maître d'école apprend à lire, à écrire, à compter, ne sont-ils pas à Jésus-Christ? Ne sont-ils point baptisés? Ne

---

1. Mgr Freppel, *Mandement pour le Carême de* 1872.
2. Formule officielle de la Ligue pour faire demander l'enseignement laïque par les conseils municipaux.

sont-ils pas de petits chrétiens? Jésus-Christ ne les a-t-il pas rachetés sur la Croix au prix de tout son sang? Ne sont-ils pas enfants de l'Eglise? Or, c'est là un fait, un fait évident. Qui oserait le contester? »

« Jésus-Christ est donc chez lui à l'école. L'Eglise y a donc aussi sa place, sa grande place, sa place principale. Elle y est, non pour apprendre à ses enfants à lire et à écrire, mais pour leur inspirer l'obéissance, le respect de leurs maîtres ; pour former leurs jeunes esprits et leurs petits cœurs ; pour veiller à ce que l'enseignement qui leur est donné soit conforme en tous points, non-seulement à la foi proprement dite, mais à l'esprit chrétien [1]. »

Vous croyez pouvoir vous passer de la religion qui enseigne toutes ces choses et donne à l'enfant la force de les pratiquer. Par quoi donc la remplacerez-vous ? Par la morale ? Mais « peut-il y avoir une morale sans Dieu ? Y a-t-il une loi sans législateur, un tribunal sans juge ? Si Dieu n'existe pas, il n'y a plus ni morale, ni devoirs, il n'y a plus que des instincts et des passions. Triple insensé serait celui qui se refuserait une jouissance quelconque, ou qui s'imposerait quelque sacrifice que ce soit, avec la persuasion que tout sera dit sur son avenir, du moment où l'on aura jeté quelques pelletées de terre sur un peu de matière décomposée [2]. »

Nous savons que les hommes sans foi sont toujours des hommes sans loi, ne respectant ni lois morales, ni lois civiles. Est-ce que les monstres de la Terreur, les chefs de la Commune étaient des ignorants, des illettrés ?

D'ailleurs vous-mêmes, champions de l'école neu-

---

1. *L'École sans Dieu*, par Mgr de Ségur, chap. V, pp.
2. Mgr Freppel. *Lettre au conseil municipal d'Anger*

tre, vous sentez si bien que votre morale manque de base, que plusieurs parmi vous prétendent la fonder, partie sur la religion que vous proscrivez, ce qui est une inconséquence au moins étrange; partie sur le Code pénal, ce qui est un progrès plus étrange encore.

Ecoutons M. Olin, le Spuller belge : « La morale, dit-il, comprend l'ensemble des devoirs de l'homme envers Dieu, envers nos semblables, envers nous-mêmes.

« Sous le premier rapport, elle a un terrain commun avec la religion, de même que sous le deuxième elle se confond souvent avec nos lois pénales [1]. »

Nos devoirs envers Dieu ont quelque chose de commun avec la religion ! L'aveu est naïf. Ces devoirs sont toute la religion, et tout le reste en découle par voie de conséquence. — Mais remplacer Dieu par le gendarme, le confessionnal par la police correctionnelle ou la cour d'assises, la crainte de l'enfer, dégradante selon ces Messieurs, par la noble peur de l'amende, de la prison ou de l'échafaud ; substituer à l'amour de Dieu, à l'espoir du paradis, la soif des jouissances et des honneurs, voilà le nouvel idéal offert par la Ligue aux générations futures. Il est honorable, il est élevé, il est beau, il est grand. Quel père de famille n'en serait fier pour son fils ?

Je ne m'étonne pas après cela que les Ligueurs ne mettent au nombre des principales vertus laïques « l'ordre et la propreté [2] ». Libre à eux de se contenter des vertus de l'abeille ou de l'hermine. Nous autres catholiques, nous avons des aspirations plus hautes.

Et ce sont les modérés, les sages du parti, qui tiennent ce langage ? Les violents, plus logiques et

---

1. Rapport à la Chambre des députés de Belgique. *Loco citat*. p. 117 col. 2. — 2 *Ibid., ibid.*

plus loyaux, s'ils sont plus cyniques, déclarent qu'il faut en finir non-seulement avec la religion, mais avec la morale, qui en est la pâle contrefaçon.

En 1863, le Grand-Orient de Belgique avait demandé à toutes les Loges de *formuler un projet de loi sur l'enseignement.* L'une de celles qui répondirent, la Loge de Namur, déclara que « *le propre de l'enseignement obligatoire est de ne pas s'occuper au moins de religion ni peut-être même de morale* [1] ».

Tel est le terme fatal où aboutit la neutralité prétendue de la Ligue. L'école neutre est nécessairement l'école sans Dieu, c'est-à-dire contre Dieu, et par conséquent l'école sans morale. Si un pareil système triomphait, « de cet enseignement sans lumière et sans vie, d'un enseignement où il ne serait plus question ni de Dieu, ni du Christ, ni de la Bible, ni de l'Evangile, ni de tout ce qui fait l'honneur et la force du genre humain, il ne sortirait pas des hommes, mais, passez-moi le mot, des générations de crétins [2] ». De pareilles écoles, déclarait M. Cousin, et il n'a été que trop prophète, de pareilles écoles ne serviraient « QU'A AMENER UNE BARBARIE D'UNE NOUVELLE ESPÈCE [3] ». Et M. Saint-Marc Girardin affirmait que ce serait « ORGANISER LA BARBARIE, ET LA PIRE DE TOUTES LES BARBARIES [4] ».

C'est ce que proclament tous les hommes que la haine antireligieuse n'aveugle pas : Frédéric II, Napoléon I<sup>er</sup>, M. Gladstone le proclament, comme les Papes et l'épiscopat.

« On voudrait tenir ce malheureux royaume dans

---

1. *La Francmaçonnerie en Belgique*, par M. Claudio Jannet. *Revue catholique des Institutions et du droit.* Décembre 1879, p. 388.
2. Id., *ibid.*
3. Cité par Mgr Dupanloup. *Quelques mots sur l'instruction primaire en Prusse*, p. 36.
4. Cité par le R. P. Rouvier. *La Révolution maîtresse d'école. Etude Religieuse*, novembre 1879, p. 699.

un état de barbarie, écrivait Frédéric II l'athée, le libertin, l'ami de Voltaire ; moi, je veux l'élever et le civiliser ; mais SI JE NE FAIS PAS DES CHRÉTIENS, tout le reste ne profitera guère ¹. »

« Sans la religion, disait Napoléon I<sup>er</sup>, les hommes s'égorgeraient pour la plus belle femme ou la plus grosse poire ². »

Et M. Gladstone, l'anti-papiste par excellence, se rencontre avec l'immortel Pie IX pour flétrir de la même épithète les desseins de la Maçonnerie sur l'école. « Tout système qui place l'éducation religieuse sur l'arrière-plan, a déclaré le grand libéral anglais, est un *système pernicieux* ³ ». — « *Ce pernicieux mode d'enseignement,* séparé de la foi catholique et de la direction supérieure de l'Eglise, a écrit le grand Pape, est une source de maux pour les particuliers et pour la société. ⁴ »

Qu'on ne se fasse pas illusion, tous les moyens sont bons à la Ligue et à la Francmaçonnerie sa mère, pour imposer à tous, sans exception, ce funeste et odieux système.

En vain les habiles de la secte continuent-ils à déclarer comme nos évêques que « l'école primaire doit être l'image du foyer domestique... la continuation de l'école du foyer domestique ⁵ ». On sait que la Révolution veut faire de la classe la contre-partie de la famille, afin de détruire plus sûrement et plus promptement la foi catholique, si vivace encore, et

---

1. Cité par Mgr Dupanloup, p. 9.
2 Cité par Mgr de Ségur. *L'Ecole sans Dieu*, chap VI, p. 25.
3. Cité par Mgr Dupanloup, *ibid*, p. 35.
4. Lettre de S. S. Pie IX à Mgr Hermann, archev. de Fribourg.
5 Rapport Olin, *loc. citat.*, p. 118, col. 2.— Mgr Freppel avait dit en termes presque identiques : « L'école ne saurait être que la continuation et le prolongement de la famille ». *Mandement pour le carême* de 1872.

les habitudes pieuses qui se conservent dans grand nombre de demeures des pays chrétiens.

C'est pour cela que se créent en France les écoles normales de « *professeuses* » réclamées dès 1867 par le *Siècle* comme « *le seul moyen de vaincre l'ennemi* [1] », et demandées par la *République Française*, pour préparer des remplaçantes aux vingt mille religieuses titulaires ou adjointes, qu'il s'agit de chasser des écoles publiques [2].

L'*obligation* essaiera de les remplir, ces écoles publiques, que la confiance des parents s'obstine à fuir. Pendant quelque temps encore, un fantôme de liberté subsistera là où l'enseignement privé, qui « sera ce qu'il pourra »[3], aura réussi à vivre en face de l'enseignement officiel. Puis, un beau jour, l'Etat cessera de tolérer l'existence des congrégations qu'il n'a pas autorisées et retirera même leur privilège à celles qui se seraient mises en règle ; car « c'est un principe de droit public moderne, selon le journal du Ligueur Gambetta, que les personnes (physiques) seules ont des droits [4] ». Alors c'en sera fait de l'enseignement chrétien. Pourrait-on en effet tolérer davantage que le clergé séculier ou même des laïques chrétiens donnassent un enseignement qui constitue, selon nos maîtres, *un danger public ?*

Reste l'enseignement dans la famille. Le Ligueur Ferry a protesté de son respect pour ce genre d'éducation, privilège de quelques riches [5]. Plus égalitaire, le Ligueur Paul Bert attaque ce dernier refuge d'un droit sacré ; il ne veut laisser à personne la liberté de faire élever ses enfants à sa guise. Aussi le projet éla-

---

1. N° du 20 novembre 1867.
2. N° du 10 octobre 1878.
3. *République Française*, *ibid.*
4. Id., *ibid.*
5. Discours d'Epinal.

bordé sous sa présidence par une commission de députés-ligueurs donne-t-il un moyen hypocrite détourné, mais sûr, pour arracher, quand le gouvernement le voudra, l'enfant à la maison paternelle et le déporter dans les écoles sans Dieu.

Si les iniquités proposées devenaient une loi de la France, l'école privée, l'école du foyer domestique succomberait bientôt sous les étreintes du despotisme [1]; l'enseignement public athée posséderait le monopole complet, absolu; l'enfant serait *en fait* enlevé à la famille; enfin, une loi nouvelle consacrerait ce *fait* monstrueux, cette tyrannie inconnue jusqu'ici au monde chrétien. La Francmaçonnerie toute puissante n'a-t-elle pas décrété que l'enfant serait COMPLÉTEMENT ENLEVÉ A LA DIRECTION PATERNELLE [2] ? Ce jour-là, il ne resterait plus aux catholiques qu'à s'écrier avec sir Stafford Northcote : « Je préférerais mourir plutôt que de livrer mes enfants aux caprices de tels instituteurs [3] », et à agir en conséquence. Nous verrions alors qui l'emporterait, du droit de la force ou de la force du droit.

---

1. *Projet de loi sur l'instruction gratuite, obligatoire et laïque*, art. 15 (*Voir* l'analyse de ce projet, IVᵉ partie, § II.)

2 *Projet de loi sur l'instruction obligatoire élaboré en* 1863 *par le Grand-Orient de Belgique*, d'après les projets proposés par les loges de son obédience — Ce projet se résume dans les cinq points suivants, dont les trois premiers au moins sont reproduits dans le projet Paul Bert·

I. *Obligation* de conduire *de force* ses enfants à l'école ;

II. SUPPRESSION DE TOUTE INSTRUCTION RELIGIEUSE ;

III. Inscription du *nom* des parents en défaut sur un tableau *exposé publiquement* devant la maison commune ;

IV. *Condamnation des parents* à une amende de 100 fr. au maximum ; en cas d'insolvabilité, TRAVAUX FORCES de 1 à 30 jours au profit de la commune ou emprisonnement de 1 à 8 jours.

V. Comme dernier moyen, ENLEVEMENT DE L'ENFANT A LA DIRECTION PATERNELLE ». Reproduit par M. Claudio Jannet, *loc. citat.*, p. 388.

3. Reproduit par Mgr Dupanloup, *loc. citat.*, p. 35.

## VIII

### CONDAMNATION DE LA LIGUE PAR L'ÉGLISE.

La vigilance de l'Eglise démasqua dès l'origine les hypocrisies du système d'enseignement soi-disant neutre, qu'il fût prôné par les Maçons d'Amérique et d'ailleurs, ou vanté par le F∴ Macé et autres Ligueurs. L'épiscopat catholique l'a flétri par de nombreuses et solennelles condamnations ; la congrégation du Saint-Office l'a déclaré « dangereux, même *de sa nature*[1] » ; et Léon XIII comme Pie IX ont confirmé par leur autorité suprême les jugements de l'épiscopat.

Dès 1866, les Pères du deuxième Concile provincial de Baltimore le réprouvèrent et mirent les catholiques en garde contre ses funestes résultats. Lorsqu'il fut introduit dans les écoles publiques de Hollande, en cette même année 1866, les évêques des Pays-Bas le combattirent par une énergique lettre pastorale collective, et en 1879 ils traitèrent de nouveau la question scolaire dans leurs mandements de carême : « Un enfant catholique *doit nécessairement* recevoir une éducation catholique, écrit Mgr Schaepman, archevêque d'Utrecht... Il faut juger sévèrement les parents qui négligent d'envoyer leurs enfants à des écoles catholiques et qui, sous l'un ou l'autre prétexte, donnent la préférence à l'enseignement neutre..... Lorsque la religion,

---

1. *Instructions sur les écoles publiques*, adressées en 1875 aux évêques de l'Amérique du Nord, par la Congrég du St-Office Voir le résumé des *instructions* de la Sacrée-Congrégation, Document G.

ses dogmes, la vérité révélée et la loi de Dieu sont bannis de l'école..... cet enseignement est non-seulement défectueux, mais *nuisible*..... Nous condamnons et réprouvons toujours et partout l'école neutre.....[1] ».

Les évêques d'Irlande, dans leurs réunions tenues à Maynooth en 1869 et à Dublin en 1871, portent la même sentence, « en union avec le Saint Siége et avec les évêques de toute la catholicité ».

« Nous déclarons par les présentes lettres collectives, disent-ils, notre inaltérable conviction que *l'éducation catholique est* INDISPENSABLEMENT *nécessaire pour la conservation de la foi et des mœurs*[2]. »

L'épiscopat belge stigmatise à son tour, comme elle le mérite, *la loi de malheur*, qui a consacré récemment chez nos voisins le triste système de l'école sans Dieu. Reprenant et s'appropriant tous les jugements que nous venons de reproduire, les vaillants prélats déclarent qu'à moins de causes graves, tout à fait exceptionnelles et soigneusement indiquées, « il n'est permis, ni de fréquenter, ni de diriger des écoles dont l'enseignement est soustrait à l'autorité modératrice de l'Église et indépendant de la foi catholique ». — Dans aucun cas, la fréquentation de certaines écoles, notamment des écoles normales de l'Etat, ne saurait être tolérée. Un « instituteur catholique ne peut pas continuer ses fonctions dans une école officielle, *si ce n'est pour des raisons particulières et sous certaines conditions* » ; raisons et conditions définies d'une manière précise et limitativement énumérées. — Tout catholique reçoit défense « *d'accepter la charge d'*INSPECTEUR » soit *princi-*

---

1. Cité dans les *Instructions pratiques à l'usage des confesseurs*, par NN. SS les Evêques de Belgique, concernant la loi du 1er juillet 1879 sur l'instruction primaire. Malines, 1er septembre 1879.
2. *Loc. citat.*

*pal*, soit *cantonal*. Les Instructions « rappellent aux curés *qu'ils manqueraient gravement à leur devoir* s'ils ne mettaient tout leur soin à procurer une école catholique à leur paroisse. En effet, l'obligation grave que la piété naturelle impose aux parents, *la justice l'impose aux pasteurs des âmes* ».

Enfin les confesseurs devront REFUSER L'ABSOLUTION soit aux *parents* « qui négligent de donner à leurs enfants une instruction et une éducation chrétiennes », ou « les confient aux écoles dites neutres sans cause suffisante et sans prendre les précautions nécessaires pour éloigner de leurs enfants le péril prochain de ruine spirituelle » ; soit « aux *instituteurs*... qui enseignent le catéchisme, *sans l'institution canonique*... qui ne peut pas leur être actuellement accordée » ; soit « aux *élèves* qui se préparent aux fonctions d'instituteur dans les écoles normales officielles » ; soit enfin aux « *parents* », aux « *professeurs* de ces derniers [1] ».

On sait le reste et comment, malgré les clameurs de la Maçonnerie et de la Ligue Belge, près de 2,500 instituteurs ont déjà donné leur démission, aimant mieux rester dans la communion de l'Eglise que de conserver leur gagne-pain au prix d'une révolte contre les justes et légitimes commandements de leurs chefs spirituels.

Ce que les évêques ont affirmé, la parole infaillible du Pape l'a confirmé. « Une éducation qui prétend former, sans le secours de la doctrine et de la loi morale de *Jésus-Christ*, ces esprits et ces cœurs des jeunes gens qui sont d'une nature si tendre et si susceptible d'être portée au mal, *doit nécessairement*

---

1. *Loc. citat.*

*engendrer une race livrée sans frein aux mauvaises passions et à l'orgueil de la raison.* »

Qu'on dise si ces paroles du grand et bien-aimé Pie IX ne sont pas en train de se réaliser.

Après avoir montré que les pernicieux effets de l'école sans Dieu sont surtout à craindre dans l'enseignement primaire, qui s'adresse aux enfants du peuple, et qui par conséquent doit donner plus que tout autre la place principale et maîtresse à la religion, le vénéré Pontife ajoutait :

« *Le dessein de soustraire les écoles primaires à la puissance de l'Eglise et les tentatives faites pour le réaliser sont donc inspirés par un esprit d'hostilité contre elle et par le désir d'éteindre chez les peuples la divine lumière de notre sainte foi..... Dans tous les lieux, dans tous les pays où l'on exécuterait ce pernicieux dessein..... et où la jeunesse serait par suite misérablement exposée au danger de perdre la foi, il y aurait donc incontestablement pour l'Eglise un impérieux devoir, d'abord de faire tous ses efforts et de n'épargner aucune peine afin de procurer à cette jeunesse l'instruction et l'éducation chrétiennes qui lui sont nécessaires, mais aussi de donner des avertissements aux fidèles, en leur déclarant que l'on ne peut, en conscience, fréquenter de pareilles écoles opposées à l'Eglise catholique*[1]. »

Est-il besoin de rappeler que Léon XIII parle comme Pie IX ? Comme son auguste prédécesseur, il condamne ce dessein « déraisonnable et cruel de séparer l'intelligence de la volonté [2] », comme lui il réprouve le projet de ne confier à l'instituteur que la culture de la première, laissant aux parents et aux

---

1. *Loc. citat.* — Lettre de Pie IX à Mgr Hermann, archev de Fribourg.— *V.* document F le passage que nous venons de résumer.
2. Lettre de S. S. le Pape Léon XIII à S. E. le Cardinal-Vicaire, 26 juin 1878.

prêtres le soin de former la seconde en dehors de l'école.

Qu'on ne dise pas : la Ligue n'est nommée dans aucune de ces sentences. Qu'importe le nom si la chose est condamnée? Or, la Ligue n'a qu'un seul et unique but : l'école sans Dieu, *l'école neutre*, c'est le terme qu'emploient la Ligue française et la Ligue belge. Qui pourrait donc nier qu'elle ne soit directement atteinte par toutes les sentences que nous venons de citer?

De plus, elle a été *nominalement* réprouvée par l'Eglise, et c'est de France qu'est parti, croyons-nous, le premier cri d'alarme jeté contre elle.

Dès 1868, le vénérable évêque de Metz, Mgr Dupont des Loges, avait démasqué les hypocrisies du F∴ Jean Macé et de ses complices, et « signalé *la Ligue* aux défiances de ses diocésains ».

« *Nous conjurons*, écrivait-il, *tous ceux qui reconnaissent et respectent en notre humble personne l'autorité de Jésus-Christ et de son Eglise, nous les avertissons et, au besoin, nous leur enjoignons de retirer ou de refuser absolument toute adhésion, toute coopération et tout appui à la Ligue de l'Enseignement formée à Metz, ou en quelque lieu que ce soit de notre diocèse, ainsi qu'à toutes les œuvres qui en dépendent, qui en relèvent en quelque façon que ce soit, ou seraient faites sous son inspiration*[1]. »

Peu après, Mgr Dupanloup consacrait à la Ligue un chapitre de sa brochure fameuse : *les Alarmes de l'Episcopat justifiées par les faits*. Il dévoilait cette tactique perfide qui prétend respecter la religion en la supprimant. « *La religion exclue définitivement de l'éducation, tel est le grand principe sur lequel repose la Ligue*, écrivait-il ; *tel est le sens de cette formule en apparence inoffensive, mais faite pour attirer le plus*

---

1. *Mandement de carême* de 1868, p 11.

d'adhérents possible, écrite dans des statuts : *On ne s'occupera pas de religion et de politique* [1]. »

« Soit pour la politique », ajoutait Mgr l'évêque d'Orléans ; et nous avons prouvé par les aveux mêmes des incriminés que c'était encore beaucoup trop accorder.

L'épiscopat français tout entier s'empressa d'adhérer à l'écrit si vigoureux et si concluant de Mgr Dupanloup. En outre, plusieurs Evêques voulurent signaler à leurs diocésains, par des mandements spéciaux, les entreprises contre la foi des jeunes filles, qui s'ébauchaient déjà aux Tuileries et au ministère de l'instruction publique occupé par M. Duruy. Mentionnons notamment NN. SS. les archevêques et évêques de Cambrai, de Montpellier, d'Angers, d'Angoulême, de Blois, de Chartres, de Périgueux.

Les cours publics de jeunes filles succombèrent en naissant. Mais il n'en fut pas de même de la Ligue. Aussi les avertissements et les condamnations de l'Eglise continuèrent. L'infatigable évêque d'Angers, Mgr Freppel, la stigmatisait dans sa lettre pastorale du 8 décembre 1873, et formulait contre elle la sentence suivante :

« A ces causes...

« *Art. III.— Nous réprouvons* la *Ligue* dite de *l'Enseignement comme ayant pour but d'exclure et de séparer la religion de l'éducation scolaire*, et NOUS FAISONS DÉFENSE A TOUT FIDÈLE DE NOTRE DIOCÈSE D'EN FAIRE PARTIE, D'Y COOPÉRER, SOIT PAR VOIE DE SOUSCRIPTION, SOIT DE TOUTE AUTRE MANIÈRE. »

L'approbation et les félicitations du Saint-Siége ne

---

1. *Alarmes de l'épiscopat*, 1868, p. 22.

se firent pas attendre. Au commencement de mars 1874, Mgr d'Angers recevait de Pie IX un bref mémorable, le remerciant d'avoir rappelé les condamnations portées contre la Francmaçonnerie et « *les très-graves censures encourues par ceux qui en font partie* ».

« *Nous louons très-fort,* écrivait le grand Pape, *le zèle que vous avez montré à ce sujet et qui est tout à fait digne de la charge épiscopale que vous exercez.* »

Et Il ajoutait : « *Nous déplorons aussi, Vénérable Frère, que de cette source même des sectes condamnées soit sortie, pour la perte des âmes, une autre société pernicieuse appelée Ligue de l'Enseignement, travaillant à extirper radicalement, surtout de l'âme des enfants, la foi catholique, et s'efforçant d'exercer impunément par toute la France les industries de son iniquité. Bien que nous sachions que dans votre diocèse vous vous êtes empressé d'appliquer votre sollicitude pastorale à combattre un pareil fléau, cependant, en raison de la gravité de cet objet, nous ne voulons pas omettre de vous exciter dans le Seigneur à persévérer dans les efforts de votre zèle pour la garde de votre troupeau, en persistant à stimuler la vigilance des fidèles, et en vous appliquant avec ardeur à arracher du champ qui vous est confié ces déplorables plantations que cultivent les enfants des ténèbres* ».

Rome a parlé, la cause est jugée. Ce serait désormais un crime pour tout fidèle d'accorder à la Ligue de l'Enseignement le plus minime concours.

# TROISIÈME PARTIE

## LES ŒUVRES DE LA LIGUE DE L'ENSEIGNEMENT EN FRANCE

### I.

#### LA LIGUE N'EN EST ENCORE QU'À SES DÉBUTS.

La Ligue universelle n'en est encore, ne l'oublions pas, qu'à ses débuts. En Belgique, en Angleterre, en Amérique, ses triomphes sont récents. Chez nous, sa victoire ne date que du 14 décembre 1877 ; elle n'est complète que depuis le 30 janvier 1879. Et cependant son action s'étend sur tout le monde civilisé. En France, elle couvre comme d'un réseau le pays tout entier.

Il faut lui rendre cette justice qu'elle n'a rien négligé pour préparer le succès. L'ardeur, la persévérance de ses adeptes, leur dévouement infatigable, les inventions ingénieuses que la passion révolutionnaire leur a suggérées, doivent exciter l'émulation des catholiques. Nous avons scruté la pensée intime de la Ligue, ou plutôt elle-même nous l'a livrée. Nous savons que ses aspirations sont détestables.

Pourrons-nous constater sans rougir que trop souvent elle met au service de l'erreur et du mal plus de zèle que les fils de l'Église n'en consacrent à la défense du vrai et du bien?

Aucun obstacle n'arrête les Ligueurs ; toujours ils savent en triompher. Les embarras, peu sérieux malheureusement, créés par le 24 mai 1873 et par le 16 mai 1877, n'ont produit qu'un ralentissement insensible dans la marche générale de la Ligue ; et du jour où le pouvoir est tombé aux mains de la Révolution, l'œuvre maçonnique du F∴ Macé a repris avec une activité nouvelle son travail de destruction.

Il fallait avant tout saisir l'opinion et créer un courant en faveur de l'*école sans Dieu*. Les appels du fondateur, reproduits à satiété par la presse révolutionnaire avec force éloges et commentaires, ont d'abord attiré l'attention publique. Aussitôt l'action a été organisée par le moyen des *Cercles* ou groupes locaux.

---

## II.

### ŒUVRES LOCALES.

A. *Cercles ou groupes.* — Chaque Cercle a son bureau, sa caisse, son organisation complète. Tous sont unis *par des relations intimes et fréquentes* avec le *Cercle Parisien*, véritable Comité central; ils lui envoient chaque année le compte-rendu de leurs travaux. Tous les règlements sont identiques sur les points de quelque importance ; tous reproduisent le mensonge fondamental de la Ligue, et promettent une neutralité politique et religieuse qui n'est jamais réalisée ni réalisable. Le

Cercle de Paris et les Cercles de province d'une part, d'autre part, les Cercles de province entre eux, échangent des subventions mutuelles en témoignage de sympathie et de solidarité. L'esprit de solidarité est tellement développé dans la secte, qu'on voit des localités secondaires envoyer leur obole à des villes plus riches et plus importantes : par exemple, Sedan à Bordeaux, le Cercle Châtelleraudais au Cercle Poitevin, qui reçoit également les souscriptions du Cercle Girondin et des Loges de Niort, d'Angoulême et de Royan.

L'égoïsme local, dont la myopie ne peut dépasser l'horizon de la paroisse, ou, tout au plus, du diocèse, est inconnu au sein des sectes ; elles savent que des milliers d'œuvres particulières n'acquerront pas la puissance d'un mouvement général, et elles agissent en conséquence.

Plus de quatre cents groupes ou Cercles existent déjà en France.

B. *Bibliothèques.* — Le premier objectif de la Ligue a été la création de bibliothèques populaires. C'est par là que débutent d'ordinaire les Cercles. Le F∴ Macé ne cesse de leur conseiller cette marche, dont il a donné le premier l'exemple [1]. Par la bibliothèque on prépare le terrain ; son local sert de lieu de réunion pour le Comité, et plus tard de salle de cours ou de conférences. Souvent le conseil municipal subventionne la bibliothèque ; c'est autant d'épargné pour les finances du Cercle ; quelquefois il la fonde lui-même ; c'est l'idéal. Ailleurs, la Ligue donne quelques secours, puis elle s'empare tout doucement de l'administration de la

---

[1]. Avant d'entreprendre la Ligue, le F∴ Macé était l'âme des Bibliothèques populaires du Haut-Rhin.

bibliothèque, du choix des livres ; elle en fait sans bruit sa propriété.

« Sur la demande du procureur impérial, le Cercle Pont-Audemérien vote en 1868 des abonnements à la bibliothèque de la ville en faveur des prisonniers », et bientôt après, le conseil municipal transforme cette bibliothèque, riche de quatre mille volumes, « en une bibliothèque de circulation, dont il confie l'administration à une commission composée de conseillers municipaux, membres de la Ligue [1] ». Echange de bons procédés, qui se reproduit ailleurs sous d'autres formes.

La bibliothèque populaire d'Orléans doit, nous l'avons dit, son existence à la Loge *les Emules de Monthyon*, qui l'alimente par ses subventions, par des conférences, des quêtes faites aux réunions maçonniques [2]. Parmi les souscripteurs nous remarquons le Cercle Orléanais, plusieurs Loges, la Société du Crédit mutuel d'Orléans, mesdames veuves Michelet et Edgard Quinet, et le ministre de l'instruction publique (c'était M. Waddington), qui octroie d'un seul coup pour quatre cent quinze francs de livres [3]. « Un soin tout spécial est apporté au choix des livres, écrit le bibliothécaire... On se contente d'exclure ce qui est notoirement immoral et scandaleux [4]. » Or on

---

1. *Bulletin* n° 3, 15 novembre 1868, p. 51.
2. C.-R. du C. Par. pour 1874, p. 91.
3. *Ibid.* pour 1877, p 197.
4. C.-R. pour 1875, p 136. — La morale maçonnique et révolutionnaire est large, on le sait. — Au Congrès de Berne, un membre ayant dit qu'il fallait écarter des bibliothèques populaires les mauvais livres : « Ah ! lui fut-il répondu, vous voulez tenir le peuple en lisières, non, les ouvriers ne veulent plus de lisières. » « C'est-à-dire, ajoute Mgr Dupanloup, à qui nous empruntons cette citation, que Dieu, la morale, la pudeur, tous les principes sont des lisières dont il faut se délivrer. » (*Alarmes de l'épiscopat justifiées par les faits*, p. 68) — On se rappelle

trouve à Orléans les auteurs suivants, et le *Monde Maçonnique* (septembre 1874) constate que ce sont les plus lus : Erckmann Chatrian, Edmond About, M*me* Edgard Quinet, Pelletan, Faidherbe, Voltaire, Duruy, Victor Hugo, J.-J. Rousseau, Mably, etc. C'est ce que la Ligue nomme des livres *choisis avec un soin tout spécial.* Que serait-ce donc, si l'on apportait quelque négligence ?...

Les ouvrages triés avec tant de délicatesse « devaient être divisés par groupes de dix, vingt, trente volumes, et chaque groupe remis à un bibliothécaire de quartier, chargé, non-seulement de les faire lire, mais de donner de vive voix ou par écrit les explications nécessaires, d'où acheminement à la conférence [1] ».

Ailleurs, un ligueur tout seul, sans aide, sans appui, triomphe de tous les obstacles à force de persévérance et d'énergie. Ecoutons et apprenons : *comment on fonde une bibliothèque.*

« Depuis 1864, écrit le 21 novembre 1867 M. Wallart, médecin à Niederhagenthal (Haut-Rhin), j'ai, à chaque séance du conseil municipal, fait soulever la question de la création d'une bibliothèque dans notre commune. Ce fut toujours sans succès. » Loin de se décourager, M. Wallart prend une autre voie ; il s'adresse à quelques personnes de la commune et obtient un premier fonds de soixante volumes. La mairie étant trop exiguë pour y trouver une salle spéciale destinée à la bibliothèque, il demande un abri à la commune voisine d'Oberhagenthal, distante

---

aussi *l'affaire des bibliothèques de Saint-Etienne formées par l'autorité municipale*, elles contenaient des livres infâmes Il fallut une pétition d'habitants de la ville au Sénat pour que le scandale fût connu et réprimé.

1. *Bulletin* n° 4, p. 62.

de trois cents pas. Le local est accordé, l'instituteur s'offre comme bibliothécaire, se charge des réparations les plus indispensables que réclamaient les volumes donnés ; et la bibliothèque est établie à l'usage des deux communes [1]. Le conseil municipal, jusqu'alors si réfractaire, se laisse vaincre par le succès ; il est tout disposé, écrit l'heureux fondateur, à voter une certaine somme, si la Société des bibliothèques populaires du Haut-Rhin accorde un secours en livres.

Voici mieux encore. Un cultivateur des environs de Paray-le-Monial, M. Deville, a loué un appartement à Paray ; il y a déposé cent soixante-quinze volumes empruntés à sa bibliothèque ou obtenus de quelques amis. Tous les dimanches il est venu de la campagne s'y installer pendant une heure. Après un an, il écrit au F.˙. Macé : « Je n'ai pas manqué un seul dimanche de me mettre de trois à quatre heures à la disposition du public... Je vois avec plaisir venir des jeunes gens et des ouvriers que je ne connaissais pas... Je suis indépendant ; je dois faire un peu de bien, et je persévérerai, tant qu'il me viendra des lecteurs, n'en aurais-je qu'un par dimanche... Vous m'avez fourni une distraction très agréable, tout en me mettant à même d'être utile [2]. » A la fin de la première année, la bibliothèque se montait à trois cents volumes, et les prêts s'élevaient à trois cent cinquante volumes.

Quels exemples, et comment ne pas nous approprier cette réflexion du F.˙. Macé ? « Le procédé n'est applicable, j'en conviens, qu'avec des hommes réellement dévoués ; mais c'est à ceux-là que je le propose [3]. »

---

1. *Bulletin* n° 3, 15 novembre 1868, pp. 23-24.
2. *Id*, n° 4, 15 février 1869, p. 77-78.
3. *Id.*, n° 3, p. 24.

Plus répandues encore dans les campagnes que dans les villes¹, les bibliothèques de la Ligue ont été introduites dans les prisons, dans les hôpitaux militaires et civils, dans les casernes, sur les navires de l'Etat, partout en un mot.

Presque toutes sont en progrès continu ; bon nombre, en progrès rapide et très-rapide. Citons parmi beaucoup d'autres celle de Saint-Jean-du-Gard, qui prête 1,864 volumes la première année ; 3,200 la seconde ; 5,270 la troisième ² ; et celle de Versailles, plus ancienne que le Cercle avec lequel elle a fusionné. Celle-ci possède quatorze mille volumes, et, de 1865 à 1877, les demandes s'élevaient de 2,025 à 17,000 par an.

Citons encore la bibliothèque fondée en 1872 à Ville-d'Avray, par une Ligueuse, à l'usage des troupes de camp de Villeneuve-l'Etang. Les soldats empruntent 108 volumes pendant le premier mois, 918 pendant le second, 2,513 pendant le troisième. Au bout de seize mois, 38,115 vol. étaient sortis des rayons ³.

Subsides en argent, dons de livres, achats avec forte remise et payement du port jusqu'à destination, renseignements utiles, conseils pratiques, tout est employé par le Cercle parisien afin d'accélérer l'extension de cette œuvre, autour de laquelle viennent se grouper les autres œuvres.

Il est puissamment aidé par la Société Franklin, constituée à Paris, en 1862, dans le but « d'encourager la formation des bibliothèques populaires ».

---

1. On en a fondé dans les plus petites localités, et parfois avec un grand succès — A Gimeux (Charente), commune de quatre cents habitants, la première liste de souscription a réuni cent sept noms et 500 francs. — *Bulletin* n° 5, p. 30.
2. *C.-R.* pour 1874, pp. 84-85.
3. *C.-R.* pour 1877, p. 228.

Cette Société, imprégnée du même esprit que la Ligue, mériterait une étude à part. « Elle a formé la base d'environ trois cents bibliothèques de casernes, et elle a coopéré à la création d'un très-grand nombre de bibliothèques civiles [1]. »

Voici le résumé officiel des *opérations* du même genre accomplies par le *Cercle parisien :*

« 11,197 fr. 75, et 12,094 volumes et 95 séries de tableaux synoptiques illustrés ont été votés pour encourager la création de 246 bibliothèques populaires, communales ou scolaires.

« 21,641 volumes et 230 séries de tableaux synoptiques ont été distribués à 165 Cercles de la Ligue ou bibliothèques diverses.

« 17,675 fr. et 4,587 volumes et cartes ont été donnés pour la création de 145 bibliothèques régimentaires pour les sous-officiers et soldats, et bibliothèques d'hôpitaux militaires. »

Le service gratuit d'achats de livres, créé par la Ligue, a dépensé 7,156 fr. 20. — « Le montant des achats de livres faits pour le compte des écoles et des bibliothèques civiles et militaires s'est élevé à 181,938 fr. 90 ; et les souscriptions particulières en faveur des bibliothèques et des écoles régimentaires et des écoles rurales avaient atteint 72,219 fr. 20 [2]. »

*Par les soins du ministère de la guerre*, 408 atlas géographiques ont été distribués au nom de la Ligue à tous les corps de troupes [3]. Au mois de février 1873, M. le général de Cissey, alors ministre, remerciait le F∴ Macé des dons faits aux bibliothèques militaires, et il exprimait l'espoir que, « *par la continuation de*

---

1. *C.-R.* pour 1874, p. 97.
2. Résumé des opérations du Cercle parisien de la Ligue de l'enseignement.
3. *Ibid.*

*son utile concours, la Ligue rendrait encore de précieux services à l'armée* [1] ».

Après les secours, les conseils. Signalons une idée fort ingénieuse dont la paternité appartient au F∴ Macé. C'est ce qu'il nomme : *la Leçon de bibliothèque.*

Les livres les plus utiles dorment sur les rayons, sans être demandés : ils effrayent, parce qu'ils sont sérieux, et surtout parce qu'ils sont inconnus. On les fait connaître au moyen de conférences tout à fait élémentaires. Un aperçu général, quelques explications, la lecture des pages les plus intéressantes, suffisent à dissiper toute défiance. Il est facile de passer en revue dans une seule séance plusieurs ouvrages de même nature. Si vous avez des ressources suffisantes, terminez la réunion par une tombola composée de quelques exemplaires des ouvrages que vous venez d'analyser, et vous compléterez l'effet de vos paroles et de vos citations [2].

Les détails matériels ne sont pas oubliés non plus ; le F∴ Macé pense à tout. Il donne aux bibliothécaires des indications très-pratiques sur l'appareil le plus commode pour avoir un catalogue toujours complet, toujours au courant et facile à consulter [3].

Tant de soins n'ont malheureusement que trop de résultats. Les rapports annuels des Cercles de province constatent que pendant les années 1874, 1875, 1876 et 1877, plus d'un million de volumes ont été prêtés par les bibliothèques de la Ligue [4]. Il faudrait

---

1. *C.-R.* pour 1875. — Rapport de M. Jean Macé, p. 9.
2. *Bulletin* n° 3, p. 59.
3. *C.-R.* pour 1874, p. 12-14. — Cet appareil a été inventé par M. Bonnange.
4. Exactement 1,013,405. Nous avons relevé un à un tous les chiffres fournis par les comptes-rendus Nous avons constaté en 1877 un déficit de 124,455 vol. sur l'année précédente.

doubler ce chiffre pour avoir le total exact de tout ce qu'elles ont fait lire pendant ces quatre années ; car beaucoup de rapports manquent. L'année 1878, à elle seule, peut s'en attribuer un million; car les Ligueurs ne s'endorment pas après la victoire.

En veut-on une preuve ? L'infatigable président du Cercle parisien constatait, devant la dernière assemblée générale, que les appels vont en se multipliant : Le Cercle central « a coopéré, *dans le seul mois de décembre* (1878), à la création de *cinquante* bibliothèques et à l'ameublement de cent cinquante écoles nouvelles. Les achats de livres faits par son intermédiaire se sont élevés *dans ce mois à douze mille francs* [1] ».

Quelle est la composition de ces bibliothèques ? Nous en savons assez pour affirmer que les livres violemment agressifs et notoirement immoraux y sont en minorité. Il s'y rencontre même des publications catholiques. A cela, rien d'étonnant. Ne faut-il pas tromper et rassurer la masse, qui ne juge que sur les apparences et croit encore bonnement à la *neutralité* de la Ligue ?

On aura donc, pour les frères et amis, *la Croisade noire*, de V. Gagneur ; l'*Histoire de la Révolution*, de Michelet [2] ; Erckmann-Chatrian [3] ; *la Femme dans l'humanité*, d'Ed. de Pompéry, placée, par ironie sans doute, dans la section de morale ; *Jeanne d'Arc* et l'*Insecte*, de Michelet; les œuvres de Ch. de Bernard, Gustave Droz, V. Hugo (*Notre-Dame de Paris*) ; G. Sand, etc. ; *les Evasions célèbres* (cela peut servir) [4].

---

1. *Progrès de l'Est*, de Nancy, 21 janvier 1879.
2 Saint-Julien-sur-Reyssouze (Ain) *C.-R.* pour 1877, p. 179.
3 Nérac. — *C.-R.* pour 1875, p. 36 — Saint-Remy-lez-Chevreuse (Seine-et-Oise). — *C.-R.* pour 1877, p. 230, etc.
4. *Catalogue de la bibliothèque du Cercle Girondin.*

On aura, pour les catholiques, les excellentes publications de Lamothe, R. de Navery, Emmeline Raymond, mesdemoiselles Fleuriot et Maréchal, les contes charmants de madame la comtesse de Ségur [1] ; pour tous enfin, les honnêtes romans de Cooper, de Walter Scott, de Dickens, de Jules Verne, etc...

On aura même les *Grands Jours d'Auvergne*, parce que Fléchier y raconte des méfaits commis par des nobles.

La multiplication des bibliothèques populaires préoccupe vivement les Ligueurs de haut parage, chefs actuels de la Révolution. Parfois leur sollicitude est un peu trop *intéressée*. Le cas du citoyen Bonnet-Duverdier n'est pas isolé. « *La Société de la bibliothèque populaire des amis de l'instruction* du dix-huitième arrondissement a dû expulser deux administrateurs qui avaient abusé de leur situation au préjudice moral et financier de la bibliothèque », et renouveler en entier le conseil [2]. Espérons que ces accidents ne sont pas épidémiques.

D'autres sommités du parti témoignent d'une sollicitude différente. Dans leur pensée, « les bibliothèques populaires, consacrées plus spécialement à l'enseignement professionnel [3], complétées par l'organisation de cours d'adultes et de conférences pratiques, *sont appelées à faire contre-poids aux Cercles catholiques d'ouvriers* [4] ».

---

1. Saint-Remy-lez-Chevreuse et Bordeaux.
2. *C.-R.* pour 1877, p. 217.
3. C'est sous le voile de l'enseignement professionnel que se sont fondées à Paris les premières écoles athées de filles, démasquées par Mgr Dupanloup.
4. *Petit Journal*, 31 janvier 1877.— Compte-rendu d'une réunion publique au profit de la bibliothèque populaire du onzième arrondissement, présidée par M. Gambetta, le 26 janvier 1877 — M. Tolain était le conférencier.

Aussi la Ligue commence-t-elle à employer l'ingénieux procédé des *Bibliothèques circulantes*. « Partout où nous avons trouvé un nombre suffisant de souscripteurs, chef-lieu de canton ou grosse commune, écrit le président du Cercle Poitevin [1], nous envoyons, sous la garde ou la responsabilité d'un membre de la Ligue y résidant, un certain nombre de volumes que nous renouvelons tous les six mois. »

L'association patronne les *bibliothèques pédagogiques* de canton que commencent à créer des associations d'instituteurs. « Les six cantons de l'arrondissement de Cosne (Nièvre) en sont déjà pourvus ; il s'en prépare d'autres dans les Côtes-du-Nord. » Le F∴ Macé recommande particulièrement aux adhérents de province « ces modestes créations, dont l'utilité est trop évidente, dit-il, pour que j'entreprenne de la démontrer » [2]. N'est-ce pas en effet le moyen de faire entrer dans la Ligue tous les instituteurs laïques, ou du moins de les placer sous sa domination? La bibliothèque sert de prétexte et d'occasion pour des réunions fréquentes, où on ne s'occupe pas uniquement de pédagogie.

Les vues de la secte vont plus loin encore. Elle vise à remplacer, dans toutes les chaumières, le paroissien, le catéchisme, les vieux livres de piété par des ouvrages selon son cœur. « Le complément tout indiqué de la *Bibliothèque du village*, c'est la *Bibliothèque du cultivateur*. Après avoir appris à lire les livres, il est bon qu'il apprenne à en acheter. Pour cela, il faut que l'article soit mis à sa portée, il faut élargir le

---

1. M. Chaignet, aujourd'hui recteur de l'Académie de Poitiers, correspondant de l'Institut.— *C.-R. du Cercle parisien* pour 1878, p 256.
2. Rapport Macé, Assemblée générale du *Cercle parisien*, janvier 1879.— *Compte-rendu*, p 48.

marché du livre, il faut créer des *librairies de campagne* » [1].

Utopie, dira-t-on ; rêve irréalisable d'un Parisien qui ne connaît pas le paysan. Voici la réponse :

Au bout d'un an, la Ligue avait formé une Société, au capital de 50 mille francs, qui avait établi, 43, rue des Saints-Pères, une *Librairie centrale des publications populaires*, consacrée spécialement à l'organisation de dépôts de livres dans les villages. « Depuis le mois d'octobre 1878 que cette librairie a commencé à fonctionner (ces lignes sont écrites en janvier 1879), elle est entrée en relations avec 30 dépositaires, *dont quelques-uns ont déjà entièrement renouvelé leurs fonds de dépôts*. Elle a de plus ouvert des comptes à une cinquantaine de petits libraires, dont beaucoup ont été munis pour la première fois d'*ouvrages de propagande républicaine*. Le chiffre d'affaires des trois premiers mois s'est monté à 4,152 fr. ; *mais ce n'est qu'un chiffre de début*, et les nombreuses sociétés d'instruction qui ont reçu les circulaires et le catalogue de la Librairie centrale ne tarderont pas à le grossir considérablement [2]. »

Il est encore des catholiques qui dédaignent l'œuvre des bons livres. En vain Pie IX l'a-t-il nommée : *œuvre souveraine* [3], *œuvre non-seulement opportune*,

---

1. Rapport Macé, Assemblée générale, janvier 1878. — *C.-R.* pour 1877, p. 27.
2. Rapport Macé, Assemblée générale, janvier 1879 — *C.-R.* pour 1878, pp. 48 et 49. — Les livres sont déposés chez les petits commerçants : épiciers, merciers, etc, comme il s'en trouve dans les plus humbles villages. — Citons un exemple de l'importance des associations auxquelles le F∴ Macé fait allusion. — La *Société d'Instruction populaire de l'Yonne* compte plus de 3,000 adhérents — Dès le commencement de 1878, son Comité avait mis à l'étude la création des librairies de campagne.
3. Discours aux pèlerins bretons, 12 décembre 1875.

*mais véritablement nécessaire* [1]. Ils ne croient pas à son efficacité. Qu'ils méditent au moins les paroles des chefs de la Révolution.

Tout le monde lit aujourd'hui, et beaucoup : c'est un fait impossible à nier comme à détruire. Est-il indifférent de laisser la foule se repaître de publications détestables, sans mettre au moins à sa portée la vérité à côté de la calomnie, la bibliothèque chrétienne à côté de la bibliothèque maçonnique ? Celle-là est aussi fréquentée que celle-ci, et souvent davantage ; l'expérience l'a prouvé. Appelons un seul fait en témoignage ; nous le choisissons parmi cent autres.

Dans une grande ville de l'Ouest, que je ne nommerai pas, un religieux que je nommerai moins encore (il ne faut pas, surtout aujourd'hui, dénoncer les bienfaiteurs du peuple), dirige une œuvre de bons livres qui, depuis sa fondation (1850) jusqu'au 31 décembre 1878, a fait lire *cinq millions de volumes*. En 1877 seulement, les distributions s'étaient élevées à 194,587. L'œuvre compte dans la ville vingt bibliothèques, seize autres dans le diocèse, possédant en tout 65,900 volumes. En outre, l'association est établie dans cinquante villes ou bourgs en France, aux colonies et en Belgique. « J'achète plus qu'aucun libraire de X... », me disait le vénérable directeur de cette grande œuvre. C'est en effet par milliers que se chiffrent les acquisitions annuelles. Il y en a pour tous les degrés d'instruction. Deux bibliothèques sont réservées aux hommes. Elles contiennent, l'une 6,661, l'autre 6,848 volumes sérieux et instructifs, avec une quarantaine de Revues.

A lui seul, ce modeste et saint religieux fait lire au peuple dans un seul diocèse près de 200,000

---

1. Bref à la Société bibliographique, 14 mai 1877.

volumes par an, les deux tiers de ce que la Ligue fait lire dans toute la France [1]. Il n'en sera pas moins appelé partisan de l'ignorance, comme ses frères : ainsi le veut la justice révolutionnaire.

C. *Conférences et cours.*—Les conseils de MM. Gambetta et Tolain ont été suivis. Presque partout, « les bibliothèques populaires ont été complétées par l'organisation de cours d'adultes et de conférences pratiques ». Presque partout, conférences et cours ont réussi.

A Boulogne (Seine), l'*Association philotechnique pour l'instruction des adultes* réunissait sept cents auditeurs tous les jeudis, pendant l'hiver de 1873-74 [2]. Deux ans après, elle en rassemblait *le chiffre fabuleux* de SIX MILLE [3].

Sans attirer un public aussi considérable, beaucoup d'autres Cercles obtiennent des succès éclatants.

La moyenne des présences est, à Angers, de 1,500 ; à Versailles, de 1,800 ; au Hâvre, de 2,500. C'est au Hâvre que « 2,500 personnes enthousiasmées applaudissaient, le 7 janvier 1877, M. Jules Favre », versant quelques larmes avec des flots d'éloquence sur *le droit des faibles* : sujet également adapté à l'auditoire et à l'orateur. A Bordeaux, à Rouen, à Reims, à

---

[1]. Les rapports envoyés au Cercle parisien constatent qu'en 1877 la Ligue a distribué 164,347 volumes. En ajoutant un chiffre égal pour les bibliothèques dont les comptes rendus manquent, on dépasserait la réalité.

[2]. *C.-R.* pour 1874, p 100. — L'*Association philotechnique de Boulogne* reçoit 153 élèves 178 patrons fournissent les prix annuels et 1,456 francs de cotisations La commune accorde une allocation de 400 francs — La bibliothèque a été fondée par des subventions du conseil municipal, du gouvernement et des souscriptions individuelles : elle possède 3,000 volumes et reçoit 1,100 francs de subvention municipale annuelle. — Un groupe d'habitants a créé depuis la guerre une bibliothèque populaire qui renferme plus de 1,500 volumes.

[3]. *C.-R.* pour 1876, p. 150.

Poitiers, etc., etc., les conférences sont également très-suivies.

Le personnel enseignant ne manque pas non plus. Les Facultés de l'Etat, les Lycées, sont, pour la Ligue, des réservoirs inépuisables. Les professeurs ont le goût et l'habitude de la parole publique. Beaucoup ont adopté les principes du F∴ Macé ; son œuvre emprunte à l'Université ses serviteurs les plus dévoués. N'est-elle pas la forme académique, littéraire, universitaire de la Révolution ? D'ailleurs, les professeurs de Faculté, parlant d'ordinaire devant des banquettes vides, sont ravis de trouver un auditoire. Quant aux professeurs de Lycée, ils sont charmés de s'adresser à des disciples attentifs et sympathiques. Aussi donnent-ils tous à cette œuvre un concours empressé.

Tous les cours du Cercle poitevin sont faits par des professeurs des trois Facultés et du Lycée. Des salles de l'Université sont mises officiellement à leur disposition. En outre, six d'entre eux ont donné à Angoulême des conférences au Cercle charentais.

Ces Messieurs ont, paraît-il, beaucoup de loisirs et peuvent dérober beaucoup de temps à leurs élèves.

A Bordeaux, le Cercle Girondin a ouvert des cours d'adultes femmes. Après deux ans (1874), il y avait 677 inscriptions. L'âge des élèves variait de 14 à 55 ans. « Des visites périodiques sont faites par le Bureau (présidé par M. G. Ravaud, conseiller à la cour, fondateur du Cercle poitevin), et par les membres qui désirent accompagner le Bureau. Ces visites produisent le meilleur effet. »

Les cours, divisés en cinq classes, se font « *dans un local de l'école primaire supérieure, mis à la disposition de la Ligue par l'adjoint au maire de Bordeaux, délégué à l'instruction publique, qui a inauguré lui-même ces classes* [1] ».

Dans les conférences de la Ligue, l'agression violente contre les principes chrétiens n'était pas l'habitude jusqu'au 14 décembre 1877. Toujours la même tactique : jusqu'au triomphe complet, ne pas effrayer les timides.

Mais on se gardait bien de célébrer les illustrations de la vieille France. C'est à l'étranger surtout qu'on cherchait des modèles. L'éloge de Washington est prononcé à Nérac, à Reims, à Bordeaux, à Rouen, etc. On ne voit pas cependant que les chefs de la Ligue soient disposés à imiter le désintéressement du fondateur de la république américaine. Abraham Lincoln, Nelson, sir Robert Peel, Stephenson, Savonarole, d'autres encore, ont leurs panégyristes. En fait de gloires nationales, les patriotes de la Ligue trouvent... d'Aubigné, Béranger, Paul-Louis Courier et Ezéchias Pouchet. S'il est question de Colbert à Rouen, c'est affaire de patriotisme normand, et il faut savoir gré à la Ligue de ne pas le placer trop au-dessous de l'illustre Pouchet [2]. Mais le grand roi n'y gagne rien : deux conférences le dépouillent de toute la gloire dont les immenses services de Colbert avaient pu le couvrir aux yeux des Ligueurs. Quant à Richelieu, c'est, pour la secte, *l'homme rouge* de Victor Hugo, et non l'homme de génie de l'histoire.

---

1. *Bulletin du Cercle Girondin* pour 1874, pp. 80 et 83. *Id.* pour 1872, pp. 14 et 15. — Ce sont les piqueuses de bottines qui paraissent animées de plus d'ardeur pour s'instruire : il y en a 199 d'inscrites. Viennent ensuite les tailleuses et les repasseuses, puis 71 *pompières* (?), 52 employées au tabac ; celles-ci ont trop souvent un extrême besoin de moralisation, etc, etc.

2. Ezéchias Pouchet, né à Rouen en 1748, mort en 1809, améliora plusieurs branches de l'industrie manufacturière, surtout la filature de coton. Il a laissé entre autres écrits un *Traité sur la fabrication des étoffes* et une *Métrologie* estimée.

La grande conspiration contre la vérité historique, dénoncée par Joseph de Maistre, n'a pas de complices plus ardents que Jean Macé et ses collaborateurs. Ils oublient toute mesure, dès qu'il s'agit de calomnier le passé monarchique et chrétien de la France. Le *bon vieux temps,* nos *aïeux,* les *impôts d'autrefois,* ont été pour eux des thèmes commodes aux déclamations révolutionnaires.

De même pour l'*enseignement obligatoire, objet et but de la Ligue.* Trois conférences de propagande ont été données sur cette thèse à Reims et dans deux bourgs voisins. Inutile de rappeler que l'obligation comme la gratuité n'est pour la Ligue qu'un moyen d'obtenir la laïcité ou la déchristianisation universelle de *l'école.*

De plus en plus la Ligue accentue dans ses conférences les attaques contre « *l'ennemi* ». En 1876, M. Albert Ferry pratiquait la neutralité en exécutant, devant l'assemblée générale du Cercle Senonais (Vosges), une charge à fond contre l'Œuvre des Cercles catholiques. « *Il a fait sentir l'utilité de la Ligue, en raison des Cercles catholiques d'ouvriers qui se multiplient en France, et dont les fondateurs ne dissimulent plus le but : abolir les bienfaits de la Révolution du siècle dernier et revenir aux lois et coutumes du moyen âge* [1]. » Nom oblige ; l'intolérance brutale et la haine inintelligente sont désormais inséparables du nom de Ferry.

L'organisation des cours et conférences est fort complète dans certaines villes, à Reims, par exemple. Depuis 1876, cinq conférences sont faites chaque semaine dans divers quartiers. Elles se divisent en trois séries :

---

1. *C.-R.* pour 1876, p. 160.

1° *Littérature, histoire, géographie;*
2° *Hygiène;*
(La Ligue a la passion de l'hygiène ; elle l'enseigne partout et toujours ; chose excellente si cette croisade pour la santé du corps ne masquait pas la croisade contre la religion, véritable et seule hygiène de l'âme) ;
3° *Causeries sur les sciences mécaniques et les arts appliqués à l'industrie.*

Succès très-vif, dit le compte-rendu. Il y a eu jusqu'à quatre cent cinquante auditeurs. On a dû en refuser faute d'espace [1].

Les femmes elles-mêmes se mettent de la partie. M<sup>lle</sup> Délia Soreph, directrice du cours d'adultes femmes ouvert par la Ligue à Bordeaux, fait assaut d'éloquence à Agen avec l'électricien de la ville de Bordeaux, un pasteur protestant, etc. Elle traite la question de *l'école* [2].

Ailleurs les conférences se multiplient à l'excès. Le *Cercle de l'Union du seizième arrondissement de Paris* en fait donner plus de trois cents en dix-sept mois.

Des conférences ambulantes sont organisées pour les campagnes. Outre celles sur *l'instruction obligatoire* faites à Hermonville et à Pontfaverger, des Ligueurs de Reims en ont donné dans deux autres localités rurales, à Saint-Masme et à Hentrégiville.

Dans un simple chef-lieu de canton, à Vernon (Eure), une *Association philotechnique*, fondée en 1868, se transporte de village en village, donnant dans les localités voisines des conférences publiques qui sont très-suivies. Deux surtout sur *l'agriculture* et sur *le vin* ont eu un tel succès, dit le *Journal de Joigny*, « que la

---

1. *C.-R.* pour 1876, p. 133.
2. *Id.* pour 1878, p. 220.

*Société philotechnique* va faire le tour du canton pendant les dimanches d'été ».

Des conférences rurales ! mais c'est un des plus puissants moyens de propagande et des plus dangereux entre les mains de la Ligue. Elle en comprend parfaitement l'importance. « Je ne donnerais pas pour la plus brillante des leçons faites cette année à la Sorbonne, écrit le F∴ Macé, la conférence sur *l'hygiène des étables* prononcée à Julienrupt, village des Vosges, par un vétérinaire de Remiremont [1]. »

Les conférences rurales atteignent leur maximum de puissance lorsqu'elles roulent sur l'agriculture, et les conférences agricoles sont possibles partout : les faits le démontrent.

Dieppe est une petite commune de la Meuse, qui compte 540 âmes. *Une Société de conférences agricoles* s'y est fondée le 19 novembre 1868, « dans le but d'améliorer l'agriculture et d'entretenir une entente entre les habitants par l'action de réunions périodiques ». De là cet article de ses statuts : « Dans le cas de contestations pour troubles ou délits ruraux, entre les membres de la Société, aucun d'eux ne devra attaquer en justice sans avoir au préalable fait statuer par la commission permanente de la Société ». A peine fondée, l'Association réunissait quarante-sept membres. Son programme embrassait toute la science agricole : économie rurale, drainage, amélioration des animaux domestiques, vicinalité rurale, assolements, plantes fourragères, etc... « La première conférence décide un sociétaire à acheter un beau bélier qui améliorera les troupeaux du pays ; la deuxième a pour résultat le drainage des trois principales parties du territoire de la commune [2]. »

1. *Bulletin* n° 2, p. 25.
2. *Id* n° 4, p 32-33

Voilà donc ce qu'on peut faire avec un budget de 11 fr. 75 (la cotisation est de 25 centimes), et ce n'est qu'un début. Supposez des associations analogues, animées de l'esprit chrétien, organisées dans tous les villages de France, et jugez des bienfaits moraux et matériels ! Laissez au contraire l'esprit révolutionnaire s'en emparer, et vous verrez après quelques années où en sera la foi de nos campagnes !

Montrons quelque chose de moins compliqué encore. M. Charles Wercklé, un simple cultivateur qui laboure lui-même, va, pendant les soirées d'hiver, lire des livres instructifs dans une maison où se réunissent quelques jeunes gens des deux sexes. Il provoque les interruptions, les explications. « Cela me fournit souvent, dit-il, l'occasion de donner tout un cours de géographie, d'histoire naturelle, d'astronomie, etc., *qui est toujours écouté avec le plus vif intérêt* [1]. »

Une famille parisienne, établie dans les environs de Tours, transforme sa maison en école, chaque soir, pendant l'hiver. « Le personnel de la ferme assiste toujours à la classe. On y vient de très-loin (quatre kilomètres). Le grand-père commence une dictée que suivent à qui mieux mieux filles et garçons. Le gendre, un ingénieur en non-activité, fait une démonstration du système métrique. La jeune dame prend le rôle de lectrice, ou mieux encore, elle fait lire à haute voix les enfants, dont beaucoup épelaient à grand'-peine en bégayant. De tous les instituteurs, le plus

---

1. *Bulletin* n° 2, 15 juillet 1868, p. 28. — M. Wercklé écrit : « Pendant le travail, je m'entretiens sur toutes les branches de l'enseignement primaire, avec un enfant de quatorze ans, que j'ai loué pour conduire mes bœufs à la charrue. Je cherche à suppléer ainsi à l'impossibilité où il se trouve de fréquenter l'école. » — N'est-ce pas une preuve remarquable de l'extension de la classe dirigeante et de la facilité qu'on trouve à remplir les devoirs de la paternité sociale, dès qu'on veut s'en donner la peine ?

zélé est le petit-fils, un bambin de sept ans, qui s'escrime à enseigner la géographie [1]. »

Tableau charmant, si l'amour et le culte de Notre Père qui est aux cieux le complétaient et l'achevaient. Mais non ; tant de dévouement est dépensé pour une œuvre de haine. Une lourde plaisanterie du F∴ Macé le rappelle : « Au moins, dit-il, on n'accusera pas le professeur de sept ans, membre de la Ligue comme son père, de *faire* (sic) un enseignement irréligieux ».

Impossible de ne pas citer ici la persévérance d'une *ligueuse* de Lyon, qui met deux ans à dépasser le chiffre de cinq élèves, puis finit, grâce au concours de la chambre syndicale des Dames lyonnaises, par obtenir quinze inscriptions : « C'est beaucoup de temps, dit-elle, pour un mince résultat ; mais je ne désespère pas d'avoir, l'an prochain, un grand progrès à signaler [2] ».

Et quelles inventions pour faciliter et multiplier les cours ! A Metz, à Colmar, etc., ces messieurs et ces dames professent chez eux ; nul embarras, nulle dépense, nulle difficulté n'entravent ce mode d'enseignement, fait observer avec raison le *Bulletin*. A Colmar, on convoque les conscrits à la Bourse. Deux cents répondent à l'appel, cinquante-sept s'inscrivent pour les cours d'adultes, et une indemnité de route est promise à ceux qui auront été assidus et pourront justifier d'un résultat.

Et tout cela n'est qu'un début ; l'ardeur de la Ligue pour les conférences va grandissant : « De tous côtés on s'adresse au Cercle parisien pour avoir des conférenciers. *Ce sera l'œuvre de cette année.* Un Comité va

---

1. *Id.* 28-29.
2. *C.-R.* pour 1877, p. 205-206.

se former pour assurer le service des conférences partout où l'on en réclamera ¹. »

Et nous, catholiques, n'essaierons-nous donc pas de détromper ce pauvre peuple que la Révolution abuse afin de s'en servir ? Si nous nous adressions plus souvent à lui, il finirait par voir où sont la vérité, la loyauté, le dévouement véritable ². N'est-il pas temps de parler et d'agir *opportune, importune, in omni patientia et doctrina* ? Nous n'avons pas, comme les chefs de la Ligue, à escalader les ministères et les postes les mieux payés ; notre tâche est plus noble et plus belle. Elevons donc enfin nos efforts à la hauteur de notre cause, et travaillons sans repos, sans défaillance ; c'est pour Dieu, c'est pour la patrie.

D. *Ecoles.* — Après les *Bibliothèques*, les *Conférences* où la parole complète l'effet du livre ; puis les *Cours*, qui produisent une impression plus continue et plus profonde ; puis les *Ecoles*, afin de s'emparer tout à fait d'intelligences encore neuves : la progression est logique. « Il faut préparer le monde profane à recevoir nos principes. Je considère l'instruction primaire comme la pierre angulaire de l'édifice », déclarait le principal organe de la Francmaçonnerie ³. C'est aussi l'avis de la Ligue. Heureusement, ses écoles ne sont pas encore nombreuses : chez elle on travaille, on prend de la peine ; mais *ce sont les fonds qui manquent le plus*. Si les projets odieux des ligueurs Ferry, Bert et consorts étaient votés, le F∴ Macé n'aurait plus besoin de réitérer ses appels jusqu'ici assez peu

---

1. Paroles de M. Jean Macé à l'assemblée générale du Cercle parisien, janvier 1879. Voir plus bas, § IV, *Œuvres générales* D. *Les prédicateurs laïques.*

2. Les conférences populaires données à Paris et ailleurs ont plus que justifié ces paroles écrites avant qu'il eût été question de les entreprendre.

3. *Monde Maçonnique*, n° d'octobre 1866.

productifs ; le budget de l'Etat serait au service de ses passions maçonniques. Le procédé n'est pas nouveau. A son aurore, la Révolution confisquait les biens de ses adversaires et tuait ceux qu'elle avait spoliés ; à son déclin, elle prend nos revenus au moyen d'impôts croissants, et elle veut déporter nos enfants dans ses écoles sans Dieu et sans mœurs : sous d'autres formes, c'est toujours le même despotisme.

En attendant, la Ligue fonde des écoles à elle, lorsqu'elle a des ressources suffisantes ; et, quand l'argent manque, elle s'insinue dans les établissements publics ou libres, elle les imprègne de son esprit, et tout doucement s'en empare.

Citons, dans la première catégorie, l'école de Marseille, cédée plus tard à la ville ; celle de Chabans, commune de Saint-Pierre-de-Fursac (Creuse) ; d'Epinal, pour les jeunes filles ; de Lussac (Gironde), ouverte sous prétexte que l'institution, dirigée depuis vingt-cinq ans par les Sœurs de la Providence, n'offrait pas à messieurs les Ligueurs gascons des garanties suffisantes ; enfin celle de Poitiers, pour les filles ; celle-ci mérite une courte notice.

Ouverte en 1875 avec une douzaine d'élèves, elle en contenait cent vingt en 1877. Elle devient peu à peu une école normale primaire élémentaire. Distributions de vêtements, de médicaments alimentaires (sirop antiscorbutique, vin de quinquina, huile de foie de morue), visites du médecin et du dentiste tous les quinze jours, classe de chant, atelier d'apprentissage, etc., rien de ce qui peut attirer n'est négligé. L'école est gratuite et entretenue par la Ligue ; elle accepte seulement les rétributions des familles qui veulent payer pour leurs enfants : il ne s'en trouve guère qu'une sur huit. Le conseil municipal vote depuis 1876 une subvention de 1,200 francs. « Nous sommes sûrs, affirme le président du Cercle poitevin, d'avoir à la rentrée prochaine trois cents élèves, si nous pouvons réunir les ressources nécessaires pour cet accroissement considérable de dépenses[1]. »

Une seconde école est en préparation, et le maire de Poitiers (session de 1877) a classé ce projet parmi « *les dépenses les plus urgentes* ». Inutile d'ajouter qu'aucune des écoles religieuses, fondées par des générosités privées, ne participe aux faveurs officielles. Le conseil radical, formé en partie d'étrangers, et nommé (sans concurrents cependant) par la minorité des électeurs inscrits, trouve commode d'utiliser l'argent des contribuables au profit de ses passions antireligieuses. Les enfants affluent dans les écoles congréganistes : preuve éclatante, irréfutable, des sentiments de la population. Qu'importe à ces messieurs ? Y a-t-il des droits et des libertés pour ceux qui pensent autrement qu'eux ? Et quel meilleur emploi pour le budget municipal que de servir la cause révolutionnaire ?

La Ligue étend sa sollicitude intéressée sur les libres-penseurs et les libres-penseuses de l'âge le plus tendre. Presque toutes les salles d'asiles sont entre les mains des Sœurs, qui rendent par cette institution d'incalculables services. Quel criant abus ! Mais, là

---

1. *Compte-rendu de l'Assemblée générale du Cercle poitevin*, tenue dans le grand amphithéâtre de la Faculté des sciences, le 27 mai 1877. — Allocution de M Chaignet, professeur de littérature ancienne à la Faculté des lettres, président du Cercle, p 8 — Voir également p 6 et 7, et *Compte-rendu de l'Assemblée générale du 28 mai 1876*. — Discours de M Chaignet, p 8 et 9. — Après avoir été pendant quelques jours Doyen de la Faculté des Lettres, M. Chaignet a été nommé Recteur de l'Académie de Poitiers Ses services politiques comme président du Cercle poitevin expliquent cet avancement à la vapeur.

plus qu'ailleurs, le difficile n'est pas de chasser les religieuses, c'est de les remplacer. Aussi la Ligue ne présente-t-elle jusqu'ici que peu d'asiles laïques : un à Chevilly (Loiret), trois à Châlons-sur-Saône.

Paris est, on le pense bien, la terre promise pour les écoles de la Ligue.

En voici une liste, certainement incomplète :

*Premier arrondissement.* Ecole de garçons, rue des Deux-Boules, 120 élèves en 1874 ; école de filles, rue Jean-Lantier, 20 élèves en 1871, 110 en 1874. — *Société des écoles libres du troisième arrondissement*, 172 enfants dans ses deux écoles de la rue de Béarn (garçons), et de la rue du Perche (filles) [1]. — *Ecole primaire professionnelle* de la rue Blanche, 103 élèves. Elle est remplie, et il y a chaque année des inscriptions pour l'année suivante. — *Orphelinat* Richard Lenoir, fondé en 1869 par quelques dames de l'église réformée *libérale*, 7 élèves en 1870, 90 en 1877. — *Ecole professionnelle pratique de jeunes filles*, rue d'Hauteville, fondée en 1871 sur l'initiative du maire du onzième arrondissement et d'une dame Rouvenat : 170 élèves réparties entre neuf cours professionnels ou ateliers. Depuis 1875, elle est subventionnée par le conseil municipal — *Société des écoles libres et gratuites du douzième arrondissement. C'est un Cercle de quartier de la Ligue*, formé en 1876, dans le but avoué de combattre les écoles congréganistes. Le 16 mai avait interrompu ses travaux. Dès la fin de

---

[1] Voici la curieuse conclusion du rapport sur les écoles laïques du IIIe arrondissement « La pure morale, qui n'appartient en propre à aucun culte, *se dégage de toutes les branches* de notre enseignement. Nos éminents professeurs en font des cours nombreux. » — Cours de branches ou de morale ?.. N'est-ce pas une perle littéraire que cette *morale « qui se dégage des branches »* On la voit, on assiste à ses pénibles efforts. — Quel pathos ! — *C.-R.* pour 1876, p. 141.

1877, le citoyen Maisoulan, conseiller municipal, en annonçait la reprise.

Nous l'avons dit, outre les écoles dirigées par la Ligue, beaucoup d'autres ressentent son influence. Elle y pénètre par des cadeaux, par des concours, par des associations d'instituteurs, etc. Le Cercle poitevin décerne chaque année quatre prix, d'une valeur totale de 350 francs, aux maîtres et maîtresses laïques, auteurs des meilleurs mémoires sur le sujet désigné par le Comité. Un de ces prix est offert par le Cercle châtelleraudais. C'est une manière de poser la Ligue en protectrice des instituteurs et institutrices laïques. Les sociétés d'instituteurs pour la création de bibliothèques pédagogiques cantonales, les cadeaux aux écoles laïques n'ont pas d'autre but. Les maîtres ainsi encouragés et soutenus contractent des liens de reconnaissance envers la Ligue ; ils sont amenés naturellement et presque nécessairement à en devenir membres. Le plan est habile ; mais il constitue un danger pour la société ; car, si l'on n'y prend pas garde, tout le corps enseignant sera bientôt enrégimenté dans cette association révolutionnaire.

L'*Armée* ne devait pas échapper aux incursions de la Ligue. M. Jean Macé et ses V∴F∴ ne sont pas hommes à oublier que « chaque génération y passe tout entière à son tour », et « qu'on en soit citoyen français, je veux dire ÉLECTEUR ». C'est pourquoi le fondateur de la Ligue « rêve de transformer le régiment en une sorte de haute école *nationale* [1] », lisez maçonnique. Le Cercle parisien a donc organisé deux souscriptions dont nous reparlerons, l'une en faveur des bibliothèques régimentaires, l'autre en faveur des

1. Allocution à l'Assemblée générale du 26 janvier 1878. — *C.-R.* pour 1877, p. 27.

écoles militaires. De 1872 à 1877, il a concouru à la formation de 170 bibliothèques régimentaires, et, de 1874 à 1877, il a aidé à la fondation de 35 écoles militaires. Et c'était le temps où les chefs de l'armée ne s'occupaient que de leurs devoirs ! Aujourd'hui, les opinions républicaines primant les mérites et les droits acquis, la Ligue est appelée à devenir un service auxiliaire du ministère de la guerre, comme elle est déjà l'âme du ministère de l'instruction publique.

Les Ligueurs ne professent-ils pas la maxime prussienne : C'est le maître d'école qui a vaincu à Sadowa [1] ; sans se douter qu'ils proclament leur condamnation ? Car si Sadowa a été la victoire du maître d'école, ç'a été la victoire du maître d'école chrétien.

En effet, personne n'a le droit d'ignorer, surtout depuis le lumineux travail de Mgr Dupanloup [2], que l'instruction primaire en Prusse a été, depuis Frédéric II jusqu'au Kulturkampf, *profondément chrétienne, essentiellement chrétienne.* — Dans tous les pays allemands, dit M. E. Rendu, il ressort de toutes les lois, réglements, circulaires, que *la fin de l'*INSTRUCTION PRIMAIRE *est l'éducation morale et religieuse de la nation par le* CHRISTIANISME ». Et un ministre de l'instruction publique, M. de Raumer, écrivait en 1851, dans une circulaire célèbre : « Les instituteurs sont chargés d'instruire leurs élèves *dans la connaissance du Christianisme*, OBJET CAPITAL DE L'ENSEIGNEMENT ÉLÉMENTAIRE ». On ne voit pas qu'en aucun temps cette éducation purement cléricale ait altéré le patrio-

---

1 Cette assertion se trouve notamment dans le rapport présenté par M Thézard, professeur à la Faculté de droit de Poitiers, à l'Assemblée générale du Cercle poitevin en 1878. — *Avenir de la Vienne*, 22 juin 1878.

2. *Quelques mots sur l'instruction primaire en Prusse*, par Mgr l'Ev. d'Orléans Doumol, 1872.

tisme ou rompu l'unité nationale en Prusse. On constate au contraire que la persécution religieuse y a créé deux peuples. Que les Ligueurs cessent donc de nous présenter les triomphes de la Prusse comme des triomphes de l'école sans Dieu ; l'argument se retourne contre eux et les écrase.

L'œuvre du F∴ Macé a pénétré aussi dans les *prisons*. Elle y trouvait un personnel tout préparé pour ses doctrines antisociales et antireligieuses ; « l'ignorant y est livré presque sans défense, ne fût-ce que par l'ennui, à qui veut l'instruire », écrivait M. Macé. M. Turquet (encore un des parvenus du jour), alors procureur impérial à Vervins, fonde dans cette ville, en 1867, la première école de prison. Il se voue à cette œuvre, la prêche à Senlis, la prône à Reims, *dans le local de la Loge maçonnique*, « se met à la disposition des Cercles qui l'appelleront », pour vanter tous les mérites de son entreprise. Le F∴ Macé l'encense et le pose en modèle ; il décide le Cercle mulhousien à l'imiter, et l'*alter ego* de M. Duruy, M. Charles Robert, écrit au président de la commission de l'école de la prison : « M. le ministre me charge de vous adresser *pour la Société* dont vous êtes membre et pour vous-même *ses félicitations les plus chaleureuses.* Son Excellence applaudit à votre généreuse pensée et envoie *d'urgence* cinquante volumes pour la bibliothèque de la prison 1. »

E. *Cercles d'ouvriers*. — Avant les catholiques, la Ligue avait compris la puissance des associations ouvrières et tenté de s'en emparer. Stimulé par l'exemple des *working's men clubs* anglais et des *arbeiter's vereine* allemands, le même groupe mulhousien

---

1 *Bullet* n° 3, p 19,

dont nous venons de parler décrétait le 28 octobre 1868 la formation d'un Cercle d'ouvriers. L'auteur de la proposition, M. Jules Siegfried, appuyait son rapport de l'offre de cent mille francs. Déjà, M. Engel Dollfus avait fondé aux portes de la ville un Cercle semblable destiné aux ouvriers de Dornach. Une brochure *prussienne* sur *les Associations d'artisans et d'ouvriers en Prusse,* envoyée par M. Jean Macé à un ami et tombée par hasard sous ses yeux, le décide et lui fournit le cadre. Le F∴ Macé est son Egérie ; il rectifie les plans et devis, amende les statuts, etc.

L'invasion et l'annexion vinrent interrompre l'exécution du projet Siegfried, jusqu'au 1ᵉʳ avril 1872. En 1874, le Cercle avait déjà organisé dans son sein quatre sociétés musicales, dont une pour les jeunes filles, une société théâtrale, une société d'escrime, une société de gymnastique, des conférences scientifiques hebdomadaires et une bibliothèque de 1,200 volumes.

Tous les ans il donne quatre grands concerts, huit ou dix soirées musicales, deux fêtes gymnastiques et plusieurs représentations théâtrales : les Ligueurs de Mulhouse, ville si française, portent gaiement le deuil de la patrie. Le nombre des membres était au 1ᵉʳ janvier 1878 de 1,777 ; les revenus annuels de 12,000 francs (la cotisation est de 50 centimes par mois) ; le fonds de réserve de 7,000 francs, et aux 100,000 francs de M. Siegfried, un autre ligueur, M. Spœzey, avait joint 20,000 francs.

Mais la conquête prussienne a chassé M. Siegfried. Suivons-le au Havre, où, avec une générosité digne d'une meilleure cause, il continue de mériter les applaudissements des envahisseurs de sa patrie. Car, c'est un fait remarquable : si la *forme* de la Ligue est *belge,* le *fonds* de ses idées est *allemand :* l'enseignement gratuit, obligatoire et laïque est, surtout depuis 1870 et le Kulturkampf, l'idéal de l'Allemand dans l'Ancien et dans le Nouveau-Monde [1].

La Ligue française se pare des éloges prussiens. Un Silésien en a imprimé dernièrement le panégyrique; il célèbre M. Jean Macé et M. Emm. Vaucher, le secrétaire général. Ce sont de grands hommes, à ses yeux, parce qu'ils veulent détourner la France « de la gloriole militaire et des lauriers sanglants », et « l'arracher aux étreintes du clergé ». Ces deux messieurs ont l'impudeur d'étaler tout cela dans le compte-rendu qu'ils rédigent [2].

Mais rejoignons au Havre M. Siegfried. Nous le verrons, à la tête du groupe local, fonder le cercle Franklin, type et modèle de ceux que la Francmaçonnerie voudrait créer partout.

Il a coûté 200 mille francs. Un souscripteur : M. Siegfried sans doute, a versé 50,000 francs. L'esprit de solidarité révolutionnaire s'est affirmé de nouveau dans cette entreprise ; des associations et des personnes étrangères ont apporté leur offrande. *La Société des forges et chantiers de la Méditerranée a pris à elle seule cinquante actions de 100 francs. La municipalité radicale*, prodigue, au Havre comme ailleurs, du bien d'autrui, a *abandonné un très-vaste terrain dans un quartier populeux et central, moyennant* 100 FRANCS DE LOYER ANNUEL (!!) La tactique, comme toujours, a été de présenter la Ligue et ses Œuvres, notamment l'Œuvre du Cercle, comme anodines, inoffensives, inspirées par le pur amour de l'instruction et de la moralisation du peuple.

1 Voir Claudio Jannet, *Les États-Unis contemporains*, 3 édit. t II, chap XX, § 10, et XXII, § 6.
2 *Compte-rendu* pour 1877, p 263-264 — *Notice sur l'éducation publique en France*, par le docteur J. Reich, imprimée à Œls.

Cette perfidie avait fait des dupes. Une harangue sonore et creuse de M. Jules Simon [1] à l'inauguration du Cercle Franklin avait accumulé les sophismes. M. le comte de Mun vint au Havre peu après le philosophe rationaliste ; il le réfuta et dissipa tous les nuages par un magnifique discours, prononcé lorsque fut ouvert le premier Cercle catholique d'ouvriers de la ville.

M. Siegfried, protestant, francmaçon, libre-penseur, étranger à la Normandie, a été nommé maire en 1878 ; c'était écrit.

Mais c'est là un succès isolé. *Le Cercle des travailleurs du quartier des Brotteaux*, à Lyon, celui des *Travailleurs du faubourg Saint-Antoine*, à Paris, et d'autres, ne font plus parler d'eux depuis dix ans. Le Cercle de la rue Villehardouin (Paris) et le Cercle-Bibliothèque d'Heyrieux (Isère) se sont peu développés. Seul le Cercle de Nice a quelque importance. Il compte soixante ouvriers, possède une bibliothèque, est abonné à nombre de journaux et de Revues.

F. *Publications des Cercles.* — La plupart des Cercles publient un *Bulletin*, paraissant une ou plusieurs fois chaque année, ou tout au moins un *Compte-rendu* de leur Assemblée générale annuelle. « Le *Bulletin* d'une Société est à la fois la garantie de son action et son certificat de vie, observe avec raison le F∴ Macé. Sa perspective stimule le zèle des Comités, et sa lecture entretient l'intérêt pris à l'œuvre par les souscripteurs, qui se sentent faire partie d'un corps vivant. » Aussi, en homme pratique qu'il est, il pousse tous les

---

[1]. Nous reconnaissons volontiers le grand talent oratoire de M. Jules Simon, mais les mots honnêteté, morale, vertu, devoir, résignation, qui remplissent sa harangue, ne sont et ne peuvent être que des paroles sonores et creuses, séparées de la foi en un Dieu personnel, créateur, rédempteur, souverain maître et souverain juge de l'humanité. — Les phrases les plus éloquentes ne changeront rien à cette vérité.

groupes locaux à faire de la publicité. « Ajoutez, dit-il, que les exemples donnés et les résultats obtenus perdent beaucoup de leur utilité, s'ils ne sont pas mis sous les yeux de tous. *Enfin c'est par l'échange de leurs publications que les Cercles de la Ligue se mettront le plus facilement et le plus pratiquement en rapport entre eux* [1]. » Ce n'est pas la Révolution qui méconnaîtra jamais ces deux incontestables axiomes : *Ignoti nulla cupido, exempla trahunt.* Hélas ! on ne peut rendre le même témoignage aux catholiques. Combien, parmi nos frères, s'imaginent encore que l'argent dépensé par une œuvre en comptes-rendus, en bulletins, est de l'argent perdu, de la bureaucratie, de la paperasserie, comme ils disent !

A la publicité la Ligue aime à joindre la propagande active. Il est clair qu'il faut *faire ceci et ne pas omettre cela.* — Le Cercle nîmois dirige toute son action vers les campagnes, le Cercle havrais l'imite, sans négliger la ville. Il tente les municipalités rurales par l'appât d'une bibliothèque à bon marché. Plusieurs succombent sans se rendre compte du mal qu'elles vont faire. Le Cercle niortais, le Cercle poitevin et trente autres embrassent tout un département. « Toute souscription adressée à la Ligue à Niort, écrit M. Antonin Proust, est attribuée à la création d'une bibliothèque ou à l'ouverture d'un cours dans la commune d'où cette souscription provient, sauf retenue d'un quart pour le fonds commun. » Clermont fonde deux bibliothèques, à Royat et à Moriat. La *fondatrice* du groupe Savernois annonçait, dès 1868, la formation de deux bibliothèques de village et la préparation de deux autres. Le secrétaire du Cercle Pont-Audemérien en avait constitué trois à la même date et était en

---

1 *Bulletin* n° 5, p 25.

correspondance avec quinze communes pour en faire
ouvrir d'autres. Le Cercle rochelais pouvait en porter
six à son actif, lorsqu'un arrêté préfectoral l'a entravé
pour un moment, le 10 septembre 1877. Baugé en
avait déjà organisé onze. Un cultivateur du Haut-
Rhin, M. J.-B. Ancel, non content des six cents volumes qu'il avait rassemblés à la Poutroye, a établi
plus de trente dépôts dans des villages et hameaux de
la montagne. Avec cent quarante-trois volumes,
M<sup>me</sup> Girault-Lesourd a su fournir de livres cinq
communes au moyen de bibliothèques circulantes.

Ailleurs on emploie des conférences pour la propagande.

Au temps où M. Saint-Martin, jeune avocat du
barreau d'Apt, ne s'était pas encore révélé, deux représentations eurent lieu dans la même soirée au petit
théâtre de Pertuis. Le futur député donnait une conférence et un groupe de jeunes gens une comédie, au
profit d'une bibliothèque populaire. Pour le conférencier, comme pour M. Proust, à Niort, comme
pour tant d'autres, la Ligue a été un piédestal : ce
n'est pas son moins triste résultat. — L'*Association
phocéenne* détachait des orateurs à Roquevaire et dans
tous les environs de Marseille, « pour expliquer l'œuvre de la Ligue et provoquer la création de nouveaux
Cercles ». En quelques mois le Comité de Metz con-
stituait trois Cercles, et le Comité de Bone trois aussi,
en quelques heures, dès sa seconde séance [1].

[1]. Un des Cercles constitués par le groupe messin a droit à une
mention spéciale C'est celui de Solgne Solgne est une commune
de 400 âmes — Peu après sa fondation le Cercle comptait 71
adhérents, on en espérait 10 de plus Il y avait une bibliothèque
et des conférences régulières, suivies en moyenne par 40 auditeurs

## III

### ŒUVRES DIVERSES.

A. *Excursions.* — A côté de ces œuvres qu'on peut appeler *classiques*, la Ligue en pratique d'autres : sa fécondité est inépuisable. Ainsi, dès 1868, le Cercle Messin, le premier-né de la Ligue, tentait d'acclimater en France les excursions scientifiques à de grandes usines, ou les promenades amusantes du dimanche. Un vrai voyage de dix jours dans les Vosges était même entrepris, et une excursion pour la haute Italie projetée. Le secrétaire général de la Ligue Belge offrait « de préparer des réceptions dans ses Cercles aux Ligueurs français qui viendraient en groupe les visiter [1] ». En Belgique, la Ligue utilise largement ce puissant moyen de propagande, fort répandu aussi en Allemagne, en Suisse et ailleurs. « Le président du Cercle ouvrier de Copenhague, qui compte près de deux mille cinq cents membres, me racontait, dit le F∴ Macé, qu'il en avait emmené en Suède par centaines à la fois »

Inutile d'insister sur l'importance de ces relations personnelles, soit entre les soldats de l'armée de Dieu, soit entre les soldats de l'armée de la Révolution. Il y a quinze ans, des ouvriers de tous pays se sont rencontrés à Londres, et l'Internationale est née. Croit-on que les délégations ouvrières envoyées depuis lors aux grandes expositions se soient bornées aux relations professionnelles ?

1. *Bulletin* n° 5, p. 46.

B. *Cartes d'ignorance.* — Afin de frapper les yeux, la Ligue a encore propagé sinon inventé les fameuses cartes d'ignorance qui ont fait du bruit en leur temps.

« *Segnius irritant animos demissa per aures*
*Quam quæ sunt oculis subjecta fidelibus.* »

Les Ligueurs ne l'oublient pas, et ils présentent à leurs adeptes, aux enfants des écoles, au public, des cartes aux teintes variées, où l'ignorance est représentée par le noir, la science par le blanc, avec plus ou moins de nuances intermédiaires. Ils font grand tapage de ces cartes ; ils les multiplient sous toutes les formes : cartes d'Europe, cartes de France, cartes départementales, cantonales, communales, etc. etc. « Cela fait honte aux pays d'ignorance, dit le F∴ Macé : *la carte justifie le groupe.* » En réalité, c'est une arme de guerre. On s'en sert surtout pour couvrir de la tache noire de l'ignorance les pays catholiques. — Exemple : l'Etat pontifical est mis au *dix-huitième* rang sur la carte d'Europe dressée en 1868. Il vient après la Grèce et précède à peine la Moldo-Valachie, la Russie et la Turquie.

Or, plusieurs années avant la première invasion piémontaise (en 1853), les recensements officiels constataient que dans les Etats pontificaux, *toutes les paroisses sans exception* avaient leur école de garçons et leur école de filles. « En dehors des écoles communales, on trouvait 2,993 établissements fréquentés par 70 mille élèves externes (garçons) et 107 colléges ou séminaires renfermant 5,876 internes. De plus, 1,892 institutions diverses dans lesquelles l'enseignement était départi à 53,343 jeunes filles. »

« L'ensemble des professeurs, maîtres et maîtresses,

dépassait 6,300. » C'est une moyenne de plus de 5 par paroisse ; car il y avait 1,219 paroisses[1].

Telle est la vérité pour l'Etat Romain. — En France, l'exactitude est pareille. Dans une singulière circonstance, Mgr l'Evêque de Périgueux a dû protester contre le rang infime assigné à son diocèse et écrire : « J'ai pu me convaincre *sur les lieux mêmes que les statistiques concernant les enfants soustraits à tout enseignement étaient en général peu fidèles, et qu'elles avaient été souvent composées d'imagination* »[2].

C. *La Ligue envahit l'Orphéon, les Sociétés de gymnastique, etc.* — Mais une des inventions les plus ingénieuses et les plus redoutables de la Francmaçonnerie consiste à absorber les associations les plus étrangères ou même les plus directement contraires à son but. L'ordre des Templiers dans le passé, les Confréries du Brésil dans le présent, en sont deux preuves entre mille autres, et il est telles confréries de Pénitents subsistant encore, en Provence ou dans le comté de Nice, par exemple, qui, tout en conservant leurs pieuses cérémonies, ne sont plus que des associations maçonniques.

---

1 *Histoire de la charité à Rome*, par Léon Lallemand, 1 vol. in-8°, Poussielgue, 1878, 3e partie, chap 10, p 444 — Voir aussi le chap. 11, *Les Ecoles révolutionnaires* Malgré tous les efforts des envahisseurs : augmentation énorme du budget municipal de l'instruction publique, menaces, pression, promesses, cadeaux etc , la décadence est considérable. — En 1873, 8,651 enfants seulement fréquentaient les écoles primaires à Rome, tandis qu'en 1870, avant la prise de la ville, le nombre s'en élevait à 18,618 (7 238 garçons et 11,380 filles)

2. *Lettre de Mgr l'Evêque de Périgueux à M de Saint-Pulgent, préfet de la Dordogne* (1 juin 1868) — L'incident qui motiva cette lettre mérite d'être raconté. Déployant une activité dévorante comme on disait alors, au service des projets communs de la Ligue et de M Duruy, M de Saint-Pulgent venait de fonder une *Société pour le développement de l'instruction primaire dans la Dordogne*, Il se rend en personne dans les 47 cantons du département et donne

L'*Orphéon*, les *Sociétés de gymnastique* surtout sont l'objet des convoitises de la Ligue française. Aux derniers jours de l'Empire, voyant quel parti électoral on tirait de ces institutions et de tant d'autres : Sociétés de secours mutuels, Sociétés chorales, etc., elle s'est dit : Pourquoi ne m'en emparerais-je pas ? « L'Orphéon réunit par centaines de milliers les habitants des villes et des campagnes... Il y a là un monde tout préparé pour la réalisation de l'Œuvre de la Ligue [1]. » — La rédaction du journal l'*Orphéon* prit la tête de la campagne, et l'on peut croire qu'elle n'a pas été infructueuse. De même pour la *gymnastique*. Le *Bulletin* du Cercle parisien insère une réclame de M. Paz en faveur des exercices de force et d'adresse. « Il est des courants trop rapides, s'écrie M. Josse,... je veux dire M. Paz, pour qu'on essaye de leur résister. L'orfévrerie..., non, la *gymnastique, est aujourd'hui d'utilité publique, et les sentinelles ne lui manqueront pas pour défendre ses œuvres* [2]. » Quoi qu'il en soit de ce courant *d'utilité publique défendu par des sentinelles* (on n'apprend pas le français au gymnase Paz), il

---

des éditions de son appel à la croisade contre l'ignorance Circulaires, prospectus, etc , sont expédiés à profusion. Tout le monde en reçoit, même l'Évêque et les prêtres. Sans autre acquiescement que leur silence, le trop zélé fonctionnaire s'empresse de faire inscrire leurs noms sur ses listes d'adhérents. Mgr Dabert et le clergé du diocèse de Périgueux n'apprirent que par la rumeur publique cet étrange et inconvenant procédé Le vénérable prélat fut obligé d'écrire à M. de Saint-Pulgent pour l'inviter « à effacer son nom et celui de ses prêtres » des listes de l'Association, et lui signifier son refus de coopérer à une entreprise « qui se place en dehors de toute direction religieuse » ; Il va sans dire que la Ligue couvre de fleurs l'œuvre et l'homme. le préfet qui a « organisé d'un coup la Ligue dans tout le département de la Dordogne, quel que soit le nom qu'elle y porte ». (*Bulletin* n° 4, p 46.)

1. *Id*, *ibid*, p 41.
2 *C.-R.* pour 1877, p. 256.

faut s'attendre à voir ces associations et d'autres devenir (et c'est déjà en partie chose faite) des foyers de radicalisme et d'impiété, comme en Allemagne, aux Etats-Unis et ailleurs [1].

D. *L'arbre de Noel.* — Non seulement la Ligue s'insinue dans les associations les plus étrangères à son but apparent, mais elle cherche à s'emparer des usages les plus chrétiens pour les faire servir à sa propagande.

Est-il rien de plus charmant et de plus cher à l'enfance que l'arbre de Noël ? L'Église aime que tous les âges participent à la joie de ses fêtes, car l'Église est une mère. Aussi bénit-elle avec un tendre sourire les ingénieuses inventions des familles chrétiennes pour graver par des amusements le souvenir et l'amour des grandes solennités religieuses dans les âmes des petits enfants : arbre de Noël, gâteau des Rois, œufs de Pâques, que sais-je encore ?

Usage chrétien, l'arbre de Noël est, ou plutôt, hélas ! était aussi un usage alsacien. Au temps où notre sœur l'Alsace était française, le sapin de la Nativité, chargé de lumières et de jouets en guise de fruits, était planté chaque année dans la plus belle salle de la maison. Les familles joyeuses se rassemblaient autour de lui, et les babies aux têtes blondes, heureux et ravis, recevaient avec des cris de joie chacun leur part de la précieuse cueillette, dans laquelle les pauvres n'étaient pas oubliés.

Aujourd'hui, hélas ! les principes révolutionnaires de la Ligue ont produit leurs conséquences nécessaires. L'Alsacien Jean Macé et tous ses adeptes avaient applaudi à la spoliation du Pape et des Princes catho-

1. Voir l'*Atlantic-Monthly*, octobre 1872, cité par M. Cl. JANNET, *Etats-Unis contemporains*, t. II, p. 132-133.

liques d'Italie ; ils s'étaient réjoui des victoires de la Prusse protestante et livrée à la Francmaçonnerie contre l'Autriche catholique ; ils avaient trouvé légitimes les annexions violentes et injustes faites au nom du droit de la force. Hélas ! ce prétendu droit de la force a été cruellement exercé contre la France, et il y a trop de larmes aujourd'hui dans nos pauvres et chères provinces perdues pour que les joyeuses coutumes du passé puissent y être conservées comme jadis.

Mais le souvenir en reste, et la Ligue se montre fort adroite en s'appropriant ce gracieux divertissement qui colore d'une teinte chrétienne et patriotique ses entreprises contre la foi de l'enfance. D'un seul coup elle gagne le cœur des enfants et des mères, et elle prépare en même temps l'augmentation de ses adhérents et le recrutement de ses écoles.

Aussi la Ligue ajoute-t-elle *l'arbre de Noel* à la liste de ses œuvres.

A Poitiers, le Cercle prend l'initiative de cette habile hypocrisie. Il ouvre une souscription, fait de la réclame, du pseudo-patriotisme, de la poésie, le sujet y prête ; jusque-là, c'est dans son rôle. Qu'il donne sa fête dans le grand amphithéâtre de la Faculté des Sciences c'est déjà exorbitant ; car enfin les établissements scolaires de l'Etat ne sont pas, que je sache, des temples maçonniques, et il ne suffit pas d'avoir dit comme Tartufe :

*La maison est à moi ; c'est à vous d'en sortir,*

pour avoir le droit d'en disposer en maître.

Mais où la Ligue dépasse toute mesure et toute permission, c'est lorsqu'elle insère au nombre des sommes reçues *une collecte faite parmi les élèves du Lycée*, avec l'autorisation, sinon sur l'ordre du président du Cercle local devenu récemment recteur de l'Académie. En effet, ou l'argent versé a été pris sur la quête pour les pauvres qui se fait chaque année dans les colléges de l'État, ou une demande spéciale a été adressée aux élèves de la part de la Ligue. Dans le premier cas, ce ne serait ni plus ni moins qu'un abus de confiance et un détournement de fonds ; car l'aumône destinée aux indigents doit être remise aux indigents, à l'exclusion de tous autres. Dans le second cas, il y aurait un abus de confiance d'un autre genre et une odieuse oppression de la conscience. Combien de familles, en effet, parmi celles qui mettent leurs fils au Lycée, ne souffriraient pas qu'ils contribuassent à des entreprises maçonniques ! Combien de fonctionnaires trop pauvres ou trop peu indépendants pour braver les dénonciations toujours suspendues sur les têtes, en ce temps où les adeptes de la Ligue nous gouvernent selon les principes libéraux de la Ligue, et qui cependant ont droit à ce qu'on ne se serve pas de leurs enfants pour soutenir des œuvres antichrétiennes ! Combien de parents enfin préféreraient renoncer aux bourses accordées par l'État et priver leurs fils du bienfait de l'instruction, plutôt que de l'acheter par des actes contraires à leur conscience !

Voilà ce que fait la Ligue sous le couvert d'une fête aux origines chrétiennes et patriotiques.

## IV

### ŒUVRES GÉNÉRALES.

A. *Pétitionnement et enquêtes.* — Depuis quelques années, l'action générale de la Ligue en France se développe parallèlement à la marche victorieuse de la Révolution. Dégagé du souci des fondations locales, le Cercle Parisien est chargé de provoquer des mouvements d'ensemble : il y donne tous ses soins, « principalement depuis qu'il est couvert *par les larges ailes de la République*[1] ».

Il fallait avant tout agiter l'opinion et déterminer un courant, factice ou réel, peu importe, mais apparent du moins, en faveur de l'école sans Dieu. Un vaste *pétitionnement* fut donc organisé. Puis l'agitation continua sous une autre forme, par l'*enquête sur l'enseignement laïque*.

Maîtres du pouvoir et maîtres absolus, nos Ligueurs, ministres, préfets, etc., se sont ingénié pour créer mille entraves aux récentes pétitions catholiques en faveur des

---

1. *C.-R.* pour 1878, p. 241 Monographie du *Comité républicain privé du XVe arrondissement en faveur du sou des écoles laïques.* Le titre est un peu long, le style un peu bizarre « la République qui a des ailes » !! tout comme le Dieu de feu M. Havin, mais les idées sont bien plus baroques encore. « Le *Juif Errant* d'Eugène Sue est et restera longtemps encore la preuve irrécusable des richesses des Jésuites ! »«*Le sou dit des petits Chinois a déjà drainé de l'Europe des milliards* » !! (L'Europe des milliards ?) Le Comité républicain du XVe arrondissement « sans être aussi riche que la célèbre corporation du Gesù, est lui aussi sur son chemin de Damas » ! parce qu'il a en caisse sept cent quatre-vingt-sept francs cinquante-cinq centimes, tous frais payés. Comprenne qui pourra ce dernier trait !

droits les plus sacrés. Ils ne s'étaient cependant pas fait faute d'user du même procédé de pétitionnement, et personne ne les avait gênés. C'était aussitôt après la guerre : l'Assemblée nationale, en qui se concentraient alors tous les pouvoirs, était trop chrétienne, et par conséquent trop dévouée à la liberté, pour imposer au pays la triple tyrannie de l'obligation, de la gratuité, de la laïcité. Elle laissa faire, respectueuse, jusqu'au scrupule, des droits de la minorité. La Ligue prétend avoir recueilli un million de signatures ; « manifestation d'opinion la plus imposante qui se soit vue en France de mémoire de Parlement[1]. » — « Une pleine voiture de pétitions », dit le F∴ Macé ; « le premier pétitionnement qu'on ait vu en France », reprend avec aplomb le F∴ Martin[2]. C'est peut-être un demi-million seulement, et encore ?... Car, dès que la Révolution a besoin de faire du bruit, elle dédaigne la sincérité, vertu d'ancien régime.

Ainsi, elle a mené grand tapage au sujet de son *enquête sur l'enseignement laïque*. Elle a fait parade des « *milliers* de réponses entassées dans le dossier ». — « Une *foule* de conseils municipaux, en première ligne ceux des grands centres, avaient attesté que le vœu formel de la majorité de leurs électeurs était pour la neutralité religieuse des écoles communales. » Les documents publiés « attestent, disait-elle, *l'adhésion de la moitié de la population française* aux principes dont nous poursuivons l'application ».

Certes, voilà des affirmations catégoriques. Voici maintenant la réalité. J'ouvre les trois *Comptes-Ren-*

---

1. Discours de M. Jean Macé à l'Assemblée générale du Cercle parisien en 1877, p. 24.
2. Discours de M. Henri Martin vice-président du Cercle parisien, à l'Assemblée générale du 18 janvier 1879. — *C.-R.* pour 1878, p. 38.

dus ¹, j'additionne les réponses : trois cent trente-deux ; j'additionne les signatures : cinq mille cinq cent quarante-deux pour la France et l'Algérie et… c'est tout. Sans doute le F∴ Macé avertit qu'il publie seulement « les réponses les plus importantes, les plus nettes, celles qui ont derrière elles le nombre de signatures le plus considérable ² ».

Mais pourquoi se borner à ces indications vagues ? Quand on emploie soixante-quinze pages à reproduire les formules monotones de déclarations identiques, il est étrange qu'on ne puisse pas donner au moins le nombre des réponses et des signatures.

Même parmi les trois cent trente-deux réponses « mi-

---

1. *C.-R.* pour 1876, 1877 et 1878.
2. *C.-R.* pour 1877. — Discours de M Jean Macé à l'Assemblée générale, et Circulaire pour la *Société des Écoles laïques*. *C.-R.* pour 1878, p 36.

Les 111 réponses « mises au jour » par le *Compte-rendu* de 1878 reproduisent presque invariablement l'étrange formule que voici :

« Considérant que l'esprit a aussi besoin de lumière que le corps a besoin d'aliments, que l'expérience a démontré *que le niveau moral d'un peuple s'élève avec son degré d'instruction ; que dans un gouvernement républicain, basé sur le suffrage universel,* tous les citoyens doivent être mis à même de comprendre leurs devoirs et leurs droits,

« Le conseil municipal de… demande (ou les soussignés demandent) l'instruction primaire obligatoire, gratuite et laïque pour les deux sexes, dans toutes les écoles subventionnées par les communes les départements et l'Etat ;

« Obligatoire dans le double intérêt de l'individu et de la société, au nom de leur solidarité réciproque ;

« Gratuite, au nom de l'égalité et pour ôter tout prétexte au mauvais vouloir ;

« Laïque, parce que ce principe « La science à l'Ecole, et l'instruction religieuse à l'Eglise », *est le seul qui protège efficacement la liberté de conscience* »

En vérité, c'est un singulier procédé d'enquête que d'envoyer d'avance aux déposants la réponse qu'on leur demande, et de borner leur rôle à une simple signature S'ils ne répondent pas comme le veut la Ligue ils sont tancés d'importance (Voir Document C)

ses au jour », dix-neuf constatent la répulsion de la majorité pour la *laïcité,* ou contredisent les désirs de la Ligue en n'en parlant pas. Or, sans la *laïcité,* les libres-penseurs font bon marché de la gratuité et de l'obligation.

Cent vingt-sept déclarations sont suivies de moins de dix noms, dix-neuf d'un seul. — N'oublions pas qu'on présente « *celles qui ont derrière elles le plus grand nombre de signatures !* »

Les vœux de la Bretagne entière sont exprimés par quatre personnages : trois à Brest, un à Nantes : M. Laisant. *Moi seul... et c'est assez* Le député radical certifie l'amour « de l'immense majorité » des Nantais pour l'instruction laïque. Or, les deux tiers des familles du peuple mettent leurs fils chez les Frères [1], et, pour les filles, la majorité est plus écrasante encore. Qui faut-il croire ? les faits ou M. Laisant ?...

Voilà cependant ce qu'on ose présenter comme l'expression éclatante, irréfutable des vœux de la France chrétienne.

Et quand même les Ligueurs, fanatiques admirateurs de Voltaire, n'auraient, pour cette fois, grossi aucun chiffre, violenté aucun texte, ils devraient se souvenir d'un autre million de signatures qu'obtint le *contre-pétitionnement* organisé par le Comité catholique de Paris [2], ainsi que des résultats de l'enquête ouverte à la même époque par la Société d'éducation et d'enseignement. Cette enquête *sur la situation des écoles congréganistes* avait prouvé « que, même dans les

---

1. Observations de M. l'amiral de Cornulier sur la proposition faite au Conseil municipal de Nantes de supprimer le traitement des instituteurs congréganistes et d'émettre le vœu que toutes les écoles de la ville soient laïques. — 27 novembre 1877.
2 *Compte-rendu* de l'Assemblée générale de la Société d'éducation et d'enseignement, 29 juin 1878, p. 21.

grands centres de population, soumis plus que tout le reste aux plus détestables influences, *les familles demeuraient fidèles aux écoles congréganistes et tenaient à ce que l'éducation religieuse continuât à être la première donnée à leurs enfants* [1] ».

Qui donc a pour soi non-seulement le droit et la justice, mais même l'opinion? Est-ce l'enseignement chrétien? est-ce l'enseignement athée? Le nouveau pétitionnement catholique n'a-t-il pas réuni déjà près de deux millions de signatures, en dépit de tous les obstacles? Pourquoi la Ligue n'a-t-elle pas contre-pétitionné, comme le Comité catholique en 1872?... Et la fidélité aux écoles congréganistes, attestée par notre enquête, s'est-elle assez universellement affirmée en face des menaces et des spoliations?

Cependant le F∴ Macé et consorts continueront à se donner pour les vrais interprètes de la France. Pour des admirateurs de Voltaire, le mensonge n'est-il pas une vertu?

B. *Souscriptions générales.* — Pour toute guerre il faut de l'argent. Le Cercle parisien s'est donc efforcé de créer et de remplir une caisse centrale, destinée à aider et à soutenir les caisses locales dont nous avons parlé.

Par ses soins plusieurs souscriptions générales ont été ouvertes : *Souscription en faveur des Bibliothèques militaires; — souscription en faveur des Écoles régimentaires et des bibliothèques d'hôpitaux militaires; — souscription pour offrir un matériel d'enseignement primaire aux écoles rurales de France, d'Algérie et des colonies.* Elles ont peu produit : 72,219 fr. 20 c. en tout : mince résultat, comparé à la grandeur des efforts.

---

1. *C.-R. ibid.*

On remarquera la sollicitude de la Ligue pour l'armée : c'est qu'une armée sans foi religieuse appartiendrait à la Révolution.

La *souscription en faveur des écoles rurales* a été organisée en 1876, *d'accord avec M. Waddington, alors ministre de l'instruction publique;* les autres sont plus anciennes. — Nous l'avons déjà dit, la Ligue se considère comme un pouvoir public : une troisième chambre ou un gouvernement en second. A ce titre, elle met sans cesse en jeu conseils généraux et conseils municipaux ; ils sont ses correspondants habituels ; c'est à eux qu'elle s'adresse pour ses enquêtes, pour ses souscriptions, etc. Beaucoup sont parfaitement disposés : comme la Ligue, ne travaillent-ils pas, eux aussi, pour la Révolution ? Cependant 7 conseils généraux et 27 conseils municipaux ont seuls pris part à la *souscription pour les écoles rurales*. Mais toutes les sommités révolutionnaires y ont concouru, et, avec elles, la presse républicaine de toute nuance, depuis le *Temps* jusqu'à la *Religion laïque!* les Loges maçonniques de tout pays, le Grand-Orient de France en tête ; des FF∴ du Chili, d'Espagne, de Turquie, de l'Uruguay, d'Angleterre, du Brésil, d'Allemagne, de Californie, de Belgique, de Suède, de Norwège, de Suisse, d'Italie, et aussi, il faut l'avouer, plusieurs officiers de terre et de mer.

C. *Le sou des écoles laïques.* — Pour une association qui possède trente-cinq mille membres, plus de quatre cents groupes locaux en France, et tant d'appuis par le monde, qu'est-ce que 72 mille francs recueillis en six ans ? Il fallait trouver un meilleur procédé, et c'est encore la Belgique qui l'a fourni. Parodiant le *Denier de Saint-Pierre*, la Ligue Belge avait créé le *Denier des Écoles*. La Ligue Française a suivi son exemple et organisé le *Sou des écoles laïques*.

En cette entreprise, l'augmentation des ressources n'est pas le seul, ni même le principal mobile : le F.˙. Macé prend soin d'en avertir ses confrères ; écoutons ses déclarations officielles [1]. Nous avons voulu, dit-il, « entamer un mouvement... devant lequel se seront évanouies, avant qu'il soit longtemps, les dernières résistances à ce vœu unanime de la France républicaine : l'*École laïque* ». Inutile de constater une fois de plus que l'unanimité de la France, républicaine ou non, en faveur de l'école laïque, ne s'est jamais rencontrée que dans les discours de M. Macé et de ses pareils. — A la vérité, ils ne négligent rien pour la produire, ou du moins pour faire croire qu'elle existe. « Plus de 2 mille troncs déjà envoyés par le Cercle Parisien sur tous les points de la France, *appellent en permanence* dans les ateliers, les magasins, les endroits publics, l'*attention de tous* sur cette grosse question, *et sont comme autant d'urnes de scrutin, où chaque sou qui tombe est un bulletin de vote contre l'école congréganiste.* »

Une circulaire solennelle et pressante, signée de tous les membres des trois Comités du Cercle parisien : Comité d'honneur, Comité des membres actifs, Comité des dames, a été expédiée à tous les conseils municipaux, pour chauffer l'enthousiasme et exciter la générosité. On leur montre *le Sou des écoles laïques* comme « une des œuvres les plus urgentes et les plus utiles qu'on puisse seconder [2] »... « Les deux tiers des sommes recueillies seront distribués en matériel d'enseignement aux communes désignées par les comités locaux. L'autre tiers servira à la marche générale de l'œuvre, à faire établir les troncs, à faire

---

1. Rapport de M Jean Macé à l'Assemblée générale du Cercle parisien, 18 janvier 1879. — C-R pour 1878, p 47.
2. C.-R. pour 1878, p. 36.

fé e aux dépenses pour l'achat et l'emballage du matériel et son expédition franco. » En outre, des conventions particulières assurent au Cercle parisien une remise d'environ 33 0/0 sur les objets indiqués, et il en fera bénéficier les communes [1]. Le moyen de résister à des offres si tentantes, adressées par la fine fleur masculine et féminine du parti radical ? Le moyen de refuser son appui à une œuvre que ces messieurs et ces dames déclarent « une œuvre nationale », une œuvre voulue par le pays ?

*Plus de dix mille francs* avaient été dépensés pour « la mise en train ». C'était audacieux ; mais, une fois de plus, le succès a justifié l'audace. *Dès le premier mois, dix mille francs étaient rentrés dans la caisse du Cercle parisien.* » L'impulsion était donnée.

La première liste de souscription est instructive et curieuse. On y trouve, comme toujours, des Loges maçonniques et des journaux radicaux. Beaucoup de troncs ne sont pas encore mis en place ; mais déjà les autres rapportent. On en rencontre chez des négociants, débitants de tabac, boulangers, bouchers ; dans des Cercles, Chambres syndicales, Bibliothèques populaires ; surtout dans les endroits où l'on boit ; et cela devait être, car les cabarets, buvettes, brasseries, cafés, sont les vrais temples de l'*église laïque*.

Toute occasion est bonne pour ramasser quelques sous. Un citoyen quête dans un wagon de 3ᵉ classe, et réunit 1 fr. 05 ; un autre utilise un enterrement et recueille 5 fr. à la sortie du cimetière. Ici, une collecte faite à un repas de noces produit 10 fr. 35 ; là les bals publics sont mis à contribution, et la récolte est de 20 fr. au bal de Saint-Nicolas, à Paris ; de 23 fr. 50 au bal champêtre de Clucy (Jura). Des joueurs à Arras abandonnent le

---

1. *Id., ibid.*

gain de leur partie. Le tronc circule à Dijon, Lons-le-Saulnier, Salins et ailleurs, au milieu de banquets donnés pour le centenaire de Voltaire. Les écoliers eux-mêmes souscrivent : un citoyen de Montbarrey (Jura) demande à onze enfants et prélève quarante sous sur leurs petites bourses.

Une profession mérite une mention spéciale ; les commis-voyageurs se montrent dignes des distinctions dont M. Gambetta les a *honorés*. De Montluçon, de Brest, de Boulogne-sur-Mer, ils envoient des offrandes collectives. Missionnaires de la République, pionniers de la science laïque, ils sont pour la Révolution de très-précieux collaborateurs.

Des conseils généraux et municipaux suivent leurs traces. Que dis-je? ils font pis encore. Dépositaires des deniers publics, ils les détournent pour le service de leurs passions révolutionnaires. Les conseils généraux de la Seine et de la Côte-d'Or, les municipalités du Havre, de Montpellier, Cette, Clermont-Ferrand, Moulins, Meaux, Issoudun, donnent l'exemple et envoient généreusement de l'argent qui ne leur appartient pas [1].

Le hasard même se met de la partie. C'est lui qui a fondé le *Comité républicain du XV⁰ arrondissement en faveur du sou des écoles laïques*, Comité dont les secrétaires sont si forts en pathos [2].

« Le quinzième arrondissement n'avait qu'une vague idée de cette entreprise, lorsqu'un employé d'usine, M. Isidore Salmon, trouva, en se rendant à son bureau, un fragment de liste de souscription relatif à l'œuvre en question. »

---

1 *C.-R* pour 1878, pp 129-151, *passim*. — Leurs souscriptions varient entre mille et cent francs.
2. Voir page 198, note 1.

Aussitôt « il se transporta au Comité central (Cercle parisien); il y recueillit les renseignements qui lui semblèrent indispensables pour la propagande de cette institution ; puis il en causa familièrement avec M. Émile Chevalier, ancien conseiller municipal ». Combien de catholiques auraient pris autant de peine ?..

L'ancien conseiller municipal adopte immédiatement les propositions de son interlocuteur ; il rassemble chez lui un groupe de citoyens du même arrondissement, et le Comité est fondé. — 21 réunions en quatre mois, 16 troncs déposés dans le même temps chez des commerçants du quartier ; des statuts et un règlement très complets ; une grande fête donnée au théâtre de Grenelle et produisant 1,427 fr. : tel est le bilan de ses premiers travaux.

Ce Comité a d'importants collaborateurs, de puissants appuis en France et à l'étranger, et il semble appelé à prendre une place considérable dans l'armée révolutionnaire.

Parmi ses protecteurs on compte MM. Victor Hugo, H. Martin, Crémieux, Carnot, Jules Favre, Jules Simon, Corbon, Hérold, etc., sénateurs ; Louis Blanc, Gambetta, Spuller, Émile de Girardin, Farcy, Ménier, Hérisson, Floquet, etc., députés ; Engelhard, président du Conseil général de la Seine ; le trop fameux général Bordone ; Jacquin, secrétaire des concerts du Conservatoire, etc.

Le ministère de l'instruction publique « lui a promis de l'aider » à obtenir la salle du Trocadéro pour une grande fête et une tombola au profit d'une école professionnelle et industrielle à créer dans le XVe arrondissement.

Mentionnons parmi les collaborateurs : M. le général Chamberlain, ancien gouverneur de l'État du Maine aux

Etats-Unis, et délégué de la grande République fédérale à l'Exposition universelle de 1878. Il « est devenu un des membres les plus actifs » du Comité dont nous parlons. « M. Backer, commissaire général du Kansas pour cette même Exposition, prête déjà un concours très-effectif; nombre de personnages influents, tant en Europe qu'en Amérique, ont sollicité et obtenu leur admission, soit comme sociétaires, soit comme membres honoraires [1]. »

Voilà ce que peut produire un chiffon de papier ramassé par un homme de bonne volonté.

Déjà le mouvement s'étend. La province imite la capitale, et les Cercles locaux fondent aussi leurs *Sociétés du sou des écoles laïques;* exemple Saint-Etienne, Tarare, Lyon. A Lyon et à Saint-Etienne, les statuts sont caractérisés par une défiance, prudente peut-être, très-accentuée certainement, vis-à-vis du trésorier. — Défense lui est faite, dans ces deux villes, de garder plus de 100 fr. dans sa caisse ; « l'excédant devant être déposé *chaque jour, si c'est nécessaire,* dans une maison de banque ou d'épargne », ajoutent les statuts lyonnais (art. 6).

A Saint-Etienne, « il est responsable des carnets à souche, ainsi que de toutes les valeurs qui pourraient se trouver transitoirement entre ses mains. » Il doit présenter l'état de la caisse, *avec les pièces comptables,* à toutes les réunions du Conseil d'administration. Il ne peut retirer les fonds de la Société que par chèque signé de lui et du président (art. 15).

A Lyon, c'est pis encore, et cela se comprend: Lyon n'a-t-il pas élu M. Bonnet-Duverdier [2]? Les

---

[1] *C-R* pour 1878, pp 242-246

[2]. Personne n'a oublié le cas du citoyen Bonnet-Duverdier, qui avait trouvé commode de garder deux mille francs déposés entre

versements et les retraits de fonds doivent être faits par deux fondés de pouvoirs, que choisit le conseil général nommé par l'assemblée des sociétaires (art. 6). *A toute heure, à chaque instant, le trésorier doit être prêt à rendre ses comptes.* Une commission supérieure de contrôle est nommée par l'assemblée générale en dehors du conseil général. Elle a pour mission « de se présenter, *quand elle le jugera bon*, chez le trésorier général et chez les trésoriers d'arrondissement, pour vérifier les livres et constater l'état des caisses ».

« Chaque quinzaine, une commission de trois membres pris en dehors de la commission des finances sera (en outre) désignée par le conseil général pour vérifier les livres et la caisse du trésorier général. »

« Chaque mois, une commission analogue des conseils d'arrondissement vérifiera la situation des trésoriers d'arrondissement » (art. 12).

Touchante confiance ! Comme ces gens-là se connaissent et s'apprécient entre eux !

Fêtes publiques et privées, concerts, cavalcades, bals, représentations, conférences, etc., etc. (art. 3 et 7), tout doit servir de prétexte à *manifestations* et d'occasion de *recettes*. — Chambres syndicales, sociétés ouvrières, directeurs de théâtres, entrepreneurs de fêtes publiques, de courses, d'expositions, etc., etc. ; administrateurs de services publics, tels que : chemins de fer, bateaux à vapeur, omnibus, etc., etc., tout est mis à contribution.

Le ban et l'arrière-ban du parti est convoqué pour fomenter l'agitation et remplir la caisse. Les chambres syndicales et les sociétés ouvrières *doivent désigner un*

---

ses mains pour être versés à la bibliothèque populaire de son arrondissement à Paris.

*receveur par atelier*, chargé de *provoquer* et de faire rentrer les souscriptions. — La commission de propagande devra « se mettre en rapport avec les villes et communes voisines, pour y créer de nouvelles succursales ».

Partout seront placés des troncs numérotés, d'une couleur particulière (tricolores ou rouges, par exemple), portant l'inscription : *Sou des écoles*.

Des troncs ambulants seront promenés dans toutes les fêtes publiques, etc., etc.

C'est ainsi qu'on réussit : les 10 mille francs recueillis en trente jours par le Cercle parisien, et les 13,782 fr. rassemblés en dix mois à Lyon, le prouvent suffisamment.

Nos frères de Belgique ont imité les Ligueurs leurs ennemis, et le *Denier de la lutte catholique* est pour eux un puissant instrument de défense[1]. A Lille, *le sou des écoles catholiques* a été organisé sur le modèle du *Denier belge*, et le succès est pareil. Ne se servira-t-on pas de cette arme dans toute la France, comme le demandent les congrès catholiques, ou bien la laissera-t-on presque partout aux seules mains de nos adversaires ? Il est urgent de le décider.

D. *Les prédicateurs laïques.* — La parole publique possède une grande puissance ; la Ligue le sait mieux que personne. C'est pourquoi nous l'avons vue, dès son origine, provoquer et multiplier partout les *conférences*. Sur ce terrain comme sur les autres, elle sent la nécessité de ne plus se borner à une guerre de partisans, mais de dresser un plan général de campagne et de former un état-major pour en diriger l'exécution. « Il ne manque aux conférences qu'une toute petite chose, des conférenciers », avoue le

---

1. Voir document A. à la fin du volume

F∴ Macé. Donc il faut en former, et on en formera, qu'on appellera *les prédicateurs laïques*.

Le moyen sera d'ouvrir à Paris « une sorte de bureau de recrutement, où viendront s'enrôler tous les intrépides qui voudront être de cette campagne, au bout de laquelle est *l'acclimatation définitive de la République en France,* par l'habitude prise des mœurs républicaines, par la liberté conquise de dire sans permission dans une salle ce qui s'imprime sans permission dans un journal ». Et pour attirer les recrues, l'habile homme fait miroiter les honneurs et les profits qui les attendent : « Il y a là, dit-il, de belles places à prendre pour ceux qui se sentent au cœur la noble ambition de se faire un nom par des services rendus à leur pays ».

Déjà les demandes de conférenciers affluent au Cercle parisien. Si l'appel du F∴ Macé est entendu, le Comité central sera bientôt en mesure d'expédier des orateurs partout où on en désirera. L'entreprise est ardue, mais elle est très-importante ; on le sait, on le dit et on agit en conséquence ; c'est l'œuvre à l'ordre du jour : « *A chaque année suffit sa peine. Organisons notre bataillon de conférenciers dans le courant de celle-ci; nous trouverons bien une autre œuvre à mettre en train l'année prochaine* [1]. » Nouvelle leçon pour nous ; puisse-t-elle n'être pas perdue ! Puissions-nous voir d'autres *prédicateurs, laïques* aussi, mais chrétiens, venir entourer et seconder les vaillants qui se sont levés les premiers à Paris, et qui ont déjà parcouru toute la France ! Les triomphes des orateurs catholiques ont dépassé partout les espérances : le passé répond de l'avenir. « Il y a là, répétons-le, mais

---

[1]. Rapport de M. Jean Macé, Assemblée générale du 18 janvier 1879. — *C.-R.* pour 1878, pp. 49-50.

dans un sens plus désintéressé, il y a là de belles places à prendre pour ceux qui se sentent au cœur la noble ambition de se faire un nom par des services rendus à leur pays. » Il y a là surtout un grand devoir à accomplir envers l'Eglise, la patrie et nos enfants.

# QUATRIÈME PARTIE

## RÉSULTATS ET PROJETS DE LA LIGUE

### I

### LA LIGUE VEUT CHASSER DIEU DE L'ÉCOLE, AFIN DE LE CHASSER DE L'HUMANITÉ.

Deux mots résument les projets de la Ligue de l'Enseignement : *Chasser Dieu de l'école, afin de le chasser de l'humanité.*

Nous avons prouvé par ses propres aveux que sa prétendue impartialité religieuse et politique n'existe pas, n'a jamais existé, ne peut pas exister. Nous avons démontré, au contraire, que la Ligue a été fondée dans le but unique de détruire toute religion positive par l'éducation athée, et qu'elle a toujours travaillé très-activement en faveur de la République, seule forme de gouvernement qui possède ses sympathies.

Examinons maintenant l'avenir que ses projets feraient au monde, si par malheur ils réussissaient.

L'instruction serait aussi profondément atteinte que la société. Les preuves en sont évidentes, palpables ; les faits existent nombreux, concluants. Personne ne peut les contester ni les amoindrir, aucun sophisme ne les détruira, et si la Ligue avait au cœur une étincelle d'amour vrai pour la grande cause de l'enseignement, elle confesserait son erreur et avouerait que l'instruction *gratuite, obligatoire et laïque*, c'est l'instruction amoindrie, mutilée, déshonorée. Il n'en est rien ; elle prône plus que jamais sa triste formule, et pour échapper à des comparaisons qui contredisent ses promesses, elle redouble de violences contre l'enseignement chrétien. Supprimer ses rivaux, c'est en effet un moyen facile de s'assurer le premier rang : ç'a été de tout temps le procédé favori de la Révolution.

Et nous ne parlons pas ici de la France seulement. Les mêmes desseins se font jour dans le monde entier ; car la Révolution et la Francmaçonnerie, son agent le plus puissant, aiment les vastes entreprises, elles se plaisent à opérer à la fois sur l'ensemble de l'univers connu, et même inconnu.

N'avons-nous pas entendu en effet la Ligue Egyptienne déclarer qu'elle veut couvrir de ses écoles toute l'Afrique centrale [1] ? Et, en même temps, la Francmaçonnerie française travaille à s'introduire dans l'*Association internationale Africaine*, fondée par S. M. le Roi des Belges, dans le but honnête et louable d'établir des stations hospitalières au sein de ce vaste continent [2].

Il y a quelques années, l'infernal projet d'expulser

---

1. Voir plus haut, p. 65
2. Proposition du F∴ André Rousselle au Convent Maçonnique de 1877. *Monde Maçonnique* septembre 1877, p. 246

Dieu de l'âme humaine eût paru chimérique. Aujourd'hui qu'il marche à grands pas vers sa réalisation, il réussirait inévitablement, si les promesses faites par Dieu lui-même à son Eglise ne garantissaient l'échec final des triomphateurs actuels.

L'Antichristianisme, quelque forme qu'il prenne, ne procède pas par de petites œuvres locales, sans lien entre elles, sans action extérieure, sortes de plantes délicates et frêles qui absorbent sans grand profit, même personnel, les soins de quelques bonnes âmes. Non : il sait que des centaines d'escarmouches heureuses ne valent pas une seule grande victoire ; et que des milliers d'actions isolées, sans concert, sans unité, ne produisent pas autant de résultats qu'un seul mouvement général. Accoutumé à voir de haut et de loin, sa haine est souvent plus clairvoyante que notre amour. Sans doute il ne néglige jamais les petits résultats, les petits efforts individuels et isolés. Au contraire, il professe que partout où il y a des hommes, les œuvres qu'il patronne peuvent s'établir, et il ne lui est point venu à l'idée de borner sa propagande aux agglomérations importantes. Nous avons vu en effet que la Ligue établit des cours, des conférences, des bibliothèques, aussi bien dans les petits villages que dans les grandes villes, et elle a, nous a-t-elle dit, le projet de travailler de plus en plus contre les campagnes. Mais tout cela n'est pour le F∴ Macé et ses amis qu'un moyen d'arriver à ces grandes actions nationales ou même internationales, qui seules obtiennent de décisifs résultats.

On ne l'a peut-être pas assez remarqué, et cependant c'est un fait très-digne d'être noté : la campagne contre l'enseignement chrétien s'est ouverte presque partout à la même époque. De Bruxelles et de New-York, de Paris et de la Haye, de Londres même et de Florence s'est fait entendre à la fois le cri de guerre contre l'école religieuse.

C'était quelques années après Castelfidardo et la première invasion sacrilége des États du Pape. La Révolution, qui venait d'enlever à Pie IX ses plus belles provinces, travaillait à lui arracher le dernier lambeau de sa souveraineté temporelle : elle s'y préparait par les moyens moraux que l'on connaît, assurée par avance de la complicité, ou tout au moins de la complaisance des gouvernements. Mais elle savait que la spoliation totale du Saint-Siége, si préjudiciable qu'elle pût être au gouvernement de l'Eglise, ne suffirait pas pour détruire *l'ennemi*, c'est-à-dire le catholicisme. Dépouillé, prisonnier, le Pape serait plus aimé, plus écouté, mieux obéi. C'était facile à prévoir ; il était naturel que les malheurs du Père commun rendissent l'union plus intime entre les membres de la grande famille catholique et son auguste chef.

Rien ne serait donc fait tant que, malgré les intolérables entraves apportées à son libre exercice, la souveraineté spirituelle du Pontife survivrait à la souveraineté temporelle du Roi. Car en attaquant le Roi de l'Etat Romain, c'était le Pontife que la Révolution voulait détrôner, et c'était Dieu lui-même qu'elle visait dans la personne de son Vicaire ; son plan étant dès lors d'enlever à l'Eglise les âmes après les provinces, et de soustraire à Dieu les générations futures, après avoir *délivré*, disait-elle, les sujets du Pape du prétendu joug que son paternel gouvernement faisait peser sur eux. En un mot, il fallait, pour que le triomphe de l'Antichristianisme fût complet et durable, lui assurer l'avenir sans négliger le présent.

Et de fait, le plan des sectes était habile, d'une habileté satanique. Combiné avec adresse, il a été exécuté avec persévérance, ardeur et succès, hélas !

par le moyen surtout de cette machine de guerre
nouvelle : *la Ligue de l'Enseignement.*

Donc, quelques années après 1860, tout à coup,
d'un bout du monde à l'autre s'élevèrent des voix
disant sur un ton doucereux et hypocrite : « Les
questions religieuses divisent les esprits, il ne faut
plus de division ; car notre siècle est le siècle de la paix,
plus encore que des lumières. Tous veulent, et à bon
droit, la diffusion la plus large de l'instruction. Nous
le voulons plus que personne ; mais l'enseignement
ne pourra produire tous ses fruits qu'une fois dégagé
de tous ces dogmes qui divisent les hommes. Quelle
connexité en effet entre les opinions religieuses et la
lecture, l'écriture, l'arithmétique ? Nous n'avons aucun
sentiment d'hostilité contre les églises (c'est toujours au pluriel que les mots Eglise, religion, etc.,
s'emploient dans la langue révolutionnaire ; nous
préserve le ciel d'une pareille pensée). C'est prouver au contraire notre respect pour la liberté de
conscience que d'écarter du programme scolaire des
croyances que tous n'admettent pas. Patriotes autant que libéraux, nous voulons l'unité des esprits
et des cœurs en même temps que la liberté des convictions. Catholiques, protestants, juifs « *athéistes* »,
païens même [1], ouvrez des écoles où vous prê-
cherez vos « *opinions* ». Nous respectons vos droits.....
(tant que nous ne sommes pas assez forts pour les
fouler aux pieds) ; — « mais l'Etat, père de tous,
doit être le seul instituteur *public*, et le protecteur
impartial de tous les cultes. Il n'a pas le droit de favoriser une religion aux dépens des autres, et il est nécessaire que son enseignement soit *neutre*, sous peine de

---

1. Le président Grant a placé sur la même ligne les « dogmes
*religieux, athéistes et païens* », dans son *Message au Congrès*
du 7 septembre 1876.

n'être pas *national*. Rapprochés dès le bas âge, les enfants d'une même patrie recevront la même nourriture intellectuelle, et cette précieuse uniformité de l'instruction complétera la fusion des classes, commencée par le fait même de la vie commune. »

Ainsi, droits et devoirs de l'Etat en matière d'enseignement ; respect de toutes les croyances par la mise en dehors de l'école de toutes celles qui ne sont pas communes à tous ; patriotisme et désir de compléter l'unité du territoire par l'uniformité des sentiments : voilà les sophismes qui ont été mis en avant dans l'Ancien comme dans le Nouveau Monde, pour justifier un système scolaire absolument contraire à ce qui s'était pratiqué avant ce siècle.

Jusqu'ici, en effet, les peuples avaient unanimement reconnu que la religion, base de la société, devait être aussi la base de l'éducation, d'où dépend l'avenir de la société. Jamais le monde n'avait vu des nations sans croyances et des écoles sans Dieu jamais pareille tentative n'avait été même essayée. Seuls, quelques sophistes, quelques libertins, athées en pratique plus encore qu'en théorie, avaient osé soutenir cette triste doctrine. Les énergumènes de la Convention eux-mêmes avaient eu peur, comme Voltaire, d'un peuple sans religion, et avaient rendu de pompeux hommages à l'Être Suprême. Bientôt sans doute, « sur ces autels que la foi antique environne de chérubins éblouis, ils avaient fait monter des prostituées nues [1] ». Mais en offrant à la Raison, sous les traits d'une courtisane, un immonde encens, ces adorateurs dignes de leur idole rendaient encore hommage à l'idée de la divinité, tout souillé, tout abominable que fût cet hommage.

---

1. J. de Maistre, *Considérations sur la France*, chap. V, *in fine*.

La Francmaçonnerie elle-même voilait et voile encore, dans beaucoup de pays, ses attaques contre l'ordre surnaturel sous d'hypocrites formules de respect envers le Grand Architecte de l'univers.

Il était réservé à nos temps de voir la religion bannie officiellement de l'école, chez la plupart des peuples civilisés.

Partout où cette entreprise a abouti, nous trouvons la Francmaçonnerie puissante et solidement organisée; partout nous la trouvons à la tête de la campagne, notamment sous la forme de la *Ligue de l'Enseignement.* Ce sont les Ligues qui ont inventé tous les noms sous lesquels se cache l'enseignement athée. En Amérique, où les sectes pullulent, elles l'ont nommé *Unsectarian;* en Angleterre, où elles en veulent surtout à l'Eglise établie, à ses richesses et à ses prérogatives, c'est le mot *Sécularisle* que la *Ligue de l'Éducation nationale* a inscrit sur son drapeau. En Belgique, la lutte est ardente entre catholiques et libéraux; la *Neutralité* de l'école servira d'enseigne à la Ligue belge. La Ligue française et la Ligue italienne parlent plus volontiers d'instruction *Laïque*, car un des spectres que la Révolution agite le plus volontiers en France comme en Italie, c'est le spectre de la *théocratie*, ou, dans le langage vulgaire, *le règne des curés.*

Au fond, tout cela signifie la même chose, et les trois mots *gratuité, obligation* et *laïcité*, résument partout le programme scolaire de l'Antichristianisme : instruction gratuite, afin de la décréter obligatoire, sans exceptions ni excuses, et obligatoire, afin de faire passer la totalité des générations futures sous le joug de la libre pensée.

Quelques faits montreront le chemin déjà parcouru, et la part de la Ligue cosmopolite de l'Enseignement dans cette effrayante et funeste entreprise.

## II

L'ÉCOLE SELON LA LIGUE, EN FRANCE, EN BELGIQUE, EN HOLLANDE, EN ANGLETERRE, AUX ÉTATS-UNIS.

Si les catholiques de France ne continuaient à mériter en s'aidant que le ciel les aidât, nous verrions bientôt les projets de la Ligue complétement réalisés chez nous. Déjà ces plans liberticides contre l'enseignement chrétien à tous les degrés ont été rédigés en textes législatifs. Elle a applaudi, soutenu et officiellement patronné le projet Ferry [1]. Cette triste proposition, votée par une Chambre inféodée à la Révolution, est trop connue pour que nous ayons à nous en occuper ici. Quoi qu'en dise le Comité central de la Ligue, l'opinion honnête l'a jugée et condamnée. Il se trouvera, n'en doutons pas, un Sénat assez éclairé pour exécuter la sentence de la réprobation publique, et une majorité pour épargner à la République la responsabilité des odieuses et grossières fautes qu'un Ligueur-ministre veut lui faire endosser.

L'acharnement de la Ligue est plus violent encore contre l'enseignement primaire, parce que l'enseignement primaire atteint toute la nation, tandis que l'enseignement secondaire et surtout supérieur restent nécessairement le privilége du petit nombre.

---

1. Nous avons déjà mentionné l'adresse de félicitations envoyée au confrère ministre par le Comité du Cercle parisien. Voir plus haut, IIe partie, § II.

Notre Parlement a vu éclore nombre de projets de lois sur la matière, dus aux Ligueurs les plus en vue, depuis l'honorable M. Waddington jusqu'à *l'honorable M. Marion*, en passant par l'honorable M. Barodet. Le dernier-né de ces projets, le plus complet et le plus despotique, est celui de la commission présidée par M. Paul Bert. C'est, *à la lettre*, le projet de la Ligue. Non-seulement il en consacre tous les principes, mais quatorze membres au moins de la commission qui l'a élaboré, le président en tête, font partie de l'association maçonnique fondée par le F∴ Macé, et les huit autres lui appartiennent de cœur, sinon de fait [1]. Notre monographie serait donc incomplète, si nous n'examinions rapidement cette monstrueuse proposition.

C'est un véritable code en 111 articles, coordonnés avec tant de soin que pas un atome de liberté ne saurait passer entre leurs fissures. *L'obligation, la gratuité* et surtout *la laïcité* de l'école y sont consacrées, cela va de soi. Ces trois prétendus principes sont même poussés à un tel excès que le sourire monterait aux lèvres, si l'indignation ne montait au cœur, lorsqu'on lit ces despotiques propositions.

Il y a trois catégories d'écoles primaires, d'après M. Paul Bert et ses collègues : *l'école enfantine, l'école primaire proprement dite* et *l'école primaire supérieure*.

*L'école enfantine* est le titre pédant dont on veut affubler désormais les salles d'asile. Le nom de salles

---

1. Ce sont MM. Paul Bert, président, Louis Blanc, Barodet, Dethou, Cantagrel, de Lacretelle, Lockroy, Nouot, Chalamel, Bousquet, Duvaux, Deschanel, Drumel et Allegre. Parmi les autres dont nous ne trouvons pas les noms sur les listes de la Ligue, signalons MM. Floquet, Boysset et Spuller, très-dignes assurément d'y figurer.

d'asile était, à ce qu'il paraît, trop simple pour nos cuistres, et son parfum de charité chrétienne déplaisait à nos athées. Cette première catégorie prend l'enfant au sortir du berceau et le garde jusqu'à six ans.

De six à treize ans, les futurs citoyens se préparent à servir la République dans l'*école primaire proprement dite*; puis ils passent dans l'*école primaire supérieure* (art. 1 et 27).

L'*école primaire proprement dite* est *obligatoire* (art. 2). Pendant sept ans, les enfants des deux sexes deviennent la propriété de l'Etat, et quand nos fils auront sucé jusqu'à treize ans les principes révolutionnaires, l'école primaire supérieure, puis la caserne obligatoire, autre progrès moderne, achèveront leur laïcisation.

A l'exemple de M. Ferry, nos députés-Ligueurs daignent tolérer jusqu'à nouvel ordre l'éducation dans la famille ou dans l'école privée (art. 8). Mais que de peines ils se donnent pour entraver ou mutiler l'exercice de ce droit primordial !

« Les enfants qui reçoivent l'instruction dans la famille doivent, pendant l'âge de la scolarité, *subir un examen à la fin de chaque année, dans des formes et suivant des programmes qui seront déterminés par arrêtés ministériels.* »

« *Si les deux premiers examens, ou l'un quelconque des examens subséquents sont jugés insuffisants, et qu'aucune excuse ne soit admise par la commission d'examen, les parents seront mis en demeure d'envoyer leur enfant dans une école publique ou privée, dans la huitaine de la notification, et de faire savoir au maire quelle école ils ont choisie* » (art. 15).

L'examen obligatoire ! Qu'est-ce qui ne deviendra pas obligatoire au nom de la liberté ? Mais il est des cas où la résistance aux lois injustes devient obligatoire aussi. Espère-t-on obtenir la soumission passive de tous les pères de famille à la tyrannie de l'article 15 ? Cela semble au moins douteux.

A douze ans, l'enfant doit obtenir un certificat d'études. S'il le reçoit, la commission lui fait grâce de l'année qu'il devait encore à la *scolarité*, comme disent ces Messieurs dans leur élégant langage (art. 9). N'entrons pas dans le détail fastidieux des minutieuses précautions prises par les art. 10, 11, 12, 13, 14, afin d'empêcher qu'aucun enfant ne passe entre les mailles serrées du filet de l'obligation. Déclaration des parents au maire ; listes dressées par celui-ci ; états des mutations et des absences remis par les instituteurs au maire ; suspension pour un mois, et, en cas de récidive, pour trois mois, des maîtres coupables d'avoir oublié quelqu'une de ces bureaucratiques formalités : rien ne manque au tableau. Il s'agit de l'école ; mais, en lisant ces dispositions, la pensée se porte invinciblement vers la caserne. C'est la conscription de l'enfance ; c'est le régime militaire appliqué à l'instruction primaire, avec ce qu'il a d'absolu et de pénible, et dépouillé de tout ce qui l'ennoblit. L'amour de la patrie, le sentiment de l'honneur et du devoir attachent en effet l'homme de cœur au joug salutaire et nécessaire, mais rude, de la discipline ; tandis que l'amour de la patrie, le sentiment de l'honneur et du devoir s'unissent à l'amour paternel, à la voix de la conscience et de la religion, pour faire mépriser et haïr l'école sans Dieu.

« En cas de non-déclaration, quinze jours avant la rentrée, de la part des parents et autres personnes responsables, le maire *inscrit d'office l'enfant à l'une des écoles publiques* » (art. 11, § 2). Le projet n'admet aucun recours contre la déportation de ces pauvres petits. Or, très-probablement on s'abstiendra en général, dans les classes laborieuses, de remplir la formalité de la déclaration. N'est-ce pas ce qu'espèrent les auteurs du projet ?

Les sanctions de l'*obligation* sont ridicules ou tyranniques. Nous avons mentionné celles de l'art. 15. Après trois absences dans le cours d'un mois, sans excuse jugée valable par la commission scolaire, le père ou tuteur est appelé à la mairie devant ladite commission scolaire, « *qui, en lui rappelant le texte de la loi, lui expliquera son devoir !!* » (Art. 16.)

En cas de non-comparution, ou de non-déclaration lorsque l'enfant change d'école, ou de récidive dans les douze mois, les nom, prénoms et qualités de la personne responsable sont affichés à la porte de la mairie, avec l'indication du méfait (art. 17 combiné avec les art. 12 et 16).

Ceci est purement et simplement puéril, mais l'odieux recommence. Une nouvelle récidive et le refus des parents d'obtempérer à la déportation infligée par l'art. 15 sont punis comme une contravention (art. 18 et 19).

La *gratuité* est complète, absolue, « dans les trois ordres d'écoles primaires publiques ». Elle suit les jeunes gens des deux sexes jusque dans les écoles normales primaires, où « les élèves nécessaires au recrutement du personnel départemental » sont entretenus aux frais de l'Etat (art. 46). Sans rappeler la charge énorme dont la gratuité grèverait le budget, c'est-à-dire les contribuables qui paieraient de la main gauche ce qu'ils ne paieraient pas de la main droite, la *gratuité*, aggravée par la *laïcité*, coûterait fort cher. En effet, le projet fixe les traitements des instituteurs titulaires à 1,000 fr. au minimum pour la 4e classe, et les élève pour la 1re classe à un maximum de 2,200 fr. Ce n'est que suffisant pour des laïques, ordinairement chargés de famille. Mais 500 fr., 600 fr., 1,000 fr. au plus, suffisent aux Frères et aux Sœurs, dont les talents, le dévouement, les succès dépassent en général toute comparaison.

C'est en faveur du *laïcisme* surtout (art. 22, 30, 56, 78, 97, 101, 104) que le projet Paul Bert épuise tous ses soins.

Plus avancés que les Ligueurs belges, nos Ligueurs français ne permettraient même plus au prêtre de donner l'enseignement religieux dans l'école. Ils voudraient chasser Dieu et ses ministres des bâtiments scolaires comme du programme. « L'enseignement religieux pourra, au gré des parents, être donné par les ministres des différents cultes, *en dehors des bâtiments scolaires*, aux heures qu'un règlement rendu par le directeur départemental, le conseil départemental entendu, laissera libres dans ce but » (art. 22).

Ainsi, l'accès même de la maison d'école serait interdit aux prêtres par des membres de cette Ligue qui se déclarait jadis prête à les accepter dans ses rangs comme adhérents, et à la tête de ses cours comme professeurs !

« *Les fonctionnaires enseignants ou administratifs* de l'enseignement public devront :.... *n'appartenir à aucun Ordre, Institut, Communauté, et* GÉNÉRALEMENT AUCUNE ASSOCIATION RELIGIEUSE ; N'ÊTRE MINISTRES D'AUCUN CULTE » (art. 30). Qu'est donc devenue, encore une fois, la prétendue neutralité de la Ligue ? Les sociétaires qui édictent cette monstrueuse proposition sont-ils désavoués par le Comité central ? Loin de là ; le secrétaire général du Cercle parisien, M. Vauchez, le bras droit du F∴ Macé, excite officiellement ses confrères à demander « *l'exclusion des religieux* » (sans distinctions ni exceptions) « de toutes les écoles subventionnées par les communes, les départements et l'Etat ¹ ». Il ose prétendre que c'est le vœu du pays, et il s'en réjouit. A peine le libéralisme de la commission tolère-t-il les congrégations religieuses autorisées dans les établissements primaires privés, à la condition, bien entendu, de posséder les brevets que le projet exige. Le journal la *République Française* a eu soin, dès 1878, d'avertir les religieux que cette tolérance resterait révocable à merci. Il professait dès lors cette étrange et insoutenable maxime : « *Les personnes seules ont des droits*, et si l'on en accorde aux communautés, c'est en vertu d'une fiction que le législateur crée et supprime à son gré ². » D'où il suit que l'Etat pourrait avec justice « cesser de tolérer l'existence des congrégations non autorisées, et retirer même leur privilége à celles qui se seraient mises en règle... »; car « c'est un principe de droit public français que l'Etat peut à tout instant faire rentrer les communautés religieuses dans leur néant ». Comme si l'Etat, qui ne connaît plus les vœux religieux pour les protéger, avait le droit de les connaître pour les proscrire; comme s'il avait quelque titre légitime ou légal pour pénétrer au fond de ma conscience et pour forcer la porte de ma maison, afin de savoir si je suis jésuite ou capucin !

Donc, plus de religieux, de religieuses, autorisés ou non, plus de prêtres même, dans les écoles publiques primaires, ni dans les écoles normales primaires. Trois mois après la promulgation de la loi, ils seront même expulsés de celles qu'ils dirigent (art. 101).

Toutes les écoles normales primaires dirigées par

---

1. Lettre de félicitations et de remerciements adressée par M. Emm. Vauchez au rédacteur de l'*Observateur*, de Tarbes. Citée par l'*Union*, 5 novembre 1879.
2. Plan d'éducation primaire républicaine développé dans le nº du 10 oct. 1878.

des congrégations non autorisées seront fermées immédiatement (art. 104). A plus forte raison, les fonctions de directeurs départementaux, d'inspecteurs et d'inspectrices primaires sont-elles interdites à tous les Français et à toutes les Françaises qui ont revêtu la soutane ou l'habit religieux (art. 78, § 2). — Et pour combler la mesure du *laïcisme*, la confiscation est rétablie au détriment de l'enseignement chrétien. *La République Française* avait proposé de respecter pendant « une quinzaine d'années le vœu du testateur » décédé avant la promulgation de la loi, après quoi la confiscation interviendrait ; car « *la volonté d'un testateur reste toujours subordonnée à la volonté générale de la nation* [1] ». Le projet des Ligueurs est plus radical ; il s'empare *hic et nunc*, au profit des communes, des « donations et legs faits sous la condition que les salles d'asile et les écoles seraient dirigées par des congréganistes ou auraient un caractère confessionnel... sauf indemnité, s'il y a lieu, en cas de réclamation dans le délai de six mois ».

« Une commission nommée par le président de la République, sur la présentation du ministre de l'instruction publique, déterminera, *sans appel ni recours en cassation*, l'indemnité qui pourrait être due aux directeurs ou à leurs héritiers, en prenant pour base la valeur des objets au moment de la donation, et en tenant compte du temps pendant lequel la condition aura été exécutée [2]. » A l'avenir, ces conditions seront réputées non écrites (art. 97).

1. *Loc. citat.*
2. Laissons à un homme qui n'est ni clérical, ni réactionnaire, le soin de flétrir cet odieux procédé, et de lui appliquer le seul nom qu'il mérite, celui de *vol*. « L'État, dit M. Taine (la *Révolution*, t. I, pp. 218 à 220), n'est pas l'héritier des instituts monastiques et du clergé. Leurs immeubles, leur mobilier, leurs rentes ont, par nature, un emploi obligé... Les milliers d'âmes généreu-

Six articles (de 62 à 67 inclusivement) sont consacrés aux *pénalités applicables aux instituteurs privés*. Elles consistent surtout dans la fermeture de l'école, plus une amende de 50 à 1,000 fr., et un emprisonnement de six jours à un mois, selon les cas (art. 63 combiné avec les art. 56 à 60 inclusivement).

Signalons le § 2 de l'art. 64. « Le conseil départemental pourra, pour cause d'insuffisance manifeste et volontaire dans l'enseignement, *déclarer que les formalités de l'obligation de l'enseignement primaire ne sont pas remplies dans une école privée.* » Est-ce assez perfide ? La proposition ne dit pas : « l'école sera fermée »; seulement elle donne moyen de forcer les élèves à la déserter, pour aller ailleurs satisfaire aux exigences

---

ses, repentantes ou dévouées, qui l'ont donné ou administré, avaient toutes une intention précise. C'est une œuvre d'éducation, de bienfaisance, de religion, et non pas une autre, qu'elles voulurent faire. Il n'est pas permis de les frustrer de leur volonté légitime. Les morts ont des droits dans la société comme les vivants ; car cette société dont jouissent les vivants, ce sont les morts qui l'ont faite, et nous ne recevons leur héritage qu'à la condition d'exécuter leur testament. Tel était le principe sous l'ancien régime.. et le gouvernement, même absolu et besogneux, gardait encore assez de probité pour comprendre que la confiscation est un vol. Plus on est puissant, plus on est tenu d'être juste, et l'honnêteté finit toujours par devenir la meilleure politique. Il est donc juste que l'Eglise, comme en Angleterre et en Amérique, que l'enseignement supérieur, comme en Angleterre et en Allemagne, que l'enseignement spécial, comme en Amérique, que les diverses fondations d'assistance et d'utilité publique soient maintenues indéfiniment en possession de leur héritage. Exécuteur testamentaire de la succession, l'Etat abuse étrangement de son mandat, quand il le met dans sa poche... » Et, toutes les fois qu'il agit ainsi, « de ce trésor amassé pour les enfants, pour les infirmes, pour les pauvres, pour les fidèles, il ne reste bientôt plus de quoi payer une maîtresse dans une école, un desservant dans une paroisse, une tasse de bouillon dans un hôpital ». Cela s'est vu à la lettre sous la première Révolution. Voir les pièces officielles publiées par M. F. Rocquain, dans son très-curieux et instructif ouvrage : *La France au 18 Brumaire*, in-18, chez Didier.

de l'*obligation*. Nul recours n'est ouvert contre cette décision souveraine du conseil départemental, juge et partie à la fois, et quel juge ! l'adversaire-né de l'enseignement libre. En effet, d'après sa composition (art. 79) et d'après ses attributions (art. 82 et 84), il a un double objectif nettement déterminé : développer l'enseignement sans Dieu de l'Etat, surveiller ou plutôt entraver l'enseignement privé, qu'on suppose devoir rester chrétien.

Quand on sait ce que la Ligue et, en général, tout le parti révolutionnaire disent et impriment contre l'enseignement congréganiste, on a le droit de craindre que les fonctionnaires de l'enseignement public ne découvrent trop facilement « l'insuffisance volontaire et manifeste » d'écoles qui leur déplairont. N'entend-on pas tous les jours Francmaçons et Ligueurs, députés et journalistes, accuser d'ignorance les Frères et les Sœurs qui triomphent à tous les concours ?

Quelle bonne foi attendre de ces gens-là ? Et quelles garanties d'impartialité offre leur conseil départemental ?

Si le projet Paul Bert s'occupe beaucoup de l'enseignement privé pour le soumettre à une sévère et jalouse surveillance, et pour réprimer tous ses écarts possibles, en revanche il l'oublie totalement lorsqu'il s'agit de le représenter Ni dans les conseils départementaux (art. 79), ni dans les comités cantonaux (art. 85), ni dans les commissions scolaires municipales (art. 89), il ne lui laisse la moindre place Et cependant sa vie et sa mort sont entre les mains de ces assemblées : elles peuvent toujours et, dans certains cas, elles doivent le surveiller, l'inspecter ; tous leurs membres ont entrée libre dans tous les établissements privés ouverts dans leur circonscription (art. 82, § 6 ; 84, 86, § 3 ; 87, 90). — Les commissions municipales scolaires surtout sont souveraines maîtresses des fragiles destinées de l'enseignement chrétien ; car elles sont chargées de faire appliquer la loi, en matière d'obligation, et elles donnent ou refusent l'autorisation d'ouvrir des écoles privées (art. 89), sauf recours au conseil départemental, puis au conseil supérieur de l'instruction publique (article 61).

On voit sans peine le parti que les passions locales peuvent tirer de ces droits exorbitants, et les très-minimes garanties que présentent les juridictions supérieures, qui seraient formées exclusivement d'adversaires de l'enseignement libre, si les projets de loi déposés venaient, par malheur, à être votés. La vieille France professait cette maxime équitable : « *On n'est jugé que par ses pairs* » ; si les desseins de la Ligue se réalisaient, la France moderne adopterait bientôt la maxime opposée: « *On n'est jugé que par ses ennemis* ». Jadis les grandes institutions, les grands corps : Universités, clergé, etc., libres et autonomes, faisaient et appliquaient eux-mêmes leurs propres lois : aujourd'hui la Francmaçonnerie prétend surveiller et juger l'Eglise ; et l'enseignement public athée veut à la fois attaquer l'enseignement chrétien comme ennemi, l'inspecter comme supérieur et, au besoin, le condamner comme magistrat. Est-ce un progrès ?....

Tel est cependant l'idéal de la Ligue, et la proposition Paul Bert, soutenue par ses adhérents les plus notables, lui paraît juste, libérale et sage. Il est permis d'être d'un autre avis et de la déclarer injuste, despotique et insensée.

Si, par impossible, ce projet devenait une loi de la République, *la loi de malheur* belge serait, par comparaison, une loi modérée, presque équitable et impartiale. Et pourtant, produit de la Ligue et des sociétés secrètes, la loi belge est digne de ses auteurs.

Sous la Grande Maîtrise de Léopold Ier, la Franc-maçonnerie avait pris en Belgique des développements considérables. Le concours des réfugiés politiques français, presque tous francmaçons très-zélés, lui avait donné une vigoureuse impulsion, qui s'est encore augmentée depuis que la Commune a vomi sur la Belgique une partie de son écume.

Aussi le combat pour l'école sans Dieu date-t-il de loin dans ce petit pays. La R∴ L∴ *le Travail*, de Bruxelles, inaugurait la lutte contre la liberté de l'enseignement, *six jours avant la promulgation de la loi* qui consacrait cette liberté. Sa délibération, que nous avons reproduit [1], est en effet du 17 septembre 1842, tandis que la promulgation de la loi est seulement du 23 septembre. Depuis lors, la Maçonnerie belge n'a pas cessé un instant de battre en brèche cette loi de transaction et de pacification, afin d'arracher l'instruction primaire à l'influence du clergé.

J'ai sous les yeux le volumineux rapport présenté à la Chambre des représentants par un M. Olin, le Spuller de la Belgique. Il constate que l'agitation n'a jamais cessé depuis 1842 au sein du parti libéral. Mais combien superficielle et peu étendue fut d'abord cette agitation ! M. Olin s'appuie surtout sur un vote émis en 1846 par un congrès libéral qui réunit *à l'hôtel de ville de Bruxelles* 320 délégués. Il faut, avait décidé cette réunion, poursuivre « l'organisation d'un enseignement public à tous les degrés, sous la direction exclusive de l'autorité civile, en donnant à celle-ci tous les moyens de soutenir la concurrence avec les établissements privés, et en repoussant l'intervention des ministres des cultes, à titre d'autorité,

---

1. Pages 11 et 12.

dans l'enseignement organisé par le pouvoir civil [1]. »
Ce vote du Congrès libéral, lisez maçonnique, de
1846, a été le mot d'ordre de tous les ennemis de
l'enseignement chrétien en Belgique. « Depuis cette
époque, pas une association libérale qui ne l'ait inscrit
en tête de ses statuts [2]. » La Ligue de l'Enseignement a été fondée en 1865 pour le faire triompher.

Elle y a réussi, et on sait que, comme la Constitution
républicaine de la France, la suppression de l'enseignement primaire chrétien en Belgique est sortie de
l'urne à la majorité d'une voix. On sait également
que cette voix était celle d'un sénateur mourant nommé
lui-même à la majorité d'une voix. Déjà les catholiques belges ont nommé *loi de malheur* cette loi qui
supprime l'instruction religieuse à l'école et, plaçant la
foi sur le même pied que la danse ou la gymnastique,
accorde seulement licence de « mettre un local à la
disposition des ministres des cultes pour y donner
l'enseignement religieux aux enfants de leur communion », en stipulant avec soin que ce sera « soit avant,
soit après l'heure des classes [3] ».

Tous les sophismes qui ont défilé à la tribune et
dans la presse française avaient déjà trouvé place
dans le pesant rapport du Spuller belge. *Les droits
de l'État ;* la liberté de l'enseignement chrétien *contraire à la loi fondamentale ;* l'impossibilité de la surveillance des établissements libres, c'est-à-dire l'im-

---

1. Programme du Congrès libéral de Bruxelles, cité par M. Olin,
rapporteur du projet de loi revisant la loi du 23 septembre
1842. Documents de la Chambre Belge. Session 78-79, p. 110.
2. Rapport Olin, *Ibid.*
3. Art. 4 de la loi. Ajoutons que la loi de malheur belge
n'impose pas *l'obligation* de l'enseignement et réserve *la gratuité* pour les enfants indigents. Le despotisme des Ligueurs est
donc bien plus intolérable de ce côté-ci de la frontière que de
l'autre côté.

*possibilité de pénétrer dans les établissements tenus par le clergé;* des *allusions* prudentes mais d'autant plus venimeuses *contre la moralité des maîtres congréganistes ;* que sais-je encore ? Jusqu'au nom d'enseignement *libre,* remplacé, comme chez nous, par celui d'enseignement *privé ;* jusqu'au *mépris* affiché *contre les pétitions catholiques....* toutes les inventions odieuses ou grotesques que nous avons entendu débiter dans notre Parlement avaient déjà servi de l'autre côté de la frontière.

Pendant que la majorité de la Chambre belge, intolérante comme la majorité de la Chambre française, refusait l'enquête sur les résultats de la loi de 1842, demandée par la minorité, la Ligue belge avait entrepris sur ce sujet une enquête de sa façon. De plus, elle recueillait, dans l'année 1877, 300,000 fr. par son Denier des écoles. Elle se félicitait « de n'avoir jamais désespéré de la cause dont elle s'était fait le champion », c'est-à-dire de la cause de l'école sans Dieu. Dès le lendemain des élections funestes qui, le 11 juin 1877, donnèrent chez nos voisins la majorité aux candidats de la Révolution, la Ligue belge, entonnant le chant de victoire, se jurait à elle-même « de soutenir et d'aider le parti libéral triomphant, dans la lutte qu'il allait entreprendre pour rendre sa victoire définitive » ; et déjà elle poussait ce cri de joie : « Le jour où la loi funeste de 1842 sera condamnée par les Chambres, sera, nous pouvons le dire sans présomption, un jour de triomphe pour la Ligue, car elle pourra revendiquer l'honneur d'avoir contribué pour une forte part à cette victoire[1] ! »

Déjà la Hollande, l'Angleterre, les Etats-Unis avaient précédé la Belgique dans cette voie d'impiété

---

1. *C-R.* pour 1878, p. 275 — Note envoyée par le secrétaire général de la Ligue belge.

tyrannique, et le rapporteur belge constate que l'Irlande, l'Allemagne, la Suisse, l'Italie, l'Australie (Victoria), etc., sont entrées également dans la voie de la sécularisation de l'enseignement.

La Ligue *hollandaise*, je veux dire la *Société* presque centenaire du *Bien public*, avait depuis longtemps préparé les voies à l'enseignement sans religion. Dès 1795, le gouvernement révolutionnaire de la *République Batave* « la consultait sur les meilleurs moyens de régénérer les écoles primaires ». En 1806, « elle prépara une loi *libérale* ». De 1786 à 1834, elle avait déjà publié plus de 180 traités à l'usage des écoles, contenus dans 45 volumes. En 1864, 15 autres volumes avaient été édités par elle [1].

Aussi l'instruction primaire est-elle devenue *obligatoire* en Hollande dès 1848, en vertu de la Constitution.

Le 18 juillet 1878, malgré l'opposition énergique des catholiques et des protestants orthodoxes (c'est-à-dire non libres-penseurs), le Parlement des Pays-Bas votait la *laïcité* de l'enseignement.

L'art. 2 de la loi est ainsi conçu : « *Le programme de l'enseignement est purement scientifique.* IL NE COMPREND PAS LA RELIGION » ; et le § 3 de l'art. 33 : « Le soin de donner l'instruction religieuse reste abandonné aux ministres des cultes [2] ».

Le peuple anglais a été jusqu'ici le peuple le plus rebelle aux deux principes révolutionnaires de l'omnipotence de l'État et de l'éducation sans religion. Son bon sens ne comprend pas encore comment une nation devient plus libre en violant les droits des individus, ni comment on peut former le cœur et même l'intel-

---

1. *Bulletin* no 4 pp 12 et 13
2. Chambre des représentants belges Documents. Session 78-79. Rapport Olin, p. 109, col. 1 et 2

ligence de la jeunesse, sans donner la religion comme base à l'éducation.

Cependant, grâce à sa ténacité, à son acharnement pour mieux dire, la Ligue Anglaise de l'Enseignement (*National education league*) a vaincu en partie ce double sentiment, très vivace jusqu'à ces dernières années, de l'autre côté du détroit.

Jusqu'en 1870, « il n'y avait pas d'enseignement d'État en Angleterre. Un ministère comme celui de l'instruction publique en France ou une institution qui en approchât, était chose tout à fait inconnue... Le *voluntary system* était pratiqué dans tout son entier. Les écoles étaient créées et dirigées par des particuliers, par des associations, par les diverses *dénominations* religieuses. Elles étaient maintenues par des souscriptions *volontaires*, sans aucune intervention de l'État [1] ».

Les vrais amis de l'instruction n'avaient qu'à s'en féliciter, puisqu'en 1870 le nombre des places dans les écoles libres, les seules qui existassent alors, et le nombre des enfants en âge de les occuper, était sensiblement le même. De plus l'écart entre le nombre de ces places (2,760,024) et le nombre des enfants présents (1,878,584) étant de 881,440, l'avenir était assuré pour longtemps, et l'encombrement ou l'insuffisance n'étaient nullement à craindre.

Mais cet excellent état de choses ne faisait pas le compte de la Ligue anglaise. Un ministère selon son cœur, dirigé par M. Gladstone, et un Parlement en grande majorité libéral, commença à satisfaire ses désirs par l'*Education act* de 1870. En vain les catho-

---

[1]. *L'Enseignement en Angleterre*, par M. l'abbé Martin, professeur à l'Université catholique de Paris. *Correspondant*, 10 juillet 1879.

liques et les anglicans s'y opposèrent-ils : un nouveau système fut inauguré par cette mesure, qui introduisit une espèce d'éducation publique ou nationale, sans cependant détruire *en droit* ce qui existait auparavant.

Avant cette date, la législation anglaise avait invariablement reconnu ce principe que « l'éducation de la jeunesse doit toujours reposer sur un fondement religieux ». La majorité libérale du Parlement n'aurait jamais laissé passer une loi sur l'éducation primaire, si on lui avait dit clairement qu'on poursuivait comme but de séparer l'éducation de l'enfant de toute religion .... M. Gladstone et les hommes les plus influents de son parti, comme lord Aberdeen, M. Lowe, M. Forster, le marquis de Ripon (alors Grand-Orient de la Francmaçonnerie anglaise, aujourd'hui catholique), etc., « désavouèrent hautement le but qu'on leur prêtait de songer à détruire les écoles soutenues par les souscriptions volontaires et de vouloir fonder des écoles sans religion ».

Aussi se garda-t-on de déclarer qu'on en voulait à l'école chrétienne. Toujours et par tout pays, l'Antichristianisme est hypocrite et digne de son inspirateur suprême, le père du mensonge. Tartufe, nous l'avons dit, est depuis longtemps libre-penseur ; au fond, il l'a toujours été et ne peut pas être autre chose ; car l'hypocrisie est incompatible avec la foi sincère : les mots eux-mêmes le proclament.

Donc la Ligue anglaise fit croire au ministère libéral, au Parlement libéral, à tout le parti libéral qu'elle était mue par le seul amour généreux et désintéressé de l'instruction populaire. On posa en principe : 1° « que les écoles volontaires seraient conservées partout où elles suffiraient au besoin des populations ; — 2° que les écoles dépendantes des

*Schools boards* (c'est-à-dire les écoles de l'État) n'auraient qu'un seul but, celui de combler la lacune existant dans l'enseignement du peuple, par suite du système volontaire pratiqué jusqu'alors ».

Soit ; mais alors à quoi bon fonder un enseignement d'État, l'initiative individuelle ayant pourvu déjà à tous les besoins ? D'ailleurs, comment donner l'instruction religieuse, et quelle instruction religieuse donner dans des écoles publiques ouvertes à tous les enfants, en un pays qui compte plus de cent cinquante sectes ?

Telle fut l'objection pratique des adversaires de la loi. Elle était insoluble, et on viola dans la pratique le principe fondamental qu'on avait déclaré respecter *en théorie*. On mit la religion à la porte des établissements scolaires fondés par les *Schools boards*. « Quoiqu'il en ait coûté à presque tout le monde de faire ce sacrifice, quoique gouvernement et opposition fussent d'accord sur l'importance et la nécessité de l'enseignement religieux pour la formation de l'enfant, cet enseignement fut cependant exclu des écoles. Il fut convenu que l'État, représenté par les *boards of schools*, ne paierait que pour un enseignement séculier, et qu'il ne s'occuperait aucunement de l'enseignement religieux. Ce serait aux parents à y pourvoir, comme ils pourvoient à l'enseignement de la musique ou de la danse, dans les écoles où ces connaissances ne font point partie du programme.

« On ne s'est pas même contenté de cela. Les dissidents prirent leurs précautions contre l'Église anglicane », qui en réalité avait jusqu'alors le monopole de l'enseignement. « Par la clause 14, n° 2, connue sous le nom de *Cowper-Temple,* il fut *expressément défendu d'enseigner dans les écoles tout catéchisme ou tout formulaire qui serait propre à une communion religieuse.*

« *En droit*, on n'en voulait donc pas à l'éducation religieuse ; mais *en fait* ce qu'on poursuivait et ce que les promoteurs réels quoique cachés du bill cherchaient à atteindre, c'était l'éducation religieuse. Le bill était en réalité le résultat des efforts entrepris par la *National education league*, formée en grande partie de libres-penseurs, d'athées, de dissidents (ajoutons inspirée par la Francmaçonnerie), qui voilent leurs perfides desseins sous le nom de *sécularisme*. Ils veulent *séculariser* l'école, ou, comme on dit en France, la laïciser [1] ».

Déjà les ravages du *sécularisme* sont effrayants. « L'Église établie est considérée comme la dernière des sectes, quand elle n'est même pas traitée avec plus de rigueur ; l'éducation et l'instruction primaires ne sont même plus religieuses ; en principe et en droit, elles doivent être *unsectarian*, non sectairiennes. La Bible n'est pas prohibée jusqu'ici... elle n'est pas non plus imposée, par la raison juste et simple qu'elle ne peut pas être acceptée par tout le monde. » Elle ne tardera pas à être prohibée à son tour. Déjà les Comités scolaires de Londres viennent de l'expulser des écoles qu'ils dirigent. Leur exemple sera suivi, n'en doutons pas, et c'en sera bientôt fait, même de cet enseignement biblique et moral, appelé *the Bible teaching*, conservé généralement jusqu'ici. Sauf les catholiques, les membres de la haute Église et les Juifs, toutes les sectes s'en contentaient. Or cet enseignement mérite à peine le nom de rationalisme chrétien. Il est à croire qu'elles se résigneront facilement à sa suppression.

Dès aujourd'hui, *plus de cinq cent mille enfants fré-*

---

1. *L'Enseignement en Angleterre*, passim, § I, *loc. citat.*, pp. 51 à 55.

quentent les écoles sans Dieu. « Au lieu de se borner à venir au secours des écoles libres ou volontaires, comme on avait dit vouloir le faire en 1870, les Comités scolaires des grandes villes comme Londres, Birmingham (siége de la Ligue Anglaise), Liverpool, etc., n'ont songé qu'à une chose... à les tuer, ou bien à les forcer à se rallier à leur système. Ils ne se sont pas préoccupés de bâtir des écoles où il n'y en avait pas ; ils en ont bâti au contraire à côté des écoles libres, et comme ils ont le droit : 1° de prélever des fonds à discrétion ; 2° de rendre l'assistance à l'école obligatoire, il est aisé de prévoir dès maintenant que les écoles libres ne pourront soutenir indéfiniment la concurrence [1]. »

Reconnaissez-vous les procédés habituels de la Ligue cosmopolite? Les Ligueurs qui gouvernent aujourd'hui la France agissent-ils autrement? Fondent-ils des établissements scolaires là où l'enseignement libre est absent ou insuffisant? — Non; ils suppriment les meilleures écoles primaires, celles qui ont le plus contribué aux progrès des méthodes, celles qui ont plus que d'autres l'habitude congréganiste de les battre à tous les concours. Et dans l'enseignement secondaire, pourquoi le Ligueur Ferry, aux applaudissements répétés du F.·. Macé et de ses adhérents, vise-t-il tout spécialement les Jésuites ? Est-ce parce que les Jésuites réussissent trop mal, ou parce qu'ils réussissent trop bien ? Lille et Lyon pourraient nous dire également, pour ne parler que de ces deux villes, si les créations ou les améliorations de Facultés de l'État ont eu pour but de combler les lacunes de l'enseignement supérieur libre, ou bien d'en contrarier

---

1. *Ibid.*, § II, p. 56.

le développement, trop rapide au gré de ces étranges champions de la science [1].

Mais revenons en Angleterre. Nous y retrouverons la tactique de la Ligue française, l'éternelle tactique de la Révolution qui consiste à assassiner ceux qu'on ne peut vaincre en un loyal combat.

Au delà de la Manche, comme en deçà, l'école sans Dieu ne pouvait lutter avec l'école chrétienne. La richesse de l'Église anglicane, ses privilèges, l'importance et la magnificence de ses fondations scolaires, depuis ses écoles primaires, qui recevaient en 1870 1,365,080 enfants et pouvaient en admettre plus de 2 millions (2,009,626), jusqu'à ses Universités grandioses d'Oxford et de Cambridge, sans rivales dans le monde moderne [2] : tout lui assurait la suprématie en matière d'enseignement.

Incapables de lutter, les *sécularistes* de la Ligue anglaise ont fait, comme partout, appel à l'État, et grâce à l'*Education act* de 1870, ils ont fait établir par l'État des écoles soustraites à la direction de l'Etablissement et indépendantes de toute confession religieuse. — Ce fut le premier acte. Le second a consisté à tuer les écoles confessionnelles au moyen des écoles sans Dieu, rendues obligatoires et alimentées par l'argent de tous, mis à la disposition des *boards of schools*. — Est-ce tout ? Non : le drame continue. Les partisans de l'enseignement

---

1. *Loc. citat*, § VII, p. 68.
2. Plus intelligents que nos révolutionnaires, les protestants anglais ont conservé les fondations catholiques, tout en proscrivant la religion des fondateurs. Sur 26 collèges qui composent l'Université d'Oxford, 17 sont antérieurs à la Réforme, et sur 17 qui forment celle de Cambridge, 4 seulement sont postérieurs au seizième siècle. Pense-t-on que s'il eût fallu tout créer à neuf depuis deux cents ans, les revenus de ces deux Universités atteindraient ensemble aujourd'hui le chiffre de vingt millions de francs ?

religieux, « battus aux élections de 1870, l'ont été de nouveau en 1873, et plus encore aux élections de 1876. Tout fait même présager qu'ils le seront aux prochaines élections ». Bref, le courant s'est accentué pendant plusieurs années, et l'on peut croire que la Ligue anglaise a fortement agi dans ce sens.

Énumérons ses succès. — Une loi du 15 août 1876 décrète *l'obligation*, et une loi de 1878 consacre à nouveau, en l'aggravant encore, la *laïcité* de l'instruction primaire. « L'art. 4 du bill de 1876 sur l'éducation élémentaire, *elementary education act*, oblige tous les parents à faire donner « à tous les enfants au-dessus de cinq ans une instruction élémentaire suffisante en fait de lecture, d'écriture et d'arithmétique », et « s'ils (les parents) manquent d'accomplir ce devoir », ils sont passibles des peines suivantes [1] (art. 12, § 1) : 1º une amende de 5 shellings au maximum, s'il y a négligence des parents ; s'il n'y a pas négligence, l'entrée de l'enfant comme externe dans une école industrielle. 2º En cas de récidive (art. 12, § 2), soit l'envoi de l'enfant comme externe ou interne dans une école industrielle, combiné avec une pénalité, au choix du tribunal ; soit la pénalité prononcée par le tribunal, infligée pour chaque cas nouveau, sans envoi aux écoles industrielles ; « pourvu toutefois que les plaintes de l'autorité locale ne soient pas renouvelées à un intervalle moindre que l'espace de deux semaines ». Les enfants envoyés aux écoles industrielles doivent être entretenus par leurs parents [2]. Voilà pour *l'obligation*.

Quant à la *laïcité*, voici les principales dispo-

---

1. *Official Copy. Elementary Education Act.* 1876, p. 1.
2. *Id., ibid.*, p. 4.

sitions de l'*Act* de 1870, complété par la loi de 1878 :

1° Défense d'exiger pour l'admission dans l'école que l'enfant fréquente ou ne fréquente pas « les endroits où se pratique le culte religieux » ;

2° Ordre de faire les instructions ou exercices religieux au commencement ou à la fin des classes, et d'en afficher d'avance la mention, afin que les parents puissent y « soustraire » leurs enfants, sans qu'ils perdent les autres bénéfices de l'école ;

3° Défense « aux inspecteurs de Sa Majesté de s'enquérir des instructions faites sur des sujets religieux, ni d'examiner les écoliers sur leurs connaissances religieuses, ou sur des sujets et des livres concernant la religion » ;

4° La sanction de ces règlements est, pour les écoles qui ne s'y conformeraient pas, la privation de tout secours pécuniaire accordé par le Parlement [1].

En outre, la loi nouvelle refuse (art. 7) « *tout secours d'argent pour ce qui a trait à l'enseignement religieux* », et elle ajoute cette disposition césarienne, si contraire à toutes les traditions britanniques : « LES LAÏQUES SEULS PEUVENT EXERCER L'ENSEIGNEMENT PRIMAIRE » (art. 42) [2].

Ce court paragraphe achève, en l'aggravant, la révolution commencée en 1870. Jusqu'alors, en effet, « les clergés anglais faisaient tout » en matière d'éducation [3]. De par la *National education league*, dont les principes ont été adoptés par le Parlement, ils ne feront plus rien. Le troisième acte de cette triste comédie, trop peu connue en France, ne pouvait aboutir à un dénouement plus radical.

---

1. *Code* (1878) *of Minutes of the education department Official Copy*, p. 3.
2. *Ibid*, pp. 4 et 12.
3. *L'Enseignement en Angleterre*, § I, p. 52.

Les mœurs ne résisteront-elles pas à cette tyrannie du laïcisme portée à son maximum ? — L'avenir le dira, et nous verrons tout à l'heure que déjà la réaction commence.

Au moins l'instruction a-t-elle à remercier les Ligueurs anglais? — Quels résultats a produits le *sécularisme?* — M. Dixon, président de la Ligue britannique, nous répondra, et les faits répondront avec lui.

Mais, avant de les écouter, passons en Amérique. C'est aux Etats-Unis surtout que fleurit l'école sans Dieu (*unsectarian*). La raison de ces développements exceptionnels est simple; le *Comité directeur de la Révolution* [1], c'est la Francmaçonnerie que je veux dire, est plus puissant là-bas que partout ailleurs.

On y compte huit mille Loges, sans parler des rites spéciaux, qui sont nombreux, et des autres sociétés secrètes: *templiers, old fellows, druides,* etc., etc. Comme partout, la Maçonnerie soutient en Amérique les thèses les plus radicales, notamment l'indépendance absolue de l'Etat vis-à-vis de toute notion religieuse, *l'école obligatoire et laïque*, l'unification de tous les peuples dans une république universelle, etc., « de sorte que, là même où les Loges semblent rester étrangères aux luttes politiques, elles modifient, sans qu'on s'en aperçoive, l'opinion générale [2]. »

Elles ont créé en 1867 l'abominable Order of American Union, *dont le but est la destruction du Catholicisme.* Les membres de cette association s'enga-

---

1. Ce nom a été donné à la Francmaçonnerie par le vénérable cardinal auquel Mgr Dupanloup a adressé ses *Alarmes de l'épiscopat justifiées par les faits*. Constatons après Mgr d'Orléans que ce nom exprime parfaitement le rôle des sociétés secrètes dans les événements contemporains.

2. Cl. Jannet. *Etats-Unis contemporains*, II-XXI, § I. p. 106.

*gent par serment à le combattre par tous les moyens, à exclure les catholiques de tous les emplois, à ne jamais faire élever leurs enfants dans leurs établissements,* ENFIN A SOUTENIR LE SYSTÈME DES ÉCOLES PUBLIQUES UNSECTARIAN [1]. » Ils combinent leurs efforts avec ceux de la *Liberal League*, autre Ligue américaine de l'Enseignement, qui s'est donné pour mission de faire supprimer la lecture de la Bible dans les écoles publiques. Déjà, pour satisfaire en partie la secte, les commentaires, jadis obligatoires, avaient été défendus. Lorsque la simple lecture aura disparu à son tour, le dernier vestige d'enseignement chrétien sera détruit dans les écoles publiques de l'Union.

L'ancien président des Etats-Unis, le général Grant, et les principaux membres de son parti « ont été vraisemblablement les inspirateurs de l'*Order of American Union*, qui avait également pour objectif de le porter à une troisième présidence, fait inouï dans les annales de la grande République fédérale. Peu s'en est fallu que cette campagne au profit d'un véritable despotisme antichrétien ne fût couronnée de succès.

Là-bas, comme en France et ailleurs, le catholicisme fut la tête de Turc qui servit à détourner l'attention publique, afin de faire oublier, autant que possible, la violation de l'esprit, sinon de la lettre, de la Constitution. Le *Ligueur Grant* recommanda par un message adressé au Congrès, le 7 décembre 1876, l'adoption d'un amendement à la Constitution, ayant pour but « d'obliger chaque Etat à établir et à maintenir des écoles publiques gratuites, fournissant l'instruction

---

1. *Id., ibid.*, § II, pp. 107 et 108. — Les Etats-Unis n'ont pas, on le sait, le monopole de ce genre de persécution, renouvelé de Julien l'Apostat.

élémentaire à tous les enfants, sans distinction de sexe, de couleur, d'origine ou de religion, *prohibant l'enseignement dans ces écoles de tous dogmes* RELIGIEUX, ATHÉISTES OU PAIENS, *et défendant l'attribution par les Etats ou les municipalités d'aucune part du fonds de terre* (réservé aux établissements d'enseignement dans les nouveaux Etats) *ou des taxes scolaires à* AUCUNE DÉNOMINATION RELIGIEUSE, *à quelque titre que ce fût* ».

Le message du président Grant était la reproduction du programme de l'O. A. U. Ce fut aussi le signal de la chasse au catholicisme. Destitution de hauts fonctionnaires coupables de s'être montrés bienveillants envers les œuvres catholiques, déchaînement de toute la presse radicale, dénonçant avec ensemble *les dangers que faisaient courir aux institutions du pays les progrès du catholicisme* [1] ! manifestations publiques contre lui de la part de sociétés secrètes nouvelles, analogues à l'O. A. U.; par exemple l'*American Alliance* et les *Sentinelles of Freedom* qui se donnent pour mission d'exclure les catholiques de toutes les fonctions publiques, et ont été créées par la Francmaçonnerie, en vue de la campagne électorale ; enfin attaques violentes de la part d'un grand nombre d'associations ouvrières, en apparence uniquement préoccupées d'intérêts professionnels et, en réalité, absolument soumises à la direction des sectes : tel fut le spectacle que donna en 1876 le radicalisme américain. N'était-ce pas une première représentation de la comédie lugubre et grotesque qui se joue actuellement en France ? — Des deux côtés de l'Atlantique, le même pouvoir occulte fait appel aux mêmes passions.

---

1. *Le cléricalisme, voilà l'ennemi !*

Malheureusement pour eux, les parangons Yankees de la vertu laïque ont été pris la main dans le sac, au moment où le scrutin allait s'ouvrir. Maîtres du pouvoir et habitués à en user sans scrupule, ils ont caché la plus grande partie de leurs concussions ; néanmoins il en a été découvert de si énormes, de si monstrueuses, que la pudeur publique, si habituée qu'elle soit dans ce pays à subir les plus rudes outrages, a forcé les concussionnaires à se retirer [1].

---

## III

#### QUELQUES RÉSULTATS DE LA GRATUITÉ, DE L'OBLIGATION ET DE LA LAÏCITÉ DE L'ÉCOLE.

L'école sans Dieu n'a pas été atteinte aux Etats-Unis par les *malheurs publics* de ses principaux patrons ; la cliente et ses avocats se valent.

Au point de vue pédagogique, comme au point de vue doctrinal et social, l'instruction sans religion donne invariablement les plus déplorables résultats.

La triple revendication de la Ligue, *gratuité, obligation, laïcité*, n'a abouti qu'à une triple et universelle banqueroute. La *gratuité* coûte des sommes folles. Dans les écoles *sécularistes* et gratuites de Londres, « chaque place revient environ à 357 fr. 50, et dans les écoles anglicanes, à 137 fr. » seulement. — Les comités scolaires de la même ville « ont prélevé en taxes ou emprunté jusqu'en septembre 1876 la somme

---

1. *Id*, chap XXVI, § II, pp 196 à 198 Voir Document H, à la fin du volume, le récit sommaire de ces malversations inouïes.

de 2,260,836 livres sterling, c'est-à-dire autour de 56 millions de francs. *Cette somme était à peu près dépensée au commencement de* 1877. Aujourd'hui (juillet 1879), les comités ont une dette d'environ 150 millions de francs [1]. »

Tout cela n'a pas été employé en dépenses utiles, ni même, paraît-il, à l'usage des écoles. En effet, « on se plaint vivement des malversations que commettent les *boards of schools*, et on songe à mettre un frein à leurs dilapidations ». Déjà les Chambres anglaises sont saisies de propositions tendant à réprimer les nombreux et graves abus que se permet la probité *laïque* des commissions scolaires.

Rome révolutionnaire suit les traces de Londres *sécularistes*. L'hospice de Sainte-Marie-des-Anges, aux Thermes de Dioclétien, élevait 900 orphelins des deux sexes. Jusqu'en 1872 les garçons étaient confiés à des Frères, les filles à des Sœurs ; religieux et religieuses furent expulsés dans les vingt-quatre heures, le 20 septembre 1872, pour n'avoir pas voulu assister à la distribution des prix des écoles communales, fixée à cette date en mémoire de la prise sacrilège de Rome, et pour avoir refusé plus énergiquement encore de participer aux réjouissances par lesquelles les Italiens prétendaient fêter ce triste anniversaire. Or, en 1872, les dépenses pour ces 900 enfants, pour tout le personnel dirigeant, les serviteurs, les frais d'administration, etc., s'élevaient à 174,755 fr., et les travaux des enfants produisaient 4,328 fr. Dès l'année suivante 1873, les dépenses augmentent de 136,819 fr. et atteignent 310,574 fr., tandis que les travaux donnent presque moitié moins et tombent à 2,250 fr.

---

1. *L'Enseignement en Angleterre*, par M. l'abbé Martin, § II, p. 57, et § IX, p. 74.

« Pour 1874, si l'on prend comme base les huit premiers mois de l'année, les travaux ne fourniront plus qu'une petite recette d'environ 1,000 fr., et les 910 enfants reviendront à plus de 400 mille fr., sans tenir compte des dépenses d'instruction, qui sont payées directement par le municipe. »

C'est une revue amie dudit municipe et de la gratuité laïque qui fait de pareils aveux [1].

Aux États-Unis, c'est bien pis encore : l'extravagance des dépenses excède toute mesure. Dans l'État de New-York, chaque enfant élevé dans les écoles publiques coûte 7 *fois et demie plus* que dans les écoles particulières : 4 dollars (20 fr.) par année et par tête suffisent dans celles-ci ; il en faut 30 (150 fr.) dans celles-là, pour donner une instruction qui ne vaut pas mieux, si même elle vaut autant, et une éducation qui vaut incomparablement moins.

Comme en Angleterre, « des dilapidations énormes se produisent sur les fonds destinés aux écoles... En 1874, le surintendant de l'éducation publique dans la Louisiane signalait des fraudes incroyables dans la plupart des paroisses, où les fonds des écoles ont été détournés de leur destination, quand ils n'ont pas été appropriés aux besoins personnels des nombreux employés qui composent un état-major assez inutile pour l'instruction publique. Cet état-major n'absorbe pas moins de 155.422 piastres, tandis que les salaires des professeurs s'élèvent à 551,460. Avec tout ce gaspillage et ces vols, on ne trouve pas moyen de payer les professeurs, auxquels il est dû cinq mois de solde arriérée [2]. »

---

[1] La *Rivista della Beneficenza* — Citée par L. Lallemand dans sa belle *Histoire de la Charité à Rome*, III⁰ partie *Œuvres en faveur de l'enfance et de la jeunesse*, chap. III, pp 394 et 395.

[2] *L'Abeille de la Nouvelle-Orléans*, n⁰ du 7 mars 1874. — Cité

Le *board of schools* de New-York a trouvé moyen de porter au double les taxes scolaires (de 7,250,000 fr. à 14,500,000), alors que le nombre des élèves restait le même ou diminuait. Dans son compte, on voit figurer 300,000 fr. pour dépenses imprévues, c'est-à-dire pour dîners et rafraîchissements, que ses membres s'offraient à eux-mêmes.

« En 1871, le gouverneur de la Pensylvanie a signalé des faits analogues pour cet État [1]. »

*L'obligation* a un singulier effet : elle vide les écoles au lieu de les remplir. En veut-on quelques preuves ?

« *La différence entre les enfants qui fréquentent l'école et ceux qui devraient y aller est* EFFRAYANTE *dans le Wurtemberg, qui est le pays de l'Europe où les parents tiennent le plus à ce que leurs enfants suivent les cours de l'enseignement public. La disproportion est* PLUS GRANDE *encore en Autriche* [2]. »

Aux Etats-Unis, « *en même temps que l'école est devenue obligatoire, l'instruction populaire a sensiblement diminué....* Dans l'Etat de New-York, 33 0|0 seulement des enfants en âge de fréquenter l'é-

---

par Cl. Jannet, *Etats-Unis contemporains*, t. II, chap. XX, pp 85 et 86. en note

1. *Id ibid* En 1871, le *board of schools* de New-York, qui s'offre tant de douceurs, « était en grande partie composé de piliers d'estaminet et de billard, de maquignons, de marchands d'objets à l'usage des écoles, et de cette classe indescriptible qu'on appelle brocanteurs (*brokers*) ». Voilà, convenons en, un singulier conseil supérieur de l'instruction publique ! — C'est le suffrage universel qui nomme les *bureaux scolaires*, et il est pratiqué aussi malhonnêtement que possible aux Etats-Unis « Dans le Sud, sous le règne des radicaux, les bureaux d'examens qui délivrent les diplômes aux instituteurs sont composés de nègres, qui ne connaissent pas même les lettres de l'alphabet »V Robert Somers, *the Southern States*. p. 75 — Cité par Claudio Jannet, *ibid.*, p. 79

2 *L'Autriche-Hongrie*, par M. Xavier Roux. *Revue du Monde Catholique*, 10 septembre 1878, p. 714.

cole la suivent assidûment, malgré le *Compulsory act* ».

En vain des asiles publics sont construits pour y séquestrer les enfants qui ne fréquentent pas l'école, souvent à cause de la misère. La sanction légale n'aboutit qu'à beaucoup de vexations locales, prodiguées ou épargnées suivant les opinions politiques des parents. En effet, les fonctionnaires chargés de faire exécuter la loi sont élus par le suffrages universel, et dès lors dépendent de leurs électeurs. Depuis la guerre civile, la détresse générale aidant, « l'instruction populaire a sensiblement diminué [1]. »

Enfin la *laïcité n'a servi qu'à dévoiler les mensonges de la Ligue de l'Enseignement*. En France, elle prétend que le pays tout entier désire l'école laïque, et partout où on a tenté de l'établir dans notre patrie, on n'a réussi qu'à démontrer l'attachement profond des masses pour l'enseignement congréganiste.

En Angleterre, l'échec est reconnu ; les promoteurs mêmes du système *séculariste* commencent à confesser leur erreur. « Et cependant, l'essai a été tenté loyalement. On n'a rien épargné pour réussir. Les *schools boards* ont été armés d'un pouvoir presque discrétionnaire ; ils ont eu de l'argent tant qu'ils en ont demandé ; ils ont fait des écoles où il n'a été question ni de Dieu, ni d'Eglise, et l'essai n'a pas réussi. Pendant sept ou huit ans, la faveur publique a semblé soutenir cette tentative, puisque les partisans du système ont été élus presque partout en grande majorité, et, malgré cela, les *commissions scolaires* avouent déjà qu'une école sans morale est une chose mauvaise, impossible. »

« ... Le *school board* de Birmingham, qui est *sécu-*

---

1. Claudio Jannet, *loc. citat.*, p. 84.

*lariste* entre les *sécularistes* (c'est en effet à Birmingham que sont le berceau et le siége de la Ligue anglaise), reconnaît qu'il faut enseigner une *morale* à l'école. Il demande qu'on rédige un traité qui sera placé entre les mains des enfants. C'est son président, l'honorable M. Dixon », le *fondateur même et le président de la National League*, le Jean Macé anglais, « qui a fait cette proposition, et il a trouvé une majorité disposée à appuyer sa motion. Le fait a paru si étrange et l'aveu si frappant, que la plupart des journaux en Angleterre ont relevé ce vote du *school board* de Birmingham, comme un des signes les plus curieux du temps. Le *Spectator* et la *Saturday Review*, qu'on ne saurait accuser de bigotisme, ont consacré à ce fait un article et ont discuté longuement les conclusions qu'il suggère. »

« Il est vrai que M. Dixon, en parlant de morale, entend la faire sans Dieu et sans religion ; mais il faudra bien un jour cependant en revenir à Dieu ; car, s'il est impossible de bien élever les enfants sans leur enseigner *systématiquement* la morale, il est également impossible de leur enseigner systématiquement la morale sans leur parler de religion. Rien n'est en effet plus vrai que la réflexion par laquelle la *Saturday Review* terminait son article : « Il est aussi difficile de faire de la morale sans religion, que de faire de l'astronomie sans mathématiques [1] ».

« Au bout de quelques semaines » du régime laïque, « les effets de l'indiscipline et de la mauvaise direction des nouveaux venus se firent sentir » dans l'hospice de Sainte-Marie-des-Anges, aux Thermes de Dioclétien, à Rome. « On laissa des jeunes filles sortir seules dans les rues ; de graves désordres furent

---

1. M. l'abbé Martin, *loc. citat.*, § IX, p. 74-75.

la suite de cette coupable négligence. On ouvrit des communications entre les diverses sections de l'établissement, sous prétexte de faciliter le service ; il est inutile d'ajouter que la morale n'eut rien à gagner à cette combinaison

« Enfin, pour résumer la situation déplorable de l'établissement, il fallut, après des sacrilèges commis, interrompre la première communion aux Pâques de 1876. Le municipe s'émut cependant de tous ces scandales et des clameurs de la presse ; il changea quatre ou cinq fois les directeurs et les directrices ; enfin, depuis quelques années, un conseiller municipal, « animé d'intentions meilleures, essaie de réparer les ruines morales accumulées dans l'établissement ». Il n'y réussit guère, car les querelles, les séditions sont en permanence à Termini. Une révolte, qui éclata dans le carnaval de 1877, fut si grave qu'après l'expulsion d'une trentaine d'enfants, le conseil municipal tint une séance à *huis-clos*, à l'occasion de ces faits [1].

Est-ce tout ? Non ; la laïcité a porté partout le coup le plus funeste à l'union des esprits et des cœurs, cet éternel cheval de bataille des sophistes de la Ligue.

Parlerons-nous de la France ? Est-ce que les violences de nos francsmaçons contre l'enseignement congréganiste y font régner la concorde ? Mettre des troupes sur pied, cerner une école et expulser de leur domicile *manu militari* quelques pauvres Frères,

---

1. L. Lallemand, *loc citat*, p 394 — Le *huis-clos* est de règle pour le municipe libéral de Rome, toutes les fois qu'il délibère sur les difficultés qui surgissent à Termini, ce qui est continuel Les séances non publiques ne laissent pas de traces dans la collection des *Atti consiglian*, telle est la raison de cette habitude significative.

comme on l'a fait à Alais : singulier moyen de pacification. Détruit-on les divisions en apportant aux tribunes de nos Chambres d'odieuses calomnies contre toute une catégorie de citoyens, comme l'ont fait les Ligueurs Ferry, Paul Bert, Deschanel et consorts ? Et la campagne en faveur des écoles laïques par *le sou des écoles*, par *l'enquête de la Ligue* auprès des conseils municipaux, par les félicitations du Cercle central de la Ligue à M. Jules Ferry, par d'abominables pamphlets, par d'ignobles caricatures, par les infamies que débite une presse véritablement immonde [1], sont-ce des œuvres de paix ou bien des œuvres de guerre ? La Ligue elle-même oserait-elle soutenir que l'article 7 a apaisé les luttes, adouci les polémiques ? Et si, par malheur, le projet Paul Bert était voté, si les brutalités arbitraires des municipalités radicales étaient consacrées par une loi, est-ce que la France entière ne serait pas séparée en deux camps : le camp des persécuteurs et le camp des persécutés ? Telle est la douce perspective que nous ouvrent les projets de la Ligue française.

Le triomphe de la Ligue belge a mis en feu tout ce petit pays, et voilà les libres penseurs du ministère, effrayés de leur œuvre, qui épuisent prières et menaces auprès du Pape. Cent fois ils l'ont injurié; aujourd'hui ils le supplient d'intervenir, afin d'adoucir les

---

1. Sous ce titre : *Attentats à la Pudeur*, suivi d'une vignette ignoble, le journal *le Frondeur* accusait naguère tous les élèves des collèges congréganistes (il en comptait vingt mille) et tous les religieux leurs maîtres d'être livrés au vice contre nature. N° du 26 Prairial an LXXXVII (15 juin 1779). — C'est signé Hyacinthe Coquillard; un pseudonyme naturellement : on ne met pas son nom au-dessous de pareille malpropreté. Mais si cette malpropreté ne contient pas une excitation à la haine et au mépris des citoyens les uns envers les autres, je ne sais ce qui peut mériter cette qualification. — Inutile d'ajouter que *le Frondeur* n'a pas été inquiété.

polémiques. Si sa mansuétude suprême daigne recommander aux catholiques opprimés de modérer le ton de leurs protestations, et si la lutte prend une forme moins violente en Belgique, à qui donc le devra-t-on? Au chef même de cette religion catholique que la Ligue universelle combat avec tant de violence. Seul, en effet, le Vicaire de Jésus-Christ peut demander à ses frères dans l'épiscopat et à ses fils dans la foi la douceur dans les revendications, unie à l'indomptable fermeté dans les principes.

Et l'Angleterre? pense-t-on que le *sécularisme* y ait produit l'union et la paix? L'Eglise anglicane oppose à la *Ligue de l'éducation nationale* des sociétés actives et puissantes. — La bataille est ardente, et les actes révolutionnaires des *sécularistes* ne sont pas faits pour apaiser l'indignation des consciences britanniques encore chrétiennes. Les levées arbitraires et excessives de taxes scolaires, « la concurrence à outrance, sans frein ni mesure, sans honnêteté et sans délicatesse [1] », organisée par le *sécularisme*, ses dilapidations et ses concussions, ne rapprochent nullement les cœurs !

Aux Etats Unis, tant que l'enseignement a été *confessionnel*, c'est-à-dire religieux, « les familles riches qui n'avaient point de préjugés contre les écoles publiques y envoyaient généralement leurs enfants, en sorte qu'un bienfaisant rapprochement social s'opérait dès les bancs de l'école [2] ». Depuis l'importation de l'enseignement laïque, « le nombre des familles riches qui ne veulent pas envoyer leurs enfants aux *common schools* va en augmentant. D'après un rapport officiel publié il y a déjà plusieurs années, cinq cent

---

1. M. l'abbé Martin, *loc. citat.*, § III, p. 57.
2. Cl. Jannet, t. II, ch XX, § I, p 76.

mille enfants fréquentaient dès lors les écoles privées.

La réaction contre le courant antireligieux déterminé par les sociétés secrètes est si accentuée en Amérique, que « les écoles catholiques de tous les degrés comptent un grand nombre d'enfants de familles protestantes qui leur sont confiés spontanément ». Grâce aux fautes mêmes de ses ennemis, le catholicisme « groupe peu à peu autour de lui toutes les familles qui ont conservé des traditions de vertu et un foyer honorable [1]. »

Un des *dadas* de la Ligue (qu'on passe cette expression vulgaire pour caractériser un grotesque projet), un des *dadas* de la Ligue cosmopolite, c'est d'initier l'enfance à la politique. La Révolution nous reproche sans cesse, à nous catholiques, de faire de la politique ; elle sait bien qu'elle ment ; c'est elle au contraire qui en met partout, et c'est chez elle une vieille habitude. Dès 1791, le plan d'enseignement proposé par Talleyrand à la Constituante remplaçait l'étude de la religion par l'étude de la Constitution : « Il faut, disait-il, apprendre la Constitution ; il faut que la Déclaration des droits compose à l'avenir *un nouveau catéchisme* pour l'enfance. » Et ce *catéchisme* devait se développer à mesure que s'élevait le niveau de l'école.

Dans les écoles secondaires, continuait l'évêque apostat, « aux principes de la Constitution qui ne peuvent qu'être indiqués (dans les écoles primaires) succèdera une exposition développée de la Déclaration des droits et de l'organisation des pouvoirs. » Ainsi, conclurons-nous, à notre tour, avec M. Henri de Riancey, « les législateurs de 1791 concentrèrent toute l'instruction publique vers ce seul but : la con-

---

1. Cl. Jannet. *ibid.*, § VIII p. 59.

naissance, l'étude et, par suite, l'amour de la Constitution. Ils en firent le *catéchisme* de l'enfance, le *rudiment* de l'adolescence, le principe et la fin de l'enseignement officiel ; le reste n'est évidemment que l'accessoire [1] ». — Le reste est toujours l'accessoire, et partout où souffle l'esprit révolutionnaire, la politique envahit l'école. L'école américaine laïque en est infestée ; le projet de loi Paul Bert prétend remplacer en France l'instruction religieuse par « *l'instruction morale et* CIVIQUE », donnée aux bambins des deux sexes *à partir de six ans.* (Art. 3.) Le Spuller de la Belgique, M. Olin, déclare que la section centrale de la Chambre des représentants a vivement regretté de n'avoir pu « introduire dans le programme obligatoire des notions de droit constitutionnel. Il a fallu se borner, » gémit-il. Mais il se félicite aussitôt de ce que, « dès maintenant, ces leçons sont données dans le tiers des écoles communales ». De plus la commission « espère que le gouvernement usera de toute son influence pour arriver partout à ce résultat ; elle compte que les livres de lecture employés à l'enseignement primaire ne négligeront point les allusions au mécanisme des institutions » politiques du pays [2].

L'idée est trop excentrique pour n'avoir pas été adoptée avec enthousiasme aux Etats-Unis. Elle y est largement appliquée, et les plus autorisés de nos Ligueurs français trouvent cela admirable !

Écoutons M. Hippeau, vice-président du Cercle Parisien, l'une des lumières de la Ligue. La scène se passe dans une école de filles, en présence du narrateur émerveillé, qui, ne l'oublions pas, joint à ses

---

1. *Histoire critique et législative de l'instruction publique et de la liberté d'enseignement en France*, t. II, p. 12
2. *Rapport* Olin, 4 avril 1879. — *Documents parlementaires,* Session 1878-1879, p. 119. col. 1.

titres maçonniques celui de délégué du ministre de l'instruction publique de France :

« La maîtresse pria une de ses élèves d'apprécier la conduite politique de Milton à propos de la mort de Charles I$^{er}$, et lui demanda ce qu'elle pensait de cet événement. Elle ne répondit pas. Une autre, plus hardie, dit que Charles 1$^{er}$ avait mérité la mort, parce qu'il avait violé les lois de sa patrie ; cette réponse parut satisfaire les autres élèves. L'une l'elles, cependant, se leva et dit que, pour son compte, elle désapprouvait d'une manière absolue la peine de mort, et qu'il aurait été beaucoup plus convenable de bannir Charles I$^{er}$ ou de le tenir en prison que de faire tomber sa tête. Il paraît que, si je n'avais pas été présent à cette discussion, elle se serait prolongée, et que chaque élève aurait soutenu avec ardeur ses opinions. La jeune fille qui s'était montrée si sévère envers le roi d'Angleterre avait dix-sept ans, l'autre dix-neuf. Je venais d'assister à l'un de ces exercices familiers dans les écoles d'Amérique, où, dès les premières années, on croit qu'il est utile de laisser à la pensée le droit de s'exprimer librement, où le maître avertit, conseille, dirige, mais ne se croit pas le droit d'imposer ses idées et ses sentiments [1]. »

Dans toutes les écoles publiques, et par conséquent laïques, de la grande République fédérale « *on exerce les enfants de huit à douze ans à l'improvisation politique*. M. Fraser (le délégué anglais) raconte qu'on demanda, en sa présence, à un écolier de cet âge d'expliquer ce qu'il pensait du suffrage des nègres. Sur quoi l'enfant se mit à disserter pendant une demi-heure. »

« *Dans certaines écoles, notamment à Buffalo*, on

---

1. Cité par Claudio Jannet, t. II, chap. XX, § VII, p. 92.

suit le système républicain. Ce sont les élèves eux-mêmes qui établissent les règlements des classes et veillent à leur observation. Ils ont la charge de maintenir entre eux la discipline, peuvent chasser un mauvais élève. Ils ont enfin un droit de censure à l'égard de ceux de leurs professeurs qui auraient abusé de leur autorité. Même dans les localités où ce singulier système n'est pas établi, les jeunes gens et les jeunes filles de douze ou quatorze ans envoient à tous propos aux journaux des déclarations et des adresses, où ils expriment leur sentiment sur telle ou telle question de discipline ou d'enseignement, et les journaux les reproduisent sérieusement [1]. »

Mieux que cela : il existe de très-nombreuses feuilles « *dirigées exclusivement par des enfants de 13 à 18 ans* » !

« Le *New-York Herald* a eu la curiosité de faire une enquête sur cette singulière presse. » Il a constaté que, « *depuis un petit nombre d'années, près de cinq mille journaux de cette sorte ont été publiés, soit aux États-Unis, soit au Canada, et que quelques-uns ont une circulation très-étendue* ».

« Ces jeunes journalistes pratiquent largement le *puff* et le *humbug*, et réussissent à dépasser sur ce terrain leurs grands confrères. On signale surtout le caractère *sarcastique* de cette petite presse, qui est poussé à un degré dont les hommes plus âgés ne seraient pas capables [2]. »

C'est tout uniment le monde renversé. — L'intelligence s'étiole sous l'influence de ce développement hâtif et disproportionné ; le sens moral s'éteint, et la

---

1. Cité par Claudio Jannet, *ibid.*
2. *Id., Ibid.* Document O, p. 299. *New-York Herald*, 2 mai 1877.

famille elle-même se dissout, ruinée par l'esprit de précoce indépendance qu'inspire à la jeunesse cette plus qu'étrange éducation.

C'est ce que constate avec tristesse le délégué anglais M. Fraser, plus sensé que le délégué français. « Des garçons et des filles de douze à quatorze ans se jugent capables, dit-il, de décider d'une foule de choses pour lesquelles des Anglais de vingt ans se croiraient tenus de demander l'assentiment paternel. Ce n'est pas là une situation normale [1]. »

Si la plaie n'était que honteuse, l'approbation d'un vice-président de la Ligue n'aurait rien d'étonnant. Mais le mal est ridicule autant que douloureux !... Malgré tout, M. Paul Bert veut imposer à nos enfants « l'instruction civique » à partir de six ans, avant même qu'ils sachent s'habiller sans aide et manger tout seuls.

Si encore il suffisait à nos despotes de vouloir infliger à ces pauvres petits pareille monstruosité ! Mais en même temps qu'elle est un foyer de radicalisme odieusement précoce et un laboratoire d'athéisme, l'école *laïque*, telle que la veut la Ligue, devient fatalement *un mauvais lieu*.

Qu'on juge si nous exagérons. Sous l'inspiration de la Francmaçonnerie, dont la Ligue n'est qu'une maîtresse branche, les écoles *mixtes*, quant au sexe, se multiplient aux États-Unis, *notamment les écoles normales pour jeunes gens et jeunes filles*, comme l'a rappelé M. Chesnelong à la tribune du Sénat. Après avoir prétendu unir les cœurs et pacifier les esprits par la politique, c'est-à-dire, après avoir creusé des abîmes entre les esprits, on tue la moralité de l'enfance et de la jeunesse, sous prétexte d'adoucir les mœurs

---

1. Cité par Claudio Jannet, t. II, p. 92.

par le rapprochements des sexes. Les écoles mixtes ont produit, c'était fatal, une épouvantable corruption.

« Dans le plus grand nombre des écoles, les livres et les gravures les plus obscènes circulent parmi les enfants des deux sexes. — Le secret que l'on met à se les communiquer y ajoute un charme irrésistible... Les conséquences qui en résultent naturellement sont faciles à imaginer. Ce sont les plus détestables pratiques. »

Le professeur Agassiz, dont le mérite scientifique est connu de tous, ayant entrepris une enquête personnelle sur la prostitution dans Boston, a constaté par leurs propres déclarations que « la majeure partie » des filles perdues de la ville « attribuaient leur chute à l'influence qu'elles avaient subie dans les écoles publiques ».

« Il n'y a que peu d'années, la seconde ville du Massachussets fut frappée d'épouvante en découvrant qu'une des écoles de la cité était le théâtre du libertinage, et que les enfants des deux sexes s'y donnaient rendez-vous pour satisfaire leurs passions. Tout récemment, ajoute le *New-York Herald*, auquel est empruntée cette citation, le même scandale s'est produit ; mais les autorités ne l'ont pas laissé s'ébruiter, pour ne pas faire déserter l'école. » (N° du 20 oct. 1874.) Constamment les journaux racontent des faits de ce genre, ajoute notre auteur [1].

Est-ce là la vertu laïque dont on nous promet le règne dans l'école affranchie de toute dépendance vis-à-vis de l'Église ? Et les mêmes hommes qui osent attaquer la vertu de nos admirables Frères, de nos saintes Sœurs, calomnier la morale irréprehensible des Jésuites, nous présentent les écoles des États-

---

1. Claudio Jannet, tome II, chap. XX, *passim*.

Unis comme un modèle, comme le pur idéal [1] !

Ainsi donc, charges écrasantes, diminution de la quantité autant que de la qualité des enfants qui fréquentent les écoles publiques, corruption précoce et effroyable de l'enfance et de la jeunesse, voilà les résultats non pas futurs et chimériques, mais acquis, actuels, indéniables de l'école gratuite, obligatoire et laïque, telle que l'a fait établir déjà en plusieurs pays la Ligue cosmopolite de l'Enseignement, telle que la Ligue française voudrait l'imposer à notre malheureuse patrie [2].

C'est à nous pères et mères de familles, à nous catholiques qui formons la presque totalité de la nation, de décider si nous laisserons déporter nos enfants dans de pareilles écoles. La Ligue de l'Enseignement a mis dix ans en France, douze ans en Belgique, à s'emparer du pouvoir, afin de chasser Dieu de l'enseignement comme de toutes les institutions sociales. Quand même la bataille devrait durer vingt ans, quarante ans, et plus permettrons-nous aux Ligueurs, nos maîtres aujourd'hui, de nous dépouiller de nos droits les plus sacrés ? Leur haine a été clairvoyante, active, persévérante, infatigable. Notre amour pour l'Église et pour la patrie sera-t-il moins ardent, moins énergique, moins constant, moins

---

1. Voir *C.-R. du Cercle parisien* pour 1876, pp. 239 et suiv., l'article intitulé *La laïcité en Europe*, dans lequel, sur la foi de M. Hippeau, dont nous avons indiqué ailleurs le double caractère de fonctionnaire et de Ligueur, l'enseignement aux États-Unis est loué sans restrictions.

2. On sait que les Prussiens ont inauguré leur domination en Alsace-Lorraine par l'imposition des écoles mixtes, dans le but avoué de corrompre ces populations si catholiques et si françaises. — Sans doute les Francmaçons qui nous gouvernent ne négligeront pas un si bon moyen de venir à bout de résistances qui les gênent. N'a-t-on pas vu pendant la guerre de 1870 les mêmes personnages utiliser déjà certaines femmes comme moyen de gouvernement ?

généreux ? Déjà de grands efforts ont été tentés, d'admirables exemples ont été donnés. Pétitionnement gigantesque, malgré mille tracasseries et mille entraves ; restauration prompte et généreuse des écoles congréganistes, qui partout où elles ont été arbitrairement frappées comme établissements publics se sont relevées institutions libres ; fidélité universelle et touchante du peuple aux bons Frères et aux chères Sœurs, même dans les grandes villes, même à Paris ; augmentation considérable des élèves dans tous les collèges des Jésuites; campagne aussi brillante que féconde de nos plus illustres orateurs catholiques, partout avidement écoutés, partout acclamés par des foules immenses, qui ne se pressent plus sur les pas des rhéteurs révolutionnaires : telles sont les œuvres défensives que l'attaque a fait surgir.

La Révolution a dû ralentir sa marche. Déjà les honnêtes, les modérés, les plus intelligents de ses champions l'ont abandonnée et se rapprochent des catholiques pour défendre la liberté. Redoublons d'énergie, prenons l'offensive à notre tour ; l'Antichristianisme reculera.

Puisse le travail que nous achevons servir dans cette lutte la cause sacrée de l'Église, qui est plus que jamais la cause de la France et de la vraie liberté ! Puisse cette étude sur l'une des plus perfides et des plus dangereuses inventions de la Francmaçonnerie révolutionnaire exciter au bon combat nos frères les catholiques ! Notre but sera alors atteint et notre désir rempli.

FIN.

# DOCUMENTS

# DOCUMENTS

## DOCUMENT A

### LE DENIER DES ÉCOLES CATHOLIQUES BELGES.

*(Extrait du discours de M. Verspeyen, rédacteur en chef du Bien Public de Gand, au Congrès des Comités catholiques de la région du Nord, tenu à Lille en novembre 1879.)*

Parmi toutes les manifestations de l'élan général (pour la défense de l'enseignement chrétien en Belgique), l'œuvre si sympathique et si justement populaire du Denier des écoles catholiques mérite d'attirer votre attention. Je sais que déjà vous l'avez implantée à Lille et qu'elle y fleurit comme dans sa terre natale. Cultivez-la, propagez-la, vous verrez qu'elle vous donnera des fruits merveilleux ! Elle nous étonne nous-mêmes par la rapidité de ses progrès. Voilà trois ans que le Denier des écoles catholiques existe à Gand, où j'ai l'honneur de le présider. Eh bien ! nos quêtes ont produit, la première année, sept mille francs ; la seconde année, quinze mille, et enfin l'exercice que nous venons de clôturer accuse trente-deux mille francs de recette. Vous voyez bien que nous aimons le progrès ! trente-deux mille francs, c'est le traitement de soixante-quatre Frères des écoles chrétiennes ! — Voilà ce que peut le *petit sou* du peuple, recueilli dans les cafés, au détour d'une rue, à l'issue d'une fête ou d'un concert ! Voilà le produit de la modeste boîte du Denier des écoles, circulant, au dessert, après le dîner de famille ; ou bien prenant place, mesdames, comme une muette, mais opiniâtre mendiante, entre les brimborions de vos étagères !

1. *Univers,* 20 novembre 1879.

## DOCUMENT B

### LISTE DES PAIRS D'ANGLETERRE QUI SONT FRANCMAÇONS.

Le prince de Galles, Grand Maître d'Angleterre et vénerable de la Loge du prince de Galles.
Duc de Cumberland.
Roi de Hanovre, Grand Maître de Hanovre.
Duc de Saint-Albans, Grand Maître Provincial du Comté de Lincoln.
Duc de Marlborough.
Duc de Manchester, Grand Maître Provincial de Northampton et Huntingdon.
Duc de Newcastle, Grand Maître Provincial du comté de Nothingham.
Duc d'Abercorn.
Duc de Leicester, Grand Maître d'Irlande.
Marquis de Townsend.
Marquis de Downshire.
Marquis de Headfort.
Marquis de Donegal, Grand Maître Provincial d'Antrim.
Marquis de Waterford.
Marquis de Kildare
Marquis de Londonderry, Grand Maître Surveillant d'Angleterre.
Comte de Carnarvon, Grand Maître adjoint d'Angleterre.
Comte de Zetland.
Comte de Shrewsbury et Talbot, Grand Maître Provincial de Staffordshire
Comte de Sandwich, ancien Vénerable.
Comte de Shaftesbury.
Comte de Jersey, ancien Grand Surveillant d'Angleterre.
Comte de Ferrers, Grand Maître Provincial adjoint de Leicestershire et Rutland.
Comte de Cowper.
Comte de Mount-Edgcumbe, ancien Vénérable
Comte de Rosslyn, Grand Maître d'Ecosse
Comte de Durham, ancien Grand Surveillant d'Angleterre.
Comte de Yarborough.
Comte de Dononghmore.
Comte de Limerick, Grand Maître Provincial de Bristol
Comte de Dalhousie, ancien Grand Maître adjoint d'Angleterre.
Comte de Fife.
Vicomte de Combermere, Grand Maître Provincial adjoint de Cheshire.

Vicomte de Hardinge.
Vicomte de Gough.
Lord Eliot, ancien Grand Surveillant d'Angleterre.
Lord Sherborne, Grand Maître Provincial du comté de Gloucester.
Lord Northwick.
Lord Lilford.
Lord Erskine.
Lord de Tabley, Grand Maître Provincial de Cheshire.
Lord Wharncliffe
Lord Tenterden, 1er Grand Surveillant d'Angleterre.
Le Révérend Doyen lord Plunkett, ancien Grand Chapelain.
Lord Skelmersdale, ancien Grand Surveillant d'Angleterre.
Lord Abinger.
Lord Leigh, Grand Maître Provincial du comté de Warwick.
Lord Londesborough.
Lord Annaly, ancien Grand Surveillant d'Irlande.
Lord Henniker, Vénérable.
Lord Lytton.
Lord Methuen, Grand Maître Provincial de Wiltshire.
Le T.-R. Rév. Évêque de Petersborough.
Vicomte de Porverscourt.
Vicomte Dunboyne, Grand Maître Provincial de Limerick.
Vicomte Blayney.
Lord Colville.

Fils de Lords qui sont francmaçons :

Marquis de Hartington, Grand Maître Provincial du comté de Derby.
Lord Maldon
Lord Royston, Grand Maître Provincial, de Cambridge.
Lord Pelham, Grand Maître Provincial de Sussex.
Lord Holmesdale, Grand Maître Provincial de Kent.
Lord Amberley.
Lord Lindsay, Grand Maître Provincial du comté d'Aberdec.
Comte de Bective, Grand Maître Provincial de Cumberland et de Westmoreland.
Lord Kilworth.
Lord Bernard.
Comte Percy, Grand Maître Provincial de Northumberland.

Enfin nous avons vu que LA REINE est patronesse de la Francmaçonnerie Anglaise, et la *princesse de Galles* dame chevalière de l'ordre Maçonnique de Saint-Jean de Jérusalem.

## DOCUMENT C

### LA LIGUE ET LA POLITESSE FRANÇAISE.

On ne doit pas consulter les gens lorsqu'on prétend leur imposer un avis, et une enquête a pour but, non pas de dicter des réponses conformes aux désirs de celui qui interroge, mais de connaître l'opinion de ceux qui sont interrogés.

Si incontestables que soient ces principes, la Ligue les repousse, du moins en pratique. Elle certifie que la majeure partie des maires et conseils municipaux questionnés par elle ont témoigné de leur amour pour l'école sans Dieu. Or nous avons prouvé (III<sup>e</sup> partie) § IV, *Œuvres générales*, pp. 199-200, que cette affirmation n'est rien moins que démontrée. Nous avons raconté comment, par un procédé fort étrange, le Cercle Parisien envoie d'avance la réponse toute préparée, et nous avons donné le texte même de la formule officielle. (*Id., ibid.*)

Voici qui est plus fort. Lorsqu'un maire s'avise de protester contre les visées et les menées de la Ligue, non-seulement on ne tient nul compte de son opinion, mais on lui répond des injures.

Ainsi, M. le comte de Chaumontel, maire de Beuville (Calvados), reçoit, comme tous les maires, la circulaire du Cercle Parisien, relative à l'enquête sur l'enseignement laïque.

Il fait connaître son sentiment par la lettre suivante, indignée, mais polie.

Beuville, 28 novembre 1879.

*A M. Emmanuel Vauchez, secrétaire général de la Ligue de l'Enseignement.*

« Monsieur,

« J'ai reçu votre circulaire, et je suis loin d'être fier de l'honneur que vous me faites ; j'estime, en effet, qu'avant d'adresser votre prose aux maires de toutes les communes, vous auriez dû vous enquérir de leurs opinions. C'est d'ailleurs un moyen dont use surabondamment l'administration actuelle, et, si vous aviez pris cette peine, vous vous seriez évité d'étranges méprises et de sérieux déboires.

« Vous sauriez de plus que je ne suis pas l'homme de ces basses intrigues, pas plus que je ne veux être le partisan de ces iniques persécutions que vous et les vôtres organisez, toujours au nom de la liberté.

« Puisque vous me fournissez l'occasion de vous apprendre que je ne suis, ni ne serai jamais des vôtres, j'en profite bien volontiers pour vous dire que je professe contre cette odieuse manœuvre que vous organisez contre le droit du père de famille, contre la saine morale, contre la Religion et la liberté, les sentiments que tout honnête homme doit éprouver en présence d'une œuvre criminelle et d'une abominable lâcheté, je veux dire le plus profond dégoût et le plus immense mépris.

« Veuillez croire, monsieur, à l'inébranlable sincérité des sentiments que je viens de vous exprimer.

« Signé : Comte DE CHAUMONTEL,
« Maire de Beuville (Calvados). »

Deux jours après, le secrétaire-général de la Ligue lui expédiait l'impertinence que voici :

Paris, 30 novembre 1879.

« Monsieur le maire,

« Je n'avais pas à m'enquérir de l'opinion des maires, parce que je pensais que les ennemis de la République s'empresseraient de décliner l'honneur de la servir. J'avais compté sur la logique, et je vois que c'est la mienne qui est en défaut.

« Vos professeurs, monsieur le maire, ont oublié de vous apprendre que la liberté de conscience fait partie du droit moderne. Je vous engage donc à continuer vos études et à changer de professeurs.

« Signé : Emmanuel VAUCHEZ »

Ce n'est pas M. de Chaumontel qui a besoin de continuer ses études et de changer de professeurs — Peut-être son correspondant finirait-il par comprendre, à l'aide d'études plus prolongées et de professeurs nouveaux, la différence qui existe entre la France et la République, et en quoi consiste la liberté de conscience. Peut-être même pourrait-il apprendre la politesse ; mais qu'il aurait à faire !

Il serait facile de composer un recueil volumineux des fautes énormes contre le bon ton et le savoir-vivre échappées aux chefs de la Ligue, ornements de la République peu athénienne.

Le secrétaire général du Cercle Parisien ne fait que suivre d'illustres traces, quand il écrit ce que nous venons de lire.

N'est-ce pas un des plus fanatiques Ligueurs, M. Jules Ferry, ministre de l'instruction publique, qui du haut de la tribune française a osé qualifier d'*impertinents* toute une catégorie d'officiers (Sénat, 4 décembre 1879), parce qu'ils sont royalistes? N'est-ce pas le même Ligueur qui a appelé une *sortie* l'éloquente et énergique, mais courtoise protestation de M. Chesnelong contre les persécutions dont l'enseignement congréganiste est victime ? (Sénat, 9 décembre 1879.)

N'a-t-on pas vu, quelques jours plus tard, un autre ministre user d'un procédé plus inconvenant encore ? Il était réservé à un Ligueur de faire ce qui ne se fait jamais, même dans le dernier des mondes ; de renvoyer une lettre à son auteur. Et c'est un ministre des cultes, tenu plus que tout autre à la politesse et aux égards vis-à-vis des évêques, c'est M. Lepère, qui s'est oublié jusqu'à retourner sans réponse à Mgr l'évêque d'Angers la protestation si légitime du vénérable prélat contre l'injure faite au clergé de sa ville épiscopale. Il ne suffisait donc pas au Ligueur-ministre de chasser de la commission de l'hospice tous les prêtres d'une ville comme Angers, et de faire présider par le pasteur protestant (pasteur sans troupeau) la commission *épurée* ? Ignorait-il donc qu'entre gens bien élevés on ne se permet jamais un pareil acte ?

Peut-être l'éducation laïque doit-elle mettre au rebut la politesse française, vieux reste d'ancien régime, et la remplacer par la grossièreté, principale distinction des nouvelles couches. S'il en est ainsi, il est bon qu'on le sache.

## DOCUMENT D

LISTE DES LOGES MAÇONNIQUES QUI SOUSCRIVENT AUX ŒUVRES DU CERCLE PARISIEN DE LA LIGUE DE L'ENSEIGNEMENT.

La Fraternité Vosgienne (Epinal). — La parfaite Harmonie (Mulhouse). — La Renaissance (Colmar). — La Rose du parfait silence (Paris) — Les Freres réunis (Strasbourg) — La Sincerite (Reims). — L'Espérance couronnée (Dieppe) — La Loge d'Hippone (Bône). — La Rose du parfait silence (le Mans). — Tolérance et progrès (Lure) — Les Amis de la Vérité (Metz) — L'Oasis (Batna). — L'Etoile Neustrienne (Vernon). — Les élus d'Hiram (Paris). — La parfaite Union (Montauban). — Les membres de la L.·. Les Arts réunis (Grenoble). — L'Echo du Grand-Orient (Nîmes). — La L.·. Saint Jean de Jérusalem (Nancy) — L'Ecole Mutuelle (Paris). — L'Etoile de la Charente (Angoulême). — Les Arts réunis (Mâcon). — La Libre-Pensee (Aurillac) — La Propagation de la Vraie Lumiere (Tarbes) — La Réunion (Toulon). — L'Aménité (le Hâvre); l'Olivier Ecossais (id.). — Les Amis de l'Ordre (Niort) — L'Amitie Fraternelle (Bourg) — Paix et Travail (Dammartin, Seine-et-Oise). — Bonaparte (Paris). — Les Amis du Peuple (Pontoise). — Le Travail (Remiremont). — Henri IV (Paris). — Mars et les Arts (Nantes) — L'Aigle (Joigny). — Bienfaisance et Progrès (Boulogne-sur-Seine) — Sincérité, Parfaite Union et Constante Amitié réunies (Besançon). — Sincère et parfaite Union (Pontarlier) — Union et Progrès. — (Pacy-sur-Eure, Eure) — Franche Union (Dreux) — Etoile des Cévennes (Alais). — Chevaliers du Temple (Lyon). — Arc-en-Ciel (Paris) — Amis inséparables (id.). — Amis triomphants (id.) — Buisson ardent (id.). — Ecossais inséparables (id.). — France maçonnique (id.). — Jérusalem des Vallees Egyptiennes (id.) — Travail et persévérante amitié (id.). — Réveil maçonnique (Boulogne, Seine) — Travail et Progrès (Montlhéry) — Phare de la Renaissance (Marseille). — Les Démophiles (Tours) — L'Amitié (Boulogne-sur-Mer). — Le parfait Silence (Lyon). — La Perseverance (Paris) — Les Trinitaires (id.) — Les Amis bienfaisants (id.). — Persevérante amitie (id.). — Les Admirateurs de l'univers (id.) — L'Ecole (id.). — L'Amitié (id.). — Paix et Travail (Thoiry, Seine-et-Oise) — Les Amis de la Patrie (Montmorency) — La Française des Arts (Toulouse) — L'Encyclopédique (id.). — Les vrais Amis réunis (id.) — La parfaite Harmonie (id.). — L'Aurore naissante (Villeréal, Lot-et-Garonne) — Le Globe (Vincennes). — Les Hospitaliers Français (Paris). — Les Amis de l'Humanité (id.). — Philosophie cosmopolite (Nice). — Les Amis réunis (Barbezieux). — Solidarité et Progrès (Dijon). — L'Etoile du Centre (Châteauroux). — Persévérance (Saumur) — Asile du Sage (Lyon) — Triple Unité (Fécamp) — Rénovation (Amiens) — Etoile du Progrès (Bordeaux) — Nature et Philanthropie (Lorient) — Amis de la parfaite Union (Perpignan) — Amis de la Patrie (Paris) — Mont Sinaï (id ) Les Trois Etoiles (le Hâvre) — Tolerance et Union (le Vigan, Gard). —Les Emules de Monthyon (Orléans) — Parfaite égalité (Montreuil, Seine). — Enfants d'Hiram (Melun) — Vérité-Réforme (Marseille) — Réveil de la Côte d'Or (Beaune) — Les FF.·. du Mont-Laonnais (Laon F) —Les F   unis de la Creuse (la Souterraine, Creuse) — La Lumière de Neuilly (Neuilly) — Clémente amitié (Paris) — Saint-Vincent de-Paul 11 (Constantine) — Loge écossaise (id ) — Le Reveil de l'Orient (Saigon), et enfin le Grand-Orient de France lui-même.

Voilà pour les Loges françaises  En fait de Loges étrangères, nous trouvons les membres de la L·. Saint-Jean de la Paix (Neufchâtel). — La L·. Anglaise (de Bordeaux) — La L·. allemande Concordia (Paris — L Etoile du Pacifique (Valparaiso, Chili) — La Sagesse (Barcelone) — Les Amis de la Patrie (Montevideo, Uruguay) —L'Etoile du Bosphore (Constantinople). — La Parfaite Union (Rio de Janeiro). — Francs Hyramites (San Francisco).

Le chiffre de 15, avoué, il y a dix ans, par le F·. Macé, est donc notablement dépassé, et n'oublions pas que chaque cercle local compte parmi ses adhérents une ou plusieurs Loges — Exemple  le Cercle Poitevin Il reçoit les souscriptions des Loges de Poitiers, Angoulême, Niort, Royan, etc.

## DOCUMENT E

**LES GOUVERNEMENTS N'ONT PAS LE DROIT DE FAIRE A LEUR GRÉ ET D'IMPOSER UNE DOCTRINE SCOLAIRE D'ETAT.**

*(Extrait de la déclaration de Son Em. le cardinal Dechamps, archevêque de Malines, sur le prétendu désaccord entre les évêques Belges et le Saint-Siège au sujet de la loi de 1879, qui organise l'enseignement primaire officiel en Belgique.)*

La loi scolaire de 1879 autorise les ministres des cultes, les prêtres catholiques, les rabbins juifs, les ministres protestants, à donner successivement des leçons de religion, dans un local d'une même école, avant ou après les classes ; mais l'instituteur lui-même ne peut enseigner, dans l'école la foi d'aucune religion positive ; il doit être neutre. Mais qu'est-ce ici que la neutralité ? Je comprends la neutralité politique, la neutralité de l'Etat à l'égard des doctrines et des écoles, mais la neutralité dans l'enseignement est une absurdité, une impossibilité, un masque. Je l'ai démontré ailleurs [1] ; j'ai demandé qu'on me réponde ; on ne l'a pas fait, on ne le fera pas, l'évidence oblige à l'adhésion ou au silence.

Aussi les auteurs de la loi ont-ils fini par avouer, en fait, que l'enseignement est impossible sans une doctrine religieuse et ils ont décidé que l'instituteur enseignerait le déisme, c'est-à-dire la doctrine qui admet un Dieu [2], mais qui rejette toute révélation divine. Il n'est donc pas vrai que ces écoles soient neutres, le déisme est une doctrine. — Il est, dit-on, la doctrine encore dominante dans la Francmaçonnerie ; il est du moins, la doctrine des membres des loges qui sont actuellement au pouvoir en Belgique ; mais leurs confrères maçons qui se donnent pour *progressistes* les adeptes du positivisme, du matérialisme, de l'athéisme, leur demanderont certainement en vertu de quel droit ils imposent, dans les écoles officielles, leur déisme à la libre-pensée.

Nous touchons ici l'un des grands points de la question scolaire dans les circonstances où se trouve placé notre pays, comme bien d'autres pays des deux mondes. Sous le régime politique de

---

1. Le nouveau projet de loi sur l'enseignement primaire. *Trois lettres nouvelles*, chez Dessain, Malines.
2. Le Dieu que les déistes se font tel qu'ils le désirent n'est le Dieu vivant de la révélation et de la rédemption. Les chrétiens ont donc le droit de dire que les écoles du déisme sont des écoles *sans Dieu* tenues par des maîtres *sans foi*.

la liberté de conscience et des cultes, l'Etat, le gouvernement, doit la protection civile aux écoles des catholiques, aux écoles des protestants, aux écoles des Juifs, aux écoles des libres penseurs; mais l'Etat, le gouvernement, n'a pas le droit de choisir, à son gré, *une doctrine d'Etat*, pas plus le déisme qu'une autre, et de transformer ainsi la Francmaçonnerie *en Eglise d'Etat*, imposant partout sa doctrine aux écoles publiques établies et soutenues aux frais de la nation, c'est-à-dire aux frais des familles croyantes. Non, l'Etat n'en a pas le droit, et ce que le libéralisme n'a cessé de dire, d'écrire, de proclamer à tort depuis 1846, et cela sous le régime légal de la loi de 1842, c'est-à-dire que cette loi était inconstitutionnelle, nous le disons avec raison de la loi de 1879, parce que les écoles confessionnelles répondent seules à la liberté de conscience de la généralité des familles.

N'est-il pas évident qu'ouvrir un local d'une *même* école aux ministres des différents cultes, pour qu'ils enseignent successivement le *oui* et le *non* dans ces petits panthéons dérisoires, tandis que l'instituteur prétendument neutre ne pourra enseigner à tous ses élèves que le déisme, la négation de la révélation divine; n'est-il pas évident qu'ouvrir même ce local au ministre d'un seul culte, là où il n'y en a qu'un, mais toujours à la condition que l'instituteur n'admettra, dans les classes, que le pur déisme qui rejette toute foi à la révélation, et que constituer de pareilles écoles aux frais des familles qui veulent laisser leur foi à leurs enfants, c'est violer leur liberté de conscience, c'est manifestement inconstitutionnel?

Que l'Etat accorde la protection civile, non seulement aux écoles catholiques, mais aussi aux écoles des juifs, des protestants et des libres penseurs, c'est sans doute son droit constitutionnel; mais il n'a pas le droit de subsidier les seules écoles de l'indifférentisme aux frais de la nation, aux frais de tout le monde.

Et puis, comment ose-t-on, sans rougir, appeler le sacerdoce catholique ou ses délégués dans de telles écoles uniquement propres à inspirer aux élèves le doute universel? L'Eglise, elle, ne doute pas de sa foi, elle dit, comme l'apôtre: *Scio cui credidi*, je sais à qui je crois, et elle prouve qu'elle le sait par des faits splendides, dont le divin caractère éclate à tous les yeux qui ne s'en détournent pas.

L'Eglise ne peut donc pas, et elle ne veut pas accréditer, par sa présence ou par celle de ses délégués, dans les écoles de l'indifférentisme, ce régime scolaire institué *pour arracher les âmes à la foi*, même quand on laisse, par tactique, dans les écoles, des images chrétiennes.

L'Eglise est mère, elle ne négligera rien pour empêcher qu'on lui ravisse ses enfants, et sa résistance chrétienne n'aura jamais rien qui ressemble à la révolte.

La question des écoles n'est pas une question exclusivement politique, elle est surtout, et incontestablement, une question doctrinale, religieuse, spirituelle, une question de foi et de droit des consciences.

Il est parfaitement inutile de vouloir rapetisser cette question par des mots, et de prétendre qu'une question catholique n'est qu'une question *cléricale* ou *épiscopale*. Certes, l'Eglise catholique n'est pas seulement composée de fidèles, elle a ses pasteurs et ses premiers pasteurs, tous subordonnés au Pasteur suprême, et les fidèles cesseraient d'être fidèles, cesseraient d'être catholiques, si, *dans l'ordre spirituel*, ils se séparaient de leurs pasteurs. Mais les pasteurs sont pour les fidèles, et s'il est vrai que *les sacrements sont pour les hommes*, il en est de même des ministres de la parole et des sacrements.

Aussi le clergé et les évêques ne s'occupent avec ardeur de cette question que parce qu'elle est la grande question des âmes. Les catholiques belges, de leur côté, et parmi eux leurs représentants dans les conseils publics de la nation, parlent comme parlait dernièrement, au congrès des catholiques allemands, l'illustre chef du centre au Parlement de l'empire, quand il disait : Dans l'ordre spirituel, dans les questions de foi, nous ne faisons qu'un avec le Pape.

Cette unité catholique irrite les ennemis de l'Eglise, et ceux-ci espèrent rompre cette unité en séparant les fidèles du clergé, le clergé des évêques, les évêques du Pape, mais ils l'espèrent en vain : *non praevalebunt adversus eam*. Il y a deux mille ans que cette parole se vérifie, et elle se vérifiera jusqu'à la fin des combats spirituels de l'Eglise militante.

† V. A. cardinal DECHAMPS,
archevêque de Malines.

1ᵉʳ décembre 1879.

Il n'y a rien à répondre, rien à ajouter à cette admirable page lumineuse, irréfutable.

Observons cependant que la situation est pire encore en France qu'en Belgique, en ce sens que la Franc-maçonnerie française est aujourd'hui ouvertement et presque unanimement athée, au lieu d'être restée déiste en majorité comme dans presque tous les autres pays. — Une assemblée générale des Loges françaises a supprimé officiellement la fameuse formule : *A la gloire du Grand Architecte de l'Univers*. La Maçonnerie anglaise a excommunié pour ce fait les FF∴ de France ; ceux-ci en ont ri.

Aussi les lois proposées par les Ligueurs de notre pays sont radicalement athées, et non pas seulement déistes, comme de l'autre côté de la frontière.

## DOCUMENT F

### LES PERNICIEUX EFFETS DE L'ÉCOLE SANS DIEU EXPOSÉS PAR PIE IX

*(Lettre à Mgr Hermann, archevêque de Fribourg. —* Extrait*)*

Un enseignement qui non-seulement ne s'occupe que de la science des choses naturelles et des fins de la société terrestre, mais qui de plus s'éloigne des vérités révélées de Dieu, tombe inévitablement sous le joug de l'esprit d'erreur et de mensonge ; et une éducation qui prétend former, sans le secours de la doctrine et de la morale chrétiennes, les esprits et les cœurs des jeunes gens, d'une nature si tendre et si susceptible d'être tournée au mal, doit nécessairement engendrer une race livrée sans frein aux mauvaises passions et à l'orgueil de la raison, et des générations ainsi élevées ne peuvent que préparer aux familles et à l'État les plus grandes calamités.

Mais si ce détestable mode d'enseignement, séparé de la foi catholique et de la puissance de l'Église est une source de maux pour les particuliers et pour la société lorsqu'il s'agit de l'enseignement des lettres et des sciences, et de l'éducation que les classes élevées de la société puisent dans les écoles publiques, qui ne voit que la même méthode produira des résultats beaucoup plus funestes si elle est appliquée aux *écoles populaires ?*

C'est surtout dans ces écoles que les enfants du peuple de toutes les conditions doivent être, dès leur plus tendre enfance, soigneusement instruits des vérités et des préceptes de notre sainte religion, et formés avec diligence à la piété, à l'intégrité des mœurs, à l'honnêteté de la vie. Dans ces écoles *la doctrine religieuse doit avoir la première place en tout ce qui touche soit l'éducation soit l'enseignement et dominer de telle sorte que les autres connaissances données à la jeunesse y soient considérées comme accessoires.* La jeunesse se trouve donc exposée aux plus grands périls, lorsque dans ces écoles l'éducation n'est pas étroitement liée à la doctrine religieuse. Les écoles populaires sont principalement établies en vue de donner au peuple un enseignement religieux, de le porter à la piété et à une discipline morale vraiment chrétienne, c'est pourquoi l'Église a toujours revendiqué le droit de veiller sur ces établissements avec plus de soin encore que sur les autres, et de les entourer de toute sa sollicitude. Le dessein de soustraire les écoles populaires à la puissance de l'Église et les tentatives faites pour le réaliser sont donc inspirés par un esprit d'hostilité contre elle et par *le désir d'éteindre chez les peuples la lumière divine de notre très sainte Foi*. L'Eglise qui a fondé ces écoles avec tant de soin, qui les a toujours maintenues avec tant de zèle, les considère comme la meilleure partie de son autorité et du pouvoir ecclésiastique, et toute mesure dont le résultat est d'amener une séparation entre ces écoles et l'Eglise lui cause, ainsi qu'à ces écoles elles-mêmes, le plus grand dommage. Ceux qui prétendent que l'Eglise doit abdiquer ou suspendre son pouvoir modérateur et son action salutaire sur les écoles populaires lui demandent en réalité de violer les commandements de son divin auteur, et de renoncer à l'accomplissement du devoir qui lui a été imposé d'en haut de veiller au salut des hommes.

Dans tous les lieux, dans tous les pays où l'on formerait et surtout où l'on exécuterait ce pernicieux dessein de soustraire les écoles à l'autorité de l'Eglise, et où la jeunesse serait, par suite, misérablement exposée au danger de perdre la foi, ce serait donc très-certainement pour l'Eglise une obligation rigoureuse, non seulement de faire tous ses efforts et d'employer tous les moyens pour procurer à cette jeunesse l'instruction et l'éducation chrétiennes qui lui sont nécessaires, mais encore d'avertir tous les fidèles, et de leur déclarer *que l'on ne peut en conséquence fréquenter* de pareilles écoles instituées contre l'Eglise catholique.

## DOCUMENT G

### LES PRINCIPES CATHOLIQUES, LES DEVOIRS DES PASTEURS ET DES FIDÈLES DANS LA QUESTION DE L'ÉCOLE.

*(Instructions adressées par la Sacrée-Congrégation du Saint-Office, avec l'approbation du Pape aux évêques d'Amérique, le 24 novembre 1875. Résumé de ces instructions fait par son Em. le cardinal de Malines. Déclarat. du 1er décembre 1879.)*

1° L'instruction des catholiques dans les écoles publiques qui sont soustraites à l'intervention de l'Église est de sa nature éminemment dangereuse (*etiam ee si periculi plena*), entièrement contraire aux intérêts de la vraie religion. L'enfance et la jeunesse y courent manifestement danger de perdre la foi et les mœurs.

2° La loi naturelle et la loi divine nous apprennent que de telles écoles ne peuvent en CONSCIENCE être fréquentées par les catholiques, à moins que le péril, de prochain qu'il est, ne soit rendu éloigné. C'est là un principe général, une règle qui s'étend à tous les pays où la pernicieuse méthode de l'enseignement sécularisé a été introduite. Ce principe a été rappelé à l'archevêque de Fribourg par le pape Pie IX en 1864.

3° Il découle de là que les évêques sont tenus de faire tout ce qui est en eux pour détourner leurs ouailles de la contagion des écoles publiques. Par conséquent, ils doivent faire ériger partout ou maintenir des écoles réservées aux enfants catholiques, et qui, pour le moins, égalent les écoles publiques sous le rapport de l'instruction et de la bonne discipline.

4° Puisque les lois civiles garantissent la liberté d'enseignement, il est au pouvoir des populations catholiques de détourner d'elles le fléau dont les menace l'enseignement public, il est de leur devoir de concourir à l'érection d'écoles qui méritent leur confiance. Il y va de l'intérêt des familles, de tous les citoyens, de la nation elle-même.

5° La Sacrée Congrégation n'ignore pas que les circonstances des temps et des lieux sont quelquefois telles, que les parents catholiques peuvent licitement placer leurs enfants dans une école publique, mais il faut *un motif suffisant* pour en agir ainsi. Il est laissé à la conscience et à la prudence *des évêques* de décider si, *dans un cas particulier*, ce motif suffisant existe réellement.

6° Un motif suffisant existe d'ordinaire lorsqu'une ou l'autre localité ne possède pas d'école catholique, ou encore lorsque dans l'école catholique existante les enfants ne peuvent acquérir l'instruction nécessaire à leur condition sociale. Toutefois, dans ce cas aussi, le danger de perversion qui est plus ou moins inhérent à l'école mixte, doit être rendu éloigné par des mesures et des précautions opportunes.

7° S'il est impossible d'éloigner le danger, par exemple, si l'on enseigne ou pratique des choses contraires à la doctrine catholique ou aux bonnes mœurs, des choses qu'on ne peut entendre ni pratiquer sans préjudice pour l'âme, en pareil cas il faut fuir absolument cette occasion dangereuse, même *cum quocumque damno temporali, etiam vitæ*. Une école ouvertement hostile étant essentiellement mauvaise, il n'y a pas de doute qu'elle ne peut jamais être approuvée ni fréquentée.

8° Pour que l'enfance ou la jeunesse puisse en conscience fréquenter les écoles publiques, il est requis aussi qu'elle reçoive ailleurs, comme elle doit être reçue, l'instruction et l'éducation chrétiennes dont les fidèles ont besoin.

9° Les parents et les tuteurs qui négligent de raffermir ou de faire raffermir les enfants dans les principes catholiques par l'instruction et l'éducation, ceux qui leur permettent d'aller à des écoles où la perte de leurs âmes ne peut être évitée, ceux qui, *sans motif suffisant* et *sans les précautions requises* pour éviter le danger, les envoient aux écoles publiques, alors même qu'il existe dans le même lieu une école catholique bien organisée ou qu'ils ont les moyens de leur faire donner une éducation catholique dans un autre pays ; ceux-là, comme l'enseigne la doctrine morale de l'Église, *sont indignes de recevoir l'absolution* au tribunal de la pénitence, s'ils persistent opiniâtrement dans leur faute.

## DOCUMENT H

### QUELQUES ÉCHANTILLONS DE LA PROBITÉ FINANCIÈRE DES PATRONS DE LA LIGUE AMÉRICAINE.

(Claudio Jannet. — *Les États-Unis contemporains*, 3ᵉ ed. t II, chap. XXVI, § 4.)

Voici un aperçu sommaire des concussions inouïes des patrons de la Ligue Américaine — En 1875 le Secrétaire d'État pour l'intérieur est convaincu d'avoir, de compte à demi avec un frère du président, Orville Grant, *vendu* les postes d'agents chargés de distribuer aux Indiens les subventions des États-Unis, et qui en profitent pour les voler indignement Ce ministre, M. Delano, donne sa démission, et tout est dit! La République est partout indulgente aux siens

Le secrétaire particulier du président Grant, le général Babcock, oblige l'*attorney* fédéral de Saint-Louis d'abandonner les poursuites contre plusieurs agents coupables de favoriser les fraudes relatives aux impôts sur le wiskey. Décrété d'accusation pour ce fait, il n'échappe à une condamnation que par l'intervention personnelle du président et par une circulaire de l'*attorney* général enlevant le bénéfice du pardon aux témoins qui feraient des aveux. Obligé par là de se séparer d'un secrétaire intime si méritant, Grant lui donne comme compensation la direction des travaux publics de Colombie Quelques mois après, de nouvelles malversations l'amènent devant la justice, sous la prévention d'avoir détruit frauduleusement les pièces d'une procédure criminelle.

Puis c'est le ministre de la guerre le général Belknap, qui est convaincu d'avoir vendu par l'intermédiaire de sa femme et de sa belle sœur les *trades posts*, qui ont le monopole d'approvisionner les troupes du territoire indien et lorsqu'il donne sa démission, le président lui exprime ses *regrets* de se séparer de lui !

C'est le secrétaire de la marine, Robeson, convaincu d'avoir livré des fonds de son département à une maison de banque, et d'avoir reçu personnellement de l'argent des fournisseurs de la marine '

C'est l'*ex-speaker* de la Chambre, Blaine, le *leader* du parti républicain, dont on prouve les relations avec des entreprises financières au succès desquelles il vendait l'influence que lui donnait sa situation politique;

C'est le sénateur Pendleton, l'un des hommes les plus considérables du camp *démocrate* (modéré opportuniste), son candidat désigné à la présidence, qui introduit au nom de sa famille une réclamation frauduleuse contre le trésor public et spolie ses propres neveux ;

C'est le général Schenk, l'envoyé des Etats-Unis à Londres, qui y lance une affaire véreuse de son pays et est obligé de donner sa démission à la suite du scandale causé par l'effondrement de la Compagnie formée sous son patronage.

Voilà l'état-major de l'armée anticatholique américaine. Qu'on juge du reste d'après cela.

Deux ministres seulement avaient échappé à cette contagion de la malhonnêteté, le secrétaire du trésor Bristow et le *postmaster general* Jewel. Grant s'empresse de les renvoyer, et il destitue plusieurs employés du trésor qui avaient concouru à la découverte des fraudes sur le wiskey.

Si la République est le gouvernement qui coûte le moins, elle est certainement aussi celui qui rapporte le plus à ceux qui la servent ., du moins en Amérique.

---

# TABLE DES MATIÈRES

Introduction. . . . . . . . . . . . . . . . . 1

## PREMIÈRE PARTIE

### HISTOIRE DE LA LIGUE DE L'ENSEIGNEMENT.

I. Origine de la Ligue. . . . . . . . . . . . . . 9
II. Etablissement de la Ligue en France. . . . . . 15
III. Organisation de la Ligue. . . . . . . . . . . 18
IV. Développements de la Ligue. . . . . . . . . . 24
V. La Ligue en Algérie. . . . . . . . . . . . . . 31
VI. La Ligue à l'étranger. . . . . . . . . . . . . 57

## DEUXIÈME PARTIE

### LES DOCTRINES DE LA LIGUE DE L'ENSEIGNEMENT.

I. Hypocrisie de la Ligue naissante. . . . . . . 71
II. Cynisme de la Ligue triomphante . . . . . . 96
III. Le fondateur de la Ligue, M. Jean Macé. — Courtes notes biographiques. . . . . . . . . . . . . 106
IV. Les promoteurs et les soutiens de la Ligue. . . 114
V. L'idéal de la Ligue. — Une sainte selon le F∴ Macé. 117
VI. La Ligue est une des formes de la Francmaçonnerie. 122
VII. Que vaut le système scolaire de la Ligue? La neutralité politique et religieuse de l'école est-elle possible? peut-elle être légitime? . . . . . . . . 132
VIII. Condamnation de la Ligue par l'Eglise. . . . . 149

## TROISIÈME PARTIE

### LES ŒUVRES DE LA LIGUE DE L'ENSEIGNEMENT EN FRANCE.

I. La Ligue n'en est encore qu'à ses débuts. . . . 157
II. Œuvres locales : A Cercles ou groupes. . . . . 158
                    B Bibliothèques. . . . . . . 159
                    C Conférences et cours. . . . 171
                    D Écoles. . . . . . . . 179
                    E Cercles d'ouvriers . . . . 185
                    F Publications des Cercles. . . 188
III. Œuvres diverses : A Excursions . . . . . . . 191
                    B Cartes d'ignorance . . . 192
                    C La Ligue envahit l'Orphéon, les Sociétés de gymnastique, etc., etc. . . . . . . 193
                    D L'arbre de Noël. . . . . 195
IV. Œuvres générales : A Pétitionnement et enquêtes. . 198
                    B Souscriptions générales. . . 202
                    C Le sou des écoles laïques. . . 203
                    D Les prédicateurs laïques. . 210

## QUATRIÈME PARTIE

### RÉSULTATS ET PROJETS DE LA LIGUE DE L'ENSEIGNEMENT.

I. La Ligue veut chasser Dieu de l'école, afin de le chasser de l'humanité. . . . . . . . . 213
II. L'école selon la Ligue en France, en Belgique, en Hollande, en Angleterre, aux Etats-Unis. . . . 220
III. Quelques résultats de la gratuité, de l'obligation, et de la laïcité de l'enseignement. . . . . 246

# DOCUMENTS ANNEXÉS

A. *Le Denier des Ecoles catholiques belges.* — Extrait du discours de M. Verspeyen, rédacteur en chef du *Bien Public* de Gand, au Congrès des Comités catholiques de Lille de la région du Nord tenu à Lille en novembre 1879. . p. 265
B. *Liste des Pairs d'Angleterre qui sont Francmaçons.* — Extrait du *Monde Maçonnique* . . . . . . p. 266
C. *La Ligue et la politesse française* . . . . . . p. 268
D. *Liste des Loges Maçonniques qui souscrivent aux Œuvres du Cercle Parisien de la Ligue* . . . . . . . . p. 271
E. *Les gouvernements n'ont pas le droit de faire et d'imposer une doctrine scolaire d'Etat.* — Extrait de la déclaration de Son Em. le cardinal Dechamps, archevêque de Malines, sur le prétendu désaccord entre les évêques belges et le Saint-Siège, au sujet de la loi de 1879, qui organise l'enseignement primaire officiel en Belgique. . . . . p. 273
F. *Les pernicieux effets de l'école sans Dieu, exposés par Pie IX.* — Lettre à Mgr Hermann, archevêque de Fribourg. . . . . . . . . . . . . . . p. 276
G. *Les principes catholiques, les devoirs des pasteurs et des fidèles dans la question de l'école Instructions adressées par la Sacrée Congrégation du Saint-Office, avec l'approbation du Pape, aux évêques d'Amérique, le 24 Novembre 1875.* — Résumé de ces instructions fait par Son Em. le cardinal de Malines, lettre citée. . . . . . . p. 278
H. *Quelques échantillons de la probité des patrons de la Ligue Américaine.* — Claudio Jannet, *les Etats Unis contemporains*, 3ᵉ éd. t. II, chap. XXVI, § 4. . . . . p. 280

POITIERS. — TYPOGRAPHIE DE OUDIN FRERES.